AUF HOHER SEE UND VOR GERICHT

DETLEF WENDT

Auf HOHER SEE *und vor* GERICHT

Ein Rechtsanwalt führt durch
den deutschen Justizdschungel

MIT ILLUSTRATIONEN VON JANA MOSKITO

SCHWARZKOPF & SCHWARZKOPF

Hinweis

Ich bin meinen Eltern heute noch dankbar, von klein auf so erzogen worden zu sein, dass Frauen in jeder Hinsicht – bis auf biologische Gegebenheiten – gleichberechtigt sind. Der besseren Lesbarkeit wegen habe ich gleichwohl die männliche Form gewählt, schreibe also »der Richter«. Nicht »die Richterin«. Und schon gar nicht »der/die Richter/in«. Selbstverständlich sind auch alle Frauen damit gemeint. Nicht nur aus Gründen der Höflichkeit. Auch aus Gründen des allgemeinen Gleichbehandlungsgesetzes. Ich möchte nämlich ungerne aus diesem Grund verklagt werden.

Zu meiner beruflichen Person

30 Jahre Rechtsanwalt, geschätzte 4.000 Gerichtsverhandlungen, Fachanwalt für Miet- und Wohnungseigentumsrecht, 20 Jahre Dozent im Mietrecht und Wohnungseigentumsrecht, geschätzte 20.000 Zuhörer, Spieleautor von Gesellschaftsspielen mit zehn veröffentlichten Spielen.

Zu meiner privaten Person

Meine Privatsache (Datenschutz und so, kennen Sie ja sicher.).

INHALT

1. Warum schreibe ich dieses Buch? 9

2. Welche juristischen Grundbegriffe sollten Sie kennen? . 21

3. Was erwarten wir von unserem Gesetzgeber? 25

4. Was erwarten wir von unseren Gesetzen? 39

5. Der Jurist, ein seltsamer Erbsenzähler? 67

6. Was erwarten wir von unseren Richtern? 81

7. Was erwarten wir von Rechtsanwälten? 107

8. Was erwarten wir von Zeugen? 135

9. Was erwarten wir von Urteilen? 141

10. Warum gibt es so viele unterschiedliche Urteile? . . . 161

11. Warum ändert sich Rechtsprechung? 183

12. Machen wir nicht alle unsere eigenen Regeln? 197

13. Fazit und (vorsichtige) Kritik 207

14. Zu guter Letzt 229

1. KAPITEL

Warum schreibe ich dieses Buch?

In meiner 30-jährigen Steh-, Sitz- und Laufbahn als Rechtsanwalt habe ich gelernt, dass unsere bestehende Rechtsordnung grandios ist, außerordentlich gut funktioniert, aber leider auch nicht selten an Grenzen stößt. Und während meiner 20-jährigen Tätigkeit als Dozent für Vermieter und Wohnungseigentumsverwalter habe ich festgestellt, dass selbst hartgesottene Immobilienprofis immer wieder verständnislos den Kopf schütteln, wenn es um Rechtsprechung geht. Schwierig wird es insbesondere dann, wenn ich eine von den Seminarteilnehmern jahrzehntelang praktizierte und prima funktionierende Verfahrensweise mit den Worten kommentiere: Ich kann Sie natürlich nicht daran hindern, es so zu handhaben, wie Sie es selbst für richtig halten. Allerdings ist das falsch, was Sie tun. Ihr Handeln ist von der Rechtsprechung nicht gedeckt. Also lassen Sie es besser bleiben. Wobei ich mir durchaus dessen bewusst bin, dass diese Empfehlung nicht selten auf taube Ohren stößt.

Bereits an der Formulierung »nicht selten« erkennt man übrigens den Juristen. Wir neigen verstärkt dazu, mit Verneinungen zu arbeiten. Diejenigen unter uns, die das große Latinum ihr Eigen nennen dürfen, kennen es vielleicht noch: Litotes. Doppelte Verneinung. Keine Kleinigkeit. Nicht unüblich. Oder auch: Nicht selten. Warum machen wir das? Weil es notwendig ist.

Aber, werden Sie vielleicht einwenden, warum schreibt der (gemeint bin offenbar ich) denn nicht: … aber leider auch oft an Grenzen stößt? Ganz einfach: Weil es nicht stimmt. Unsere Rechtsordnung stößt nicht oft an Grenzen. Es passiert hin und wieder, gelegentlich, ab und zu, oder eben: nicht selten. Sie werden diese doppelte Verneinung nicht selten auch in Gesetzen oder Gerichtsurteilen finden. Warum? Weil es notwendig ist.

Nicht selten bedeutet nämlich noch lange nicht oft. Zwischen oft und nicht selten liegen Welten. Ein Beispiel? Gerne.

Sie, verehrte Leserin, haben eine Tochter. Kurz vor Weihnachten (beliebter Zeitpunkt dafür) offenbart sie Ihnen, sie habe einen »Neuen«. Und mit dem sei es etwas Ernstes (hört man bereits am Unterton ihrer Stimme). Sie sind erfreut, schockiert, was auch im-

mer. Sie wollen von ihr wissen, was er beruflich macht, wo er wohnt, wo sie sich kennengelernt haben und einiges mehr. Vielleicht fragen Sie auch irgendwann: Und wie sieht er aus? Und Sie erhalten zur Antwort: Mama, hässlich ist er nicht.

Im ersten Moment sind Sie erleichtert. Gott sei Dank, endlich mal ein schöner Schwiegersohn. Nicht so ein unansehnlicher Kerl wie Ihre Mutter einen hat. So einer wie Brad Pitt vielleicht. Oder Marcus Schenkenberg. Dann beschleicht Sie Skepsis. Moment, nicht hässlich hat sie eben gesagt?

Nicht hässlich kann auch bedeuten, ganz kurz davor. Sie denken spontan an Marty Feldman (Für die Jüngeren unter Ihnen: Bitte im Internet gurgeln. Ein zu seiner Zeit passabler Komiker, aber schön ist anders.). Ja verdammt, denken Sie, zwischen Brad Pitt oder Marcus Schenkenberg auf der einen und Marty Feldman auf der anderen Seite liegen Welten. Das ist ein Unterschied wie Tag und Nacht. Stimmt. Sie haben recht. Genau das ist es, was ich meine.

Blumenverkäufer auf Wochenmärkten arbeiten ähnlich. Die preisen ihre Blumensträuße auch nicht selten als »nicht teuer« an. Achten Sie doch mal auf die Angebotsschilder. Manchmal steht da:
1 Strauß 3 € – 3 Sträuße 10 €
Was glauben Sie, wie viele Leute sich drei Sträuße kaufen in der sicheren Überzeugung, Sie hätten ein Schnäppchen gemacht? Wahrlich nicht wenige!

Ich verstehe heute verständlicherweise vieles besser als noch zu meinen Zeiten als Berufsanfänger. Und ich habe im Laufe der Zeit viele unterschiedliche Sachverhalte und Leute kennengelernt. Insbesondere auch Menschen, die sich das von mir Erlebte nur schwer vorstellen können. Und erstaunlich viele Leute, die Dinge von unserem Rechtssystem erwarten, die dieses System nicht ansatzweise erfüllen kann. Und natürlich Menschen, die es nur schwer oder gar nicht nachvollziehen können, dass unsere Rechtsordnung nicht mit ihren eigenen persönlichen Vorstellungen übereinstimmt.

Nicht nur nicht selten, sondern sogar recht häufig sagen Parteien (keine politischen, sondern Kläger oder Beklagte, also Parteien eines gerichtlichen Rechtsstreites), denen der Richter gerade erläutert hat, warum sie den Rechtsstreit verlieren werden, dass die Auffassung des Richters ihrem eigenen Rechtsgefühl widerspreche, sogar erheblich. Manchmal klingt das resigniert, zuweilen aggressiv, gelegentlich empört, oft verständnislos. Als ob es ein allen Menschen immanentes einheitliches Rechtsgefühl gäbe! Und als ob unsere Rechtsordnung sich mit der gesetzlichen Regelung, die gerade zum Unterliegen dieser Partei geführt hat, nun aber so was von auf dem Holzweg befindet!

An dieser Stelle merkt man recht schnell, dass jeder von uns meint, in rechtlichen Dingen jederzeit ernsthaft mitreden zu können. Recht erschließe sich, meinen wir, aus dem gesunden Menschenverstand. Das weiß doch jedes Kind.

Ein mehr oder minder großes Körnchen Wahrheit steckt tatsächlich in dieser Annahme. Einige rechtliche Regeln lassen sich ohne Weiteres mit »gesundem« Menschenverstand erschließen. Dass wir nicht töten sollen, zum Beispiel. Oder dass der Entleiher die geliehene Sache irgendwann dem Verleiher zurückgeben muss. Der Beschenkte dagegen die geschenkte Sache behalten darf. Dumm ist nur, dass wir alle einen anderen Menschenverstand haben. Und jeder von uns ist der sicheren Überzeugung, seiner sei der gesündeste, der beste, der einzig Wahre.

Fragen Sie doch einmal Ihre Familienmitglieder, Verwandte oder Freunde, ob jeder von ihnen der Auffassung sei, er habe genug Verstand vom Herrgott (für die Gläubigen unter ihnen) oder von der Natur (für die Atheisten und alle anderen unter ihnen) mitbekommen. Ich garantiere Ihnen, keiner der Befragten wird sagen, nein, leider nicht; schade, aber etwas blöde sei er schon.

Wir alle glauben zu wissen, Recht erschließe sich jedem, und zwar vollautomatisch. So nach dem Motto, das bisschen Haushalt mache sich doch auch von allein. Leider stimmt beides nicht. Aber wollen wir das einsehen? Nein, das wollen wir nicht. Beispiel? Gerne.

Der Anwalt, der Brückenbauer und die Wohnungseingangstür

Stellen Sie sich vor, Sie sind, ebenso wie ich, auf eine Party eingeladen. Auf der Party sind viele unterschiedliche Berufe vertreten. Niemand kennt den Beruf des anderen Gastes. Picken wir uns zwei Berufe heraus: Rechtsanwalt (in diesem Fall bin ich auch ein auf dieser Party eingeladener Gast) und Brückenbauingenieur.

Der Jurist ist ein Erbsenzähler, sagt man, er verdrehe einem das Wort im Munde, ein Winkeladvokat eben. Er klaube am Wort, ja sogar am Buchstaben und am Komma. Korrekt. Warum? Weil Klauben immens wichtig ist, um notwendige Differenzierungen vorzunehmen. Beispiel? Gerne.

Ein geladener Gast ist in der Regel wesentlich unfreundlicher als ein eingeladener Gast. Erkennt man schon an der Schreibweise. Wie bei Ein Druck und Eindruck. Noch schlimmer geht's nimmer, glauben Sie? Weit gefehlt. Beispiel? Gerne.

Montage hat eine andere Bedeutung als Montage. Erkennt man nicht an der Schreibweise. Sondern nur an der Aussprache. Und zwar beim on und beim g.

Der Zusammenbau, also die Montage, spricht sich hinten beim g wie ein englisches j in Banjo. Und vorne spricht es sich mit kurzem o wie bei Post. Die unbeliebten Montage als Folgetage der Sonntage dagegen sprechen sich hinten mit unverfälschtem g. Und vorne mit langem o wie beim Mond. Noch schlimmer geht's nimmer, glauben Sie? Weit gefehlt. Beispiel? Gerne.

Umfahren hat eine andere Bedeutung als umfahren. Erkennt man nicht an der Schreibweise. Nicht an der Aussprache einzelner Buchstaben. Nur an der Silbenbetonung. Funktioniert ausschließlich beim Hörbuch. Im Lesebuch funktioniert es nur im Kontext:

»Auf der Straße steht ein alter Mann. Ein Auto kommt. Fahrschulwagen. Der Schüler fährt. Der Fahrlehrer lehrt. Der Fahrlehrer sagt zum Fahrschüler: Sie müssen den alten Mann umfahren.« Erkennt der Fahrschüler die feine Nuance der unterschiedlichen Bedeutung auf Grund unterschiedlicher Aussprache nicht, ist's um den alten Mann geschehen.

Und jetzt stellen Sie sich bitte weiterhin vor, eine Gruppe von zwölf geladenen Gästen (der Brückenbauer, ich und zehn weitere) diskutiert über ein Thema aus dem Fachbereich eines Gastes, also in meinem kleinen Beispiel aus dem Bereich Recht und Brückenbau. Fangen wir mit dem rechtlichen Thema an. Der Brückenbauingenieur erzählt, er habe sich gemeinsam mit seiner Ehefrau in einem Fachgeschäft eine Haustür angesehen. Die sei recht teuer, aber dafür einbruchsicher und brandschutztechnisch auf dem allerneuesten Stand.

Wahrscheinlich werde er sich für diese Tür entscheiden, oder, fügt er augenzwinkernd hinzu, nicht er, sondern seine Frau. Seine Frau müsse sich nur noch die Farbe der Tür aussuchen, sie schwanke noch zwischen zwei oder drei verschiedenen Farbtönen. Im Laufe der Erzählung erfahren Sie weiterhin, dass der Gast von einer Eigentumswohnung redet, in der er und seine Frau wohnen. Und dass die jetzige Wohnungseingangstür eine Naturholztür ist, Muster Eiche rustikal. Und schließlich sagt der Gast hochzufrieden, der Fachhändler habe ihm schon einen großzügigen Rabatt zugesagt, sodass für seine Frau doch noch ein Paar Schuhe heraussprängen.

Nebenbei eine Frage vom Erbsenzähler: Wie viele Schuhe kaufen Sie, wenn sie ein Paar Schuhe kaufen? Zwei. Und wenn Sie ein paar Schuhe kaufen? Mehr als zwei. Korrekt. Mindestens drei, sagen Sie? Entschuldigung, was fangen Sie mit drei Schuhen an? Zwei rechte und ein linker? Unwahrscheinlich. Also sind ein paar Schuhe mindestens vier Schuhe.

Und wie viele Hosen kaufen Sie, wenn Sie ein Paar Hosen kaufen? Zwei? Nein, falsch geraten, denn bei zwei Hosen müssten sie ein paar Hosen kaufen. Ein Paar Hosen ist lediglich eine einzige Hose. Mit zwei Hosenbeinen!

An dieser Stelle des Gesprächs zögere ich meistens. Ich sehe nämlich voraus, was passieren wird. Mische ich mich ein, wird die Diskussion lang, jedenfalls länger als geplant. Unter Umständen wird sie auch sehr hitzig werden, je nach Charakter der Anwesenden. Wobei Temperament und Rechthaberei die ausschlaggebendsten Eigenschaften für die Hitzeentwicklung sind. Das kann in Ausnahmefällen dazu führen, dass die Party mies wird. Also richtig mies!

Mische ich mich dagegen nicht ein, wird der Brückenbauer mit dem Türenauswechslungswunsch seiner Frau unter Umständen jahrelang keine Schuhe mehr kaufen können, nicht mal mehr ein Paar. Kann im Extremfall zur Scheidung führen.

Gut, werden einige von Ihnen sagen, mir kann's egal sein. Entweder bekomme ich den Auftrag, beide in dem Verfahren wegen der eigenmächtig erneuerten Wohnungseingangstür zu vertreten, oder einer der beiden beauftragt mich im Scheidungsverfahren. Das klappt allerdings leider nicht. Ich kann nämlich kein Familienrecht. In meinem ganzen Berufsleben habe ich nicht eine einzige Familienrechtsangelegenheit bearbeitet. Kommt jemand dennoch zu mir und will sich scheiden lassen, rate ich ihm: Bleib besser verheiratet, denn falls ich dich im Scheidungsverfahren vertrete, kann's nur noch schlimmer für dich werden.

Meist entscheide ich mich deshalb gegen die Scheidung. Und damit für die Frauen und die Schuhe. Ich mag Schuhe. Und genau aus diesem Grunde werfe ich jetzt die Frage in den Raum, warum er die Tür denn selbst bezahlen möchte. Alle 22 Augen richten sich sogleich erstaunt auf mich. Ja hohoho, denken alle Gaffer, gibt's denn so was, dass ein anderer meine Tür bezahlt? Her mit dessen Namen und dessen Telefonnummer! Den rufe ich gleich an. Der kann meine Tür auch gerne bezahlen, wenn er möchte.

Der Brückenbauer erklärt mir mit leicht zusammengekniffenen Augen, das mache er deshalb, weil es sich um seine Tür handle, also um die Wohnungseingangstür zu seiner Eigentumswohnung. Dabei spricht er noch mit dezenter Lautstärke. Und sehr sanft, als spräche er mit einem Vorschulkind oder einem Geisteskranken.

Nein, erwidere ich, die Wohnungseingangstür zu seiner Wohnung, um die es hier gehe, sei nicht seine Tür. Diese Tür sei Gemeinschaftseigentum, ebenso wie das Hausdach und der Vorgarten.

In diesem Moment beginnen sich einige der auf mich gerichteten Blicke zu verändern. Die meisten schauen auf das Weinglas in meiner Hand und fragen sich, wie viele Gläser ich an diesem Abend wohl schon getrunken habe. Einige Gäste halten mich für einen Spaßvogel und grinsen breit. Der Rest, der weder an Spaßvögel noch an Osterhasen glaubt, hält mich bereits jetzt für geisteskrank, denn für ein Vorschulkind sehe ich definitiv zu alt aus.

Sowohl die angetrunkenen Gruppenmitglieder als auch die nüchternen Besserwisser und natürlich der Brückenbauer versuchen jetzt angestrengt, mich davon zu überzeugen, dass ich unrecht habe: Komm, Kollege, pass mal auf, und hör mal zu. Wem gehört denn wohl die Wohnung? Richtig, dem Brückenbauer und seiner Frau. Und was gehört zur Wohnung dazu? Richtig, die Wohnungseingangstür! Und wem die Wohnung gehört, dem gehört auch die Tür. Guck, ist doch gar nicht so schwer, oder?

Nein, sage ich, schwer sei das wirklich nicht, es sei sogar völlig normal, das zu glauben. Rechtlich sei es allerdings komplett falsch. Und ich beharre weiterhin darauf, dass die Tür Gemeinschaftseigentum ist.

Je nachdem, wie gut ich drauf bin und wie sympathisch oder unsympathisch mir die Gruppe bzw. der Brückenbauer sind, setze ich dann noch einen drauf und füge hinzu, dass sich weder der Brückenbauer noch dessen Ehefrau die optische Gestaltung der Tür, und damit auch deren Farbe, aussuchen dürften.

Ich will Ihnen den weiteren Verlauf der Diskussion an dieser Stelle ersparen. Nur so viel: Jeder der anderen Gäste gibt seinen Senf dazu. Jeder kennt alle rechtlichen Zusammenhänge ganz genau. Vor allem dann, wenn sie doch wie hier auf der Hand liegen. Was den Brückenbauer natürlich ungemein beruhigt. Von allen Gästen dieser Gruppe sind zehn (inklusive Brückenbauer) nach wie vor davon überzeugt, ich sei bescheuert.

Der elfte Gast wartet ab, bis ich zum Buffet gehe, kommt mit einem Teller hinterher und spricht mich an. »Sagen Sie mal, sind Sie Rechtsanwalt?«, fragt er hintersinnig. Und wenn ich das jetzt bejahe, verbringe ich den Rest der Party mit kostenlosen Rechtsauskünften über alle möglichen und unmöglichen Fragen.

Deshalb schweige ich meist oder sage, nein, nicht direkt, und wende mich erneut dem Buffet zu. Von mir aus kann der Brückenbauer mit seiner Tür doch machen, was er will. Hauptsache, seine Brücke hält, wenn ich mal drüberfahre.

(Für alle Brückenbauer, weiterhin skeptischen Wohnungseigentümer und generell Ungläubige unter Ihnen das entsprechende Urteil zum Nachlesen: Bundesgerichtshof 25.10. 2013 Aktenzeichen V ZR 212/12.)

Szenenwechsel. Dieselbe Gruppe, etwas später. Man hat sich beruhigt, man hat gegessen, und der Brückenbauer tut einem irgendwie noch leid. Der Verrückte mit der Glatze (also ich) hat dem armen Brückenbauer ja auch einen gehörigen Schrecken eingejagt. Und: Man hat genug von Wohnungseingangstüren. Alle gehen zum Brückenbauer. Er erzählt lebhaft von seinem aktuellen Projekt, einer Brücke über irgendeinem Fluss oder einer Autobahn, ein Wahnsinnsprojekt. Und hier und da lässt er ein paar technische Details fallen, berichtet von Statik und allen möglichen technischen Einzelheiten, und alle hören gebannt zu.

Ja, glauben Sie ernsthaft, irgendein Naseweis aus dieser Gruppe wagt es, dem Brückenbauer vorzuschlagen, die Schrauben zur besseren Stabilität der Brücke doch besser 4 cm weiter links einzusetzen oder der Betonmischung für den Brückensockel 4 % mehr Kies hinzuzufügen, um eine höhere Standfestigkeit zu erzielen?

Mitnichten! Das macht niemand. Und warum nicht? Weil die komplette Gruppe vom Brückenbauen nicht den blassesten Schimmer hat. Und das wissen alle. Der Brückenbauer sowieso. Also halten alle bis auf den Brückenbauer einfach mal die Klappe. Und lassen ihn seine Brücken bauen. Macht auch durchaus Sinn.

Keinen Sinn macht es allerdings für jeden einzelnen dieser Schlaumeier, die Klappe zu halten, wenn es um rechtliche Fragen geht, ob beispielsweise die Wohnungseingangstür einer Eigentumswohnung dem Eigentümer der Wohnung gehört oder ob sie Gemeinschaftseigentum ist. Denn hoho, da wissen wir Bescheid. Da macht uns keiner was vor! Da sind wir uns sicher. Sogar ganz sicher. Und da muss uns niemand etwas erzählen. Niemand!

Und genau deshalb schreibe ich dieses Buch. Ich möchte Sie von Naseweisen zu Schlaumeiern, von Klugscheißern zu Besserwissern machen. Und dazu bewegen, zwischendurch einfach mal die Klappe zu halten. Ich möchte Ihnen verschiedene Fälle aus eigener Praxis, aber auch aus dem großen Füllhorn der Rechtsprechung vorstellen. Ich möchte Sie zum Staunen bringen und zum Nachdenken.

Aber das Wesentliche: Ich will den Versuch unternehmen, Ihnen ein kleines bisschen rechtliches Verständnis nahezubringen. Ich möchte, dass Sie nach der Lektüre einen besseren Zugang zu unserer Rechtsordnung bekommen. Ich möchte, dass Sie nachvollziehen können, warum rechtliche Dinge in der richtigen Welt, außerhalb von Small-Talk-Gesprächen auf Partys, so sind, wie sie sind:
- Warum zwei Richter dieselbe Rechtsfrage unterschiedlich beurteilen.
- Warum Gesetze so schwammig sind.
- Warum Richter ihre Ansicht ändern.
- Warum unsere Gesetze und unsere Rechtsprechung ganz andere Interessen im Blickwinkel haben als Sie.
- Warum Sie vor Gericht auf hoher See sind.

Denn wie formulierte es ein Richter einmal so schön, als ihm ein im Prozess unterliegender Beklagter empört zurief, dass die Ansicht des Richters aber erheblich seinem Rechtsgefühl widerspreche: Das mag sein, aber dann haben Sie offenbar ein falsches Rechtsgefühl.

Wenn mir dies auch nur ansatzweise bei dem einen oder anderen von Ihnen gelingen sollte, freute mich das. Verstehen Sie nicht? Freute mich das? Das verstehen Sie nicht? Okay: Würde ich mich darüber freuen. Besser? Prima.

Kleiner Tipp: Üben Sie doch mal wieder den Konjunktiv. Den richtigen. Nicht den mit würde. Den kann ja jeder. Sondern den anderen, und zwar mit Würde.

Falls jemand es beim ersten Durchblättern bis hierher geschafft hat und sogar plant, weiterzulesen, dem sei gesagt, dass die meisten meiner Beispiele aus dem Bereich des Mietrechts und des Wohnungseigentumsrecht stammen (Letzteres haben Sie ja gerade schon bemerkt). Das liegt daran, dass dies die Rechtsgebiete sind, in denen ich mich etwas mehr auskenne als in den anderen. Fachanwalt für Familienrecht oder Verwaltungsrecht werde ich in diesem Leben nicht mehr werden. Bei mir hat es zum Fachanwalt für Miet- und Wohnungseigentumsrecht gereicht, immerhin, aber eben nur.

Und vielleicht ist es auch nicht ganz unwichtig zu wissen, dass meine Mandanten im Mietrecht zu 99 % Wohnungsgesellschaften, Wohnungsgenossenschaften und private Vermieter sind. Nur ganz selten traut sich einmal ein Mieter zu mir, und noch seltener nehme ich ein Mietermandat an.

Warum, wollen Sie wissen? Erstens: Im Laufe der Jahre ist das schlicht so gewachsen. Das ist nicht erstaunlich, denn gerade Mietrecht ist Interessenrecht. Denken Sie an Haus- und Grundeigentümervereine auf der einen und Mietervereine auf der anderen Seite. Es gibt Vermieteranwälte und Mieteranwälte, und auch Richter, denen man nachsagt, sie würden vermieterfreundliche oder mieterfreundliche Urteile fällen. Bei vielen anderen Rechtsgebieten gibt es das nicht. Ein Fachanwalt für Familienrecht nimmt in der Regel Mandate von Männern und Frauen an, und ein Fachanwalt für Verkehrsrecht vertritt sowohl Autofahrer als auch Fußgänger.

Und zweitens: Ich spreche gerne mit Profis. Und die finden Sie in Wohnungsunternehmen. Es erleichtert die Arbeit. Und leicht mach ich's mir ebenso gerne wie alle anderen. Ich bin also der typische Vermieteranwalt.

Für diejenigen, die sich gelegentlich an meinem Stil stören sollten: Ja, ich bin manchmal sarkastisch. Der Beruf hat mich zu einem Sarkasten gemacht. Andere greifen zu Alkohol oder anderen Drogen, gehen zu einer Domina oder schlagen ihre Frau. Ich nehme eine gehörige Prise Sarkasmus. Also ertragen Sie es mit Gelassenheit, oder legen Sie das Buch aus der Hand.

Gelegentlich schreibe ich auch satirisch. Zumindest habe ich den Vorsatz. Ob mein Plan dort gelingt, wo er gewollt ist? Das vermögen Sie als Leser besser zu beurteilen. Eines möchte ich aber vorab klarstellen: Ich habe keinen Vorsatz, irgendeine Person, Personengruppe, Einrichtung oder Ähnliches zu beleidigen oder zu verunglimpfen. Am allerwenigsten die Justiz. Denn ich lebe in ihr, mit ihr und von ihr. Und ich habe hohen Respekt vor ihr und den Richtern. Zumindest vor den meisten.

Und Sie werden feststellen, dass ich polarisiere und provoziere. Das ist gewollt. Ich mag zum Beispiel den Durchschnittsdauerzuschauer von Fernsehsendungen, in denen man Frauen tauscht, sucht oder verkuppelt, Auswanderern wochenlang beim Auswandern zuschaut und ähnliche Grütze überhaupt nicht. Hauptsächlich deshalb, weil das Dauerzuschauen dieser Sendungen meiner Ansicht nach nicht klüger macht.

Im Gegenteil, nach meinem höchstpersönlichen Gefühl macht es regelmäßig blöder. Und wenn derjenige, der schon blöd ist, noch blöder wird, versteht er unser gesellschaftliches Zusammenleben gar nicht mehr.

Und ich wünsche mir, nein, ich will, dass er es versteht. Die Natur hat uns nämlich mit etwas Wunderbarem und Unvergleichlichem ausgestattet: einem Gehirn. Und ich bin der Ansicht, es ist unsere verdammte Pflicht, es zu nutzen. Jeder so gut, wie er kann. Aber Mühe geben muss man sich schon!

Warum der Titel »Auf hoher See und vor Gericht«? Weil (fast) jeder diesen Spruch kennt. Und weil er trefflich die Ängste, Sorgen, Befürchtungen, Unsicherheit und Skepsis zeigt, die der Recht suchende Bürger empfindet, wenn er vor Gericht muss. Denn freiwillig gehen nur Richter und Rechtsanwälte vor Gericht.

2. KAPITEL

Welche juristischen Grundbegriffe sollten Sie kennen?

ZIVILRECHT + STRAFRECHT

Es ist sinnvoll, vor der weiteren Lektüre ein paar Grundbegriffe kennenzulernen. Aber wirklich nur Grundbegriffe, mehr nicht. In der Juristerei gibt es unzählige Regeln. Meist hat jede Regel viele Ausnahmen. Und dann gibt es häufig noch Ausnahmen von den Ausnahmen. Das alles aufzuzählen wäre Unsinn. Ich habe das Buch nicht für Juristen geschrieben. Falls es dennoch ein Jurist lesen sollte, mag er sich mäßigen. Mir ist bewusst, dass man noch vieles erklären könnte. Ich will es aber auf das notwendige Minimum beschränken. Und das Minimum bestimme ich.

Zum Beispiel schreibe ich etwas weiter unten, dass gegen amtsgerichtliche Urteile in der Regel Berufung eingelegt werden kann. Auch mir ist bekannt, dass dafür bestimmte Voraussetzungen notwendig sind. Ich meine allerdings nicht, dass man diese Voraussetzungen unbedingt kennen muss, um das Buch zu verstehen. Sollte der zufällig lesende Kollege anderer Ansicht sein, prima. Dann bleiben Sie bei Ihrer Ansicht, und ich bleibe bei meiner. Das ist doch sowieso Standard in unserem Beruf. Also bleiben Sie locker, Kollege.

Zum Beispiel sollten Sie, verehrte Nichtkollegen, den Unterschied zwischen Zivilrecht und Strafrecht kennen. Zu Zivilrecht sagt man auch bürgerliches Recht. Daraus kann man schon ableiten, dass im Zivilrecht Bürger (im weitesten Sinne) untereinander streiten. Der Vermieter verklagt seinen Mieter, der Patient seinen Zahnarzt, der Autoverkäufer den Käufer des Fahrzeugs.

Also: Bürger gegen Bürger. Der klagende Bürger heißt Kläger. Der beklagte Bürger heißt Beklagter. Kläger und Beklagter sind die Parteien eines Rechtsstreites. Der »Bürger« kann auch eine Firma sein, zum Beispiel eine GmbH.

Im Strafrecht geht der Staat gegen den Bürger vor. Dem Bürger wird vorgeworfen, jemanden bestohlen oder umgebracht zu haben. Also:

Staat gegen Bürger. Der Staat wird vertreten durch den Staatsanwalt. Er ist der Ankläger. Der Bürger ist der Angeklagte.

Im diesem Buch geht es nur um Zivilrecht, also Bürger (Firma) gegen Bürger (Firma) = Kläger gegen Beklagten.

GERICHTE + RECHTSMITTEL + ANWALTSZWANG

Zivilrechtliche Verfahren werden vor dem Amtsgericht (AG), dem Landgericht (LG), dem Oberlandesgericht (OLG) und dem Bundesgerichtshof (BGH) verhandelt. In Deutschland gibt es mehr als 600 Amtsgerichte, mehr als 100 Landgerichte, mehr als 20 Oberlandesgerichte und einen Bundesgerichtshof.

In Berlin heißt das Oberlandesgericht Kammergericht (KG). Warum? Unwichtig. Die Frikadellen heißen dort ja auch Buletten und die Brötchen Schrippen. Schmecken trotzdem ähnlich. Besser? Na ja.

Im Mietrecht gibt es Vermieter und Mieter als Mietvertragsparteien. Und Wohnungen, Geschäfte und Garagen als Mietobjekte.

In mietrechtlichen Verfahren, die Wohnungen betreffen, ist die erste Instanz immer das Amtsgericht des Ortes, in dem die Wohnung liegt. Haben Sie an mich eine Wohnung in Recklinghausen vermietet, wohnen aber selbst in Hamburg, müssen Sie eine gerichtliche Auseinandersetzung, die die Wohnung betrifft, vor dem Amtsgericht Recklinghausen mit mir ausfechten. Gegen Urteile erster Instanz kann man in der Regel Berufung einlegen. Darüber entscheidet das Landgericht. Und zwar das Landgericht, welches zuständig für Entscheidungen des betreffenden Amtsgerichts ist. Für das Amtsgericht Recklinghausen ist in Mietangelegenheiten das Landgericht Bochum zuständig. Am Landgericht entscheiden in der Regel drei Richter über die Sache.

Gegen das Urteil des Landgerichtes kann man unter Umständen Revision einlegen. Darüber entscheidet dann der Bundesgerichtshof. Der hat seinen Sitz in Karlsruhe. Am Bundesgerichtshof entscheiden fünf Richter über die Sache.

Wird also ein Rechtsstreit über einen Wohnraummietvertrag vom Bundesgerichtshof entschieden, haben sich mittlerweile neun Berufsrichter mit diesem Fall beschäftigt (AG = 1 Richter, LG = 3 Richter, BGH = 5 Richter).

Bei Geschäftsraum, also gewerblich genutzten Räumen, ist meistens das Landgericht in erster Instanz zuständig. Gegen Urteile erster Instanz kann man in der Regel ebenfalls Berufung einlegen. Dann entscheidet das Oberlandesgericht darüber, ebenfalls wieder drei Richter.

Gegen das Urteil des Oberlandesgerichtes kann man unter Umständen Revision einlegen. Darüber entscheidet dann wiederum der Bundesgerichtshof. In einem solchen Fall haben sich mittlerweile also elf Berufsrichter mit diesem Fall beschäftigt (LG = 3 Richter, OLG = 3 Richter, BGH = 5 Richter).

Der Amtsrichter am AG entscheidet immer alleine über die Sache.

An allen anderen Gerichten (LG, OLG, KG und BGH) entscheiden Spruchkörper über die Sache. Die Spruchkörper sind immer mit einer ungeraden Anzahl von Richtern besetzt, drei oder fünf. Sind sich die Richter uneinig, muss abgestimmt werden, wobei jeder Richter eine Stimme hat.

Es kommt also vor, dass eine Entscheidung des Bundesgerichtshofes nicht eindeutig ausfällt, sondern 3:2 ausgeht. Wie im Fußball »gewinnt« dann die Meinung, die drei Stimmen auf sich vereinigen konnte. Wenn Sie also mal wieder lesen, dass der Bundesgerichtshof irgendetwas Wichtiges entschieden hat, dann ist es durchaus möglich, dass nur drei der fünf Richter des Spruchkörpers diese Entscheidung so gewollt haben, zwei dagegen nicht.

Jeder Bürger kann sich in zivilrechtlichen Angelegenheiten vor den Amtsgerichten selbst vertreten. Ohne Rechtsanwalt.

Vor den höheren Gerichten (ab Landgericht) nicht mehr. Dort benötigt er einen Rechtsanwalt. Es herrscht der sogenannte Anwaltszwang.

3. KAPITEL

Was erwarten wir von unserem Gesetzgeber?

ERLASS NOTWENDIGER GESETZE

Wir erwarten von ihm, dass er notwendige Gesetze erlässt. Aber auch nur die. Überflüssige Gesetze wollen und brauchen wir nicht.

Sie sollen darüber hinaus ausgewogen sein, die Interessen aller beteiligter Personen angemessen berücksichtigen, also gerecht sein. Und natürlich klar und eindeutig. Mehr nicht. Vorerst nicht.

Fangen wir mit der Notwendigkeit an. Wer entscheidet, ob ein Gesetz notwendig ist? Schauen wir uns § 961 BGB an. Dort steht: Zieht ein Bienenschwarm aus, so wird er herrenlos, wenn nicht der Eigentümer ihn unverzüglich verfolgt oder wenn der Eigentümer die Verfolgung aufgibt.

Was glauben Sie, wie viele herrenlose Bienenschwärme täglich in Deutschland herumfliegen? Wie oft haben Sie einen mit heraushängender Zunge und laut fluchenden und hechelnden Imker hinter einem flüchtigen Bienenschwarm herlaufen sehen? Noch nie? Glaube ich Ihnen unbesehen. Ich nämlich auch nicht. Also scheint das Gesetz überflüssig zu sein, oder? Sehe ich ähnlich. Aber abschaffen? Warum? Es schadet doch niemandem. Also kann's ruhig bleiben. Falls einem Imker wider Erwarten doch mal die Bienen stiften gehen sollten. Für diesen eher unwahrscheinlichen Fall hätten wir jedenfalls sofort ein passendes Gesetz parat.

Weiter geht's mit überflüssigen Gesetzen.

Nicht nur die Bundesrepublik Deutschland hat eine verfassungsähnliche Regelung, nämlich das Grundgesetz. Auch unsere Bundesländer verfügen über eine eigene Landesverfassung. Hessen liegt geografisch in der Mitte der Bundesrepublik. Politisch war Frankfurt am Main, wohl die bekannteste Stadt in Hessen, schon immer tolerant. Ich erinnere mich an Begegnungen mit Studentenfreunden in Frankfurt Ende der 70er-Jahre. An der Frankfurter Universität haben Menschen auch aus dem Iran, damals Persien, studiert. Ich kann noch heute drei persische Sätze aufsagen, die mir in einer Kneipe beim gemeinsamen Bier von einem persischen Studenten beigebracht wurden.

Umso erstaunlicher ist es, dass die Hessen es bis heute nicht geschafft haben, die Todesstrafe aus ihrer eigenen Verfassung zu löschen. Am 22. April 2017 habe ich mir Art. 21 der Verfassung des Landes Hessen angesehen. Dort steht:

»Ist jemand einer strafbaren Handlung für schuldig befunden worden, so können ihm aufgrund der Strafgesetze durch richterliches Urteil die Freiheit und die bürgerlichen Ehrenrechte entzogen oder beschränkt werden. Bei besonders schweren Verbrechen kann er zum Tode verurteilt werden.«

Die hessische Landesverfassung ist am 1. Dezember 1946 in Kraft getreten. Damit waren die Hessen eindeutig schneller als die Bundesrepublik. Ob sie noch die vage Hoffnung hatten, dass die Todesstrafe auch ins Grundgesetz Einzug findet? Ich weiß es nicht. Das Grundgesetz trat erst später, nämlich am 24. Mai 1949, in Kraft. Dort regelt Artikel 102, dass die Todesstrafe abgeschafft wurde.

In Hessen gilt sie weiterhin, zumindest nach dem Text der hessischen Landesverfassung. Gut, auch ich habe schon einmal von dem Grundsatz gehört »Bundesrecht bricht Landesrecht«. Also ist die Sorge, dass in Hessen demnächst Köpfe von Guillotinen herunterrollen könnten, eher unbegründet. Trotzdem frage ich mich, warum die Hessen es in 68 Jahren nicht geschafft haben, diese Regelung zu ändern. Es hat den Anschein, als wollten sie es nicht.

Also auch hier die Frage: Das Gesetz abschaffen? Warum? Schadet niemandem? Kann also ruhig bleiben? In diesem Punkt sehe ich das etwas anders. Ich mache einen deutlichen Unterschied zwischen flüchtigen Bienenschwärmen und der Todesstrafe aus. Die Hessen nicht? Warum nicht? Zu viel Äppelwoi getrunken?

TRANSPARENZ FÜR DEN BÜRGER

Gesetze sollen transparent sein. Dafür muss man sie kennen. Um sie zu kennen, muss ich über sie informiert werden. Informationsquellen sind Medien aller Art.

Wie oft hören oder sehen Sie Wetternachrichten am Tag? Dreimal? Dann hätten Sie die Tausend pro Jahr locker überschritten. Was machen Sie beruflich? Lehrer? Metzgersfrau? Banker? Gitarrist? Beamter? Bäcker? Polizist? Dichter? Papst? Brückenbauingenieur? Radrennfahrer? Eisverkäufer? Wie wichtig ist genaue Kenntnis des Wetters für Ihren Beruf? Ich vermute, sehr wichtig, wenn Sie Pilot oder Kapitän sind. Oder Ballonfahrer. Vielleicht noch Dachdecker. Aber sonst?

Mir kann es in meinem Beruf und bei meinen Hobbys schnurz sein, ob es regnet. Der Metzgersfrau und dem Bäcker wahrscheinlich ebenso. Aber auf uns nehmen unsere Medien keine Rücksicht. Wir werden zugesch(m)issen mit Wetternachrichten. Oh nein, morgen nur 12 Grad? Dann kann ich ja gar nicht das kurze Schwarze anziehen. Mein Gott! Schicksalsschläge, die bis ins Mark gehen.

Wie oft bringt dagegen die *Tagesschau* eigentlich einen Bericht über neue gesetzliche Regelungen? Einmal im Jahr? Alle zehn Jahre?

Wofür auch, ist ja nicht so wichtig, ob ich ein Widerrufsrecht habe, wenn ich einen Vertrag schließe. Wer schließt denn heute schon Verträge? Und wenn, kann man doch eh nichts ändern. Die schreiben da doch rein, was die wollen.

Wesentlich wichtiger ist es, ob ich morgen einen Regenschirm mit zur Arbeit nehmen muss oder nicht. Da sind drei Wettermeldungen pro Tag und pro Sender schon sehr wertvoll. Was du schwarz auf weiß hast, das kannst du getrost nach Hause tragen. Rausgucken bringt da gar nichts! Der Himmel lügt doch sowieso. Wir wollen informiert werden. Wie bei der Bahn. Falls Sie schon mal mit der Bahn gefahren sind, wissen Sie's. Hält der Zug im Bahnhof, und Sie sind im Zug, gibt es für Sie zum Aussteigen eine Alternative bzw. zwei Möglichkeiten: Entweder ist der Ausstieg links oder rechts. Der meistunterschätzte Vorteil der Bahntüren ist, dass sie Fenster haben. Diese Fenster haben vordringlich den Zweck, Helligkeit von außen nach innen zu leiten. Ein kaum bekannter, aber umso wichtigerer Nebeneffekt ist der, dass man auch von innen durch die Fenster nach außen sehen kann. Wenn sich ein Zug einem Bahnhof nähert, kauern die meisten ausstiegswilligen Reisenden schon minutenlang vorher im Ausstiegsbereich. Nicht, dass Sie glauben, die Reisenden schauten durch das Türfenster nach draußen, um sich mit eigenen Augen davon zu überzeugen, ob sich der Bahnsteig auf der linken oder auf der rechten Seite befindet. Denn nur dort, wo der Bahnsteig ist, ist auch der Ausstieg. Nein. Die Reisenden warten auf die Durchsage des Zugbegleiters, die ihnen sagt, ob sich der Ausstieg in oder gegen die Fahrtrichtung befindet, also links oder rechts.

Wir misstrauen uns und unserer eigenen Wahrnehmung immer mehr und öfter. Bitte, bitte sag mir, wie das Wetter wird, wo der Ausstieg ist, wo die Blumen sind.

Entschuldigung, wie töricht ist es eigentlich, neue Gesetze zu erlassen und die Menschen darüber nicht zu informieren?

Natürlich müssen wir die gesamte Bevölkerung nicht über jede Verordnung informieren. Was in den Paragrafen 961 bis 964 BGB über die Bienen steht, ist zwar schon irgendwie lustig, aber für unser tägliches Leben vollkommen irrelevant. Mehr als 99,99 % aller Menschen dieses Landes werden zu 100 % niemals mit diesen Bienengesetzen in Berührung kommen.

Und ob zukünftig Fährschiffe auf dem Rhein nur noch Holzstämme transportieren dürfen, die an der dicksten Stelle (des Stammes, nicht des Rheines) einen Umfang von höchstens 2 m haben, ist für Otto Normalverbraucher und Erika Mustermann Jacke wie Hose. Darüber muss ich nicht in der *Tagesschau* berichten.

Aber wann ich als Autofahrer Punkte bekomme, oder wann mir die Fahrerlaubnis entzogen wird, sollten wir das nicht alle wissen?

Dass ich eine Wohnung kündigen und die Wohnungsschlüssel zurückgeben muss, statt sie in einer Nacht-und-Nebel-Aktion zu verlassen, ohne den Vermieter zu informieren, sollten wir das nicht alle wissen?

Dass ich Telefongespräche ohne Genehmigung des Gesprächspartners nicht aufzeichnen darf, auch dann nicht, wenn mein Handy über so eine Funktion verfügt, sollten wir das nicht alle wissen?

Dass Wohnraummietverträge nicht wirksam per SMS gekündigt werden können, sollten wir das nicht alle wissen?

Dass es kein Gewohnheitsrecht gibt, dass man mindestens einmal im Monat in seiner Mietwohnung so laut feiern darf, wie man will, sollten wir das nicht alle wissen?

In unserem gesamten Leben gibt es nicht einen einzigen rechtsfreien Raum. Alles, absolut alles ist von Recht und Gesetz bestimmt. Schon mal ein Auto gekauft? Kaufrecht. Schon mal eine Wohnung gemietet? Mietrecht. Schon mal verreist? Reisevertragsrecht. Schon mal beim Zahnarzt gewesen? Werkvertragsrecht. Schon mal eine Arbeitsstelle gehabt? Arbeitsrecht. Schon mal geheiratet? Familienrecht. Schon mal geerbt? Erbrecht. Schon mal eine Brücke gebaut? Baurecht. Fleppe schon mal weg gewesen? Straßenverkehrsrecht. Schon mal einem Bienenschwarm hinterhergelaufen? Siehe oben.

Im Fernsehen, auch im öffentlich-rechtlichen, wird jeder Murks gezeigt, den die Welt nicht braucht. Wir schauen zu, wie Menschen Porree waschen und Zwiebeln schneiden, wir grillen Köche, tauschen Frauen und graben Gärten um, wir sehen zu, wie Menschen ihre Keller entrümpeln, Frauen ihre Fußnägel lackieren und Vollpfosten ihre Autos zum Schrottplatz bringen. 80 % der Fernsehprogramme bestehen aus hirnloser Grütze, die dieselbe Wirkung bei mir erzielt wie ein Finger, den ich mir in den Hals stecke.

Warum um alles in der Welt gibt es keine regelmäßigen Berichte über alltägliche Rechtsfragen, die uns alle angehen? Und zwar bitte bei allen Fernsehsendern. Als Pflichtprogramm. Und nicht erst um 02.30 Uhr, sondern zur besten Sendezeit. Kurz vor den Nachrichten.

Noch besser, vor einem Fußballspiel, vor dem suchenden Landwirt oder dem auswanderungswilligen Versager. Oder noch besser: Man darf das Fußballspiel oder den suchenden Bauern erst anschauen, wenn man vorher die Rechtsfragensendung gesehen hat. Am allerbesten: Als Moderator für eine solche Rechtsfragensendung engagiert man einen bekannten Fußballtrainer. Denn mittlerweile glaubt sowieso die Hälfte der Bundesbürger einem Fußballtrainer mehr als unserer Bundeskanzlerin. Wie tief können wir eigentlich noch sinken?

Wir leben in einem Land der Ahnungslosen, was unsere Gesetze angeht. Wir lesen Bücher über hirnverbrannte Gesetze aus Vorderturkjasminien, und lachen uns schenkelklopfend darüber kaputt, dass es in dem Land verboten ist, nach Einbruch der Dunkelheit mit dem Zeigefinger der rechten Hand im linken Nasenloch zu bohren. Welche Gesetze uns aber konkret betreffen, in unserem Land, in unserem Alltag, ist uns gleichgültig, ohne Relevanz, Jacke wie Hose. Beispiel? Gerne.

Ich hätte hier eines für die 10 Millionen Hundebesitzer in unserem Land. Also für eine kleine Minderheit. Zahlenmäßig vergleichbar mit unseren Curling-Spielern. Oder mit Männern, die Hämorrhoiden haben. Oder mit Frauen, die regelmäßig Sendungen mit tauschwilligen Frauen anschauen.

Das Beispiel passt auch gut in Kapitel 12 (das ist das Kapitel mit den eigenen Regeln, die wir uns basteln). Ich habe mich aber für dieses Kapitel entschieden. Sollten Sie nach der Lesung der Ansicht sein, es hätte tatsächlich wesentlich besser in Kapitel 12 gepasst, schneiden Sie den Text hier doch aus und kleben die Schnipsel in Kapitel 12 hinein. Ich kann, im Gegensatz zu vielen anderen, wunderbar mit unterschiedlichen Auffassungen leben.

Zickezacke Hundekacke

Wussten Sie eigentlich, dass sich der klassische Hundebesitzer mit nicht geringer Wahrscheinlichkeit nicht selten strafbar machen dürfte? Wussten Sie nicht? Dachte ich mir. Kennen Sie § 326 StGB? Kannte ich vor vier Jahren auch nicht. Bis ich mir einen Hund zulegte. Was drin steht, wollen Sie wissen? Es geht dabei um den unerlaubten Umgang mit Abfällen.

Wer nämlich unbefugt Abfälle, die »Gifte oder Erreger von auf Menschen oder Tiere übertragbaren gemeingefährlichen Krankheiten enthalten oder hervorbringen können, außerhalb einer dafür zugelassenen Anlage sammelt, befördert, behandelt, verwertet, lagert, ablagert, ablässt, beseitigt, handelt, makelt oder sonst bewirtschaftet, wird mit Freiheitsstrafe bis zu fünf Jahren oder mit Geldstrafe bestraft.«

Ey Wendt, du hast sie ja nicht alle, sagen Sie, was hat das mit uns Hundebesitzern zu tun? Das Amtsgericht Düsseldorf formulierte es am 11.8.1989 (301 Owi / 911 Js 1269/89) etwas anders als Sie: »Wer auf einer Spiel- und Liegewiese einen Hund abkoten lässt und den Kot nicht beseitigt, macht sich wegen umweltgefährdender Abfallbeseitigung strafbar.«

Ey Amtsgericht Düsseldorf, du hast sie ja nicht alle, sagen Sie, was hat das mit uns Hundebesitzern zu tun? Das Oberlandesgericht Düsseldorf formulierte es am 1.3.1991 (5 Ss 300/90-128/90 I) etwas anders als Sie:

»Der von einem an der Leine geführten Hund auf einer Spiel- und Liegewiese abgesetzte und von dem Hundeführer nicht beseitigte Kothaufen stellt in der Regel Abfall im Sinne des subjektiven und des objektiven Abfallbegriffes dar. (Geht noch weiter, aber ich wollte Sie erst verschnaufen lassen. Jetzt:)

Die Strafbarkeit des Hundeführers wegen umweltgefährdender Abfallbeseitigung nach § 326 I Nr. 1 StGB setzt neben der in der Regel zu bejahenden Abfalleigenschaft des von dem Hund abgesetzten Kothaufens die konkrete Feststellung voraus, dass es sich bei dem Hundekot um gefährlichen Abfall handelte, also Gifte oder Erreger gemeingefährlicher und übertragbarer Krankheiten enthielt oder hervorbringen konnte. (Noch nicht aufgeben, ein Satz kommt noch, aber Sie sollten erst den vorherigen Satz sacken lassen. Jetzt:)

Die Feststellung, dass es sich bei einem bestimmten Hundekothaufen um gefährlichen Abfall im Sinne des § 326 I Nr. 1 StGB handelt, erfordert grundsätzlich die Sicherstellung und chemische Untersuchung des Hundekots.« (Fertig.)

Das hätten Sie nicht gedacht, oder? Sie dachten wahrscheinlich, die Kacke Ihres Vierbeiners wäre, wenn schon nicht gesundheitsfördernd, so doch zumindest nicht gesundheitsschädigend. Mensch, es kacken doch alle Hunde auf die Wiesn. Und die Wiesen. So schlimm kann das doch gar nicht sein. Und Ihr Hund macht ja auch nur klitzekleine Haufen. Die sieht man kaum. Und wenn's regnet, sind die sofort weggespült. Das ist doch nun wirklich kein Problem, oder? Schlimm wird's nur, wenn fremde Hunde in Ihren Garten kacken. Und sei der Haufen noch so klein. Selbst erdnussgroß. Dann können Sie zur Furie werden, stimmt's?

Habe ich Sie jetzt verärgert? Ja? Sie sprechen nicht mehr mit mir? Sie lesen nicht mehr weiter und werfen das Buch in den Kamin? Wissen Sie was? Machen Sie doch. Werfen Sie! Das tut mir nicht einmal leid. Außerdem haben die wenigsten Haushalte einen Kamin. Sie wahrscheinlich auch nicht.

Aber ich habe, im Gegensatz zu Ihnen, Verständnis für Sie. Sie sind eben auch nur ein Mensch. Und Konrad Adenauer soll gesagt haben: »Nimm die Menschen so, wie sie sind. Es gibt keine anderen.« Was mag das wohl gewesen sein, was ihn zu dieser Äußerung veranlasst hat? Altersweisheit? Resignation? Fünf Kölsch?

Sofern Sie sich irgendwann noch einmal darüber beklagen sollten, dass Ihre Mitmenschen sich nicht an Regeln halten, und stattdessen sogar ständig ihre eigenen Regeln aufmachen, komme ich mit meinem Hund bei Ihnen vorbei und lass ihn auf Ihren Rasen kacken. Und Kotbeutel bringe ich extra nicht mit.

Sollten Sie allerdings in Celle wohnen, haben Sie keinen Besuch von mir zu befürchten. Denn dort können Hunde wild draufloskacken. Sogar auf den Bürgersteig, falls Waldi mal besonders eilig muss.

Das Oberlandesgericht Celle hatte am 18.8.1978 (2 Ss (OWi) 104/78) über ein Rechtsmittel einer Hundehalterin zu entscheiden. Ihr Rauhaardackel hatte nämlich auf den Gehweg gekackt. Wie das herauskam? Keine Ahnung. Offensichtlich wurden die Gehwege in Celle bereits vor 40 Jahren schwerstens überwacht.

Denn der Hundehalterin flatterte ein Bußgeldbescheid über 20 DM (für die Jüngeren unter Ihnen: das entspricht rechnerisch einem Betrag von ca. 10 €) ins Haus, weil sie sich einen Scheißdreck (passt hier ganz gut, oder?) um die Beseitigung des Hundehaufens kümmerte. Also den Abfall nicht beseitigte. Und das verstößt gegen das Abfallbeseitigungsgesetz.

Weil die Hundehalterin es nicht einsah, für so einen kleinen Haufen so viel Geld bezahlen zu müssen, legte sie Einspruch gegen den Bescheid ein. Der Amtsrichter war auf ihrer Seite. So ein bisschen Kacke und dann gleich 20 DM? Wo leben wir denn? Er sprach die Hundehalterin frei.

Damit wiederum war die Staatsanwaltschaft nicht einverstanden und legte Rechtsmittel ein. Jetzt beschäftigte sich das Oberlandesgericht damit. Und schreibt ein Urteil über knapp drei Seiten. Eine Meisterleistung juristischer Denk- und Schreibkunst.

Um das Urteil nachvollziehen zu können, muss man das Abfallbeseitigungsgesetz kennen. § 1 Absatz 1 dieses Gesetzes lautete in Kurzform:

»Abfall im Sinne dieses Gesetzes sind bewegliche Sachen, deren sich der Besitzer entledigen will.«

Wir brauchen also, damit das Gesetz überhaupt erst einmal zur Anwendung kommen kann, einen Besitzer. Und zwar den Besitzer des Abfalls. Das Oberlandesgericht dachte nach. Nach reiflicher Überlegung hielten es die drei Oberlandesrichter für möglich, dass die Dame gar nicht Besitzerin des Abfalls, also des Hundehaufens, war.

Sie war zwar Besitzerin des Hundes. Wahrscheinlich sogar Eigentümerin. Und das ist ja bekanntlich eine noch stärkere Rechtsposition als die des Besitzes, was ich hier kurz erklären möchte: Der Besitzer hat = besitzt eine Sache, meist hält er sie in der Hand, trägt sie in seiner Jackentasche mit sich herum oder wirft sie hinten auf den Rücksitz seines Autos. Dem Eigentümer dagegen gehört eine Sache. Wenn Sie mir Ihr Buch leihen, was Sie sich hoffentlich gekauft und nicht etwa selbst ausgeliehen haben, habe ich es in Besitz. Gleichwohl sind Sie nach wie vor Eigentümer des Buches. Nicht schwer, oder? Zurück zum Oberlandesgericht.

Befand sich der Haufen noch im Darm des Hundes, war die Dame folgerichtig auch Besitzerin des Haufens. Denn wer den Hund besitzt, besitzt auch den Haufen, jedenfalls wenn der sich noch im Innern des Hundes befindet.

Solange der Haufen den Hund aber noch nicht verlassen hat, ist er kein Abfall. Vielmehr weiterhin wesentlicher Bestandteil des Hundes. Denn ohne Hund kein Haufen. Aber eben auch noch kein Abfall. Denn wäre er Abfall, trüge der Hund ja Abfall mit sich herum, und zwar in seinem Innern. Das wäre vielleicht nicht dem Hund, sicherlich aber der Halterin höchst unangenehm. Und sie würde es bestimmt auch nicht wollen.

Abfall, so das Oberlandesgericht weiter, wurde der Haufen erst just in dem Moment, in dem er den Körper des Hundes verlassen hatte.

Der Wermutstropfen an der Celler Entscheidung: Wie weit dieses Verlassen aus dem Corpus des Hundes fortgeschritten sein muss, erläutert das Oberlandesgericht leider nicht. Für die Nichthundebesitzer unter Ihnen sei nämlich auf folgendes Phänomen hingewiesen:

Nicht unähnlich dem Menschen drückt der kackende Hund seine Wurst langsam von innen nach außen. Hat das Wurstende den Enddarm verlassen und schaut für Herrchen oder Frauchen deutlich sichtbar aus dem Hintern heraus, befindet sich zwar das Wurstende außerhalb des Hundes. Nicht dagegen der Wurstanfang. Denn der befindet sich noch im Hund.

Einerseits also ist das Ende noch nicht auf der Straße (oder der Wiese) angelangt, hängt demnach sozusagen in der Luft. Andererseits ist es weiterhin mit dem sich im Inneren des Hundedarmes befindlichen Wurstanfang verbunden.

Glücklicherweise musste das Oberlandesgericht das nicht prüfen, denn der Haufen war ja schon komplett aus dem Hund herausgepresst worden und lag ohne jegliche Verbindung mit dem Hund auf dem Gehweg.

Das Oberlandesgericht hat zur allgemeinen Erheiterung noch einen weiteren Schwachpunkt gesehen. Zum Besitz, sagten die drei Richter, muss auch ein Besitzwille hinzukommen. Wer etwas gar nicht besitzen will oder sogar gegen seinen Willen besitzt, den kann man doch dafür nicht belangen.

Und jetzt stellen Sie sich bitte einmal die Hundehalterin vor:
Sie sieht, wie ihr Hund auf den Gehweg kackt. Ich sehe jetzt zwei Möglichkeiten. Entweder hat die Dame von vornherein jeden Besitzwillen kategorisch abgelehnt. Vielleicht war sie eingefleischte Vegetarierin und hatte mit Würsten auch nun gar nichts am Hut.

Oder sie hat sich gesagt: Na ja, schau ich mir die Wurst erst einmal von allen Seiten an. Ist sie schön gerade und am Rand nicht so ausgefranst, dann möchte ich sie gerne behalten und zu meiner Sammlung legen. Ist sie aber krumm wie eine Banane oder gar rau an den Seiten, dann will ich nichts mit ihr zu tun haben.

Und als die Dame das krumme Ding dann so auf dem Gehweg liegen sah, hat sie sich sofort angewidert abgewendet und ist weitergegangen. Wer kann's ihr verdenken? Möchten Sie so krumme Dinger sammeln? Eben.

Und weil das Gericht so schön in Fahrt war, quasi einen Lauf hatte, geht's weiter mit dem Urteil. Die drei Richter fabulierten:
Die Einordnung tierischer Fäkalien unter den Begriff des Abfalls ist unmöglich. Denn ein Großteil der Fäkalien der Haustiere dient immer noch als Dung. Und daher wäre es widersinnig, Kuhfladen, die auf einer landwirtschaftlich genutzten Wiese liegen, als Abfall zu bezeichnen.

Bevor das Oberlandesgericht mit seiner Argumentation abdriftete, bekam es gerade noch die Kurve:
Hundekot, sagten die drei Richter nämlich unmittelbar darauf, ist zwar mit Sicherheit kein Dung. Aber – und jetzt begann das Oberlandesgericht offenbar sofort wieder zu schlingern – es sei unmöglich, bei

den einzelnen Tierarten zu differenzieren. Andernfalls dürften Taubenzüchter ihre Tauben nicht mehr fliegen lassen, weil auch Tauben im Flug kacken. (Unerhört. Im Flug! Tauben sind Schweine!)

Aber im darauffolgenden Satz flog das Oberlandesgericht auf Grund stark überhöhter Geschwindigkeit meines Erachtens komplett aus der Kurve. Es sagte:

Auch müsse man Verständnis für den Hundehalter haben, der einfach nur mal so mit seinem Hund rausgehen will, zur Entspannung quasi, und der völlig überrascht feststellen muss, sein Hund will gar nicht entspannen, der will nur kacken! Ja, so ein Hallodri! Hund täuscht Herrchen arglistig! Am besten bringen wir dich gleich zum Chinesen, du kleines Miststück!

Liebe Freunde (ich glaube, ich darf Sie an dieser Stelle so nennen, denn ich habe das Gefühl, schon nach wenigen Seiten haben wir uns nicht nur aneinander gewöhnt, nein, den einen oder anderen Leser habe ich sogar schon ins Herz geschlossen, und vielleicht der eine oder andere Leser mittlerweile auch mich, wer weiß?), lesen Sie bitte das Urteil. Das Internet macht's ja vielleicht möglich.

Ich war in meinem Leben noch niemals in Celle. Mir war nie bewusst warum. Jetzt weiß ich's. Es ist das Urteil, das mich am Überschreiten der Stadtgrenze hindert. Ich habe Angst vor den Celler Tauben, den Hunden und ihren Besitzern, und ein bisschen auch vor den Richtern des Oberlandesgerichts.

*Meine Haufen sind so klein,
da brauch selbst ich 'ne Brille.*

Nach meiner persönlichen Statistik, erstellt auf Grund jahrelanger Beobachtung und persönlicher Gespräche, sammeln übrigens etwa 2 % der Hundehalter den Kot ihrer Hunde ein. Warum? Einziges Argument: Rücksicht.

98 % machen es nicht. Warum? Vielfältige Argumente: Der Haufen meines Hundes ist zu groß. Der Haufen meines Hundes ist nur klein. Das ist wie Dünger. Ich habe gerade keine Tüte dabei. Entschuldigung, was soll das, ich zahle doch Hundesteuern. Ist doch ekelig, oder? Warum sollte ich Rücksicht nehmen? Auf wen denn? Und überhaupt, was geht Sie das an? Hasso, fass!

4. KAPITEL

Was erwarten wir von unseren Gesetzen?

Klare, eindeutige, zweifelsfreie Regelungen. So klar, dass jeder sie versteht. So eindeutig, dass sie nicht ausgelegt werden müssen. So zweifelsfrei, dass niemand sie in unterschiedlicher Weise interpretieren kann. Wie bei einer Ampel: Bei Rot stehen bleiben. Bei Grün fahren. Das versteht jeder. Müsste zumindest.

Das erste Problem: Wie soll das gehen, klare, eindeutige, zweifelsfreie Regelungen, die jeder versteht, die nicht ausgelegt werden müssen und die nicht in unterschiedlicher Weise interpretiert werden können? Klare und eindeutige Regeln gibt es doch schon im kleinsten Mikrokosmos nicht. Schauen Sie sich doch einmal die Bedienungsanleitung Ihres neuen Staubsaugers an, Stichwort »Auswechseln des Staubsaugerbeutels.«. Oder Ihres neuen Autos, Stichwort »Einstellen der Freisprechanlage«. Ist das Geschriebene klar und eindeutig? So klar und eindeutig, dass jeder es sofort verstehen und umsetzen kann? Eher nicht. Gerade das ist auch einer der Gründe, warum kaum noch jemand bereit dazu ist, die simple zweiseitige Spielregel eines Gesellschaftsspiels zu lesen, zu verstehen und danach den Mitspielern das Spiel zu erklären. Von vier- bis zwölfseitigen Spielregeln ganz zu schweigen.

Wir praktizieren stattdessen Learning by Doing. Gib mir das neue Handy, nach zwei Stunden ausprobieren zeige ich dir, wie es funktioniert. Das kennen wir auch in Deutsch: Probieren geht über Studieren.

Und dann erwarten wir klare Gesetzestexte? Für unser komplettes und komplexes Zusammenleben? Gesetze sind nichts anderes als Regeln, die unser Zusammenleben bestimmen und ihm eine bestimmte Ordnung geben. Sie sind daher durchaus vergleichbar mit den Regeln eines Gesellschaftsspiels. Nehmen wir doch nur mal die Spielregeln von *Mensch ärgere dich nicht*. Dürften die allermeisten von Ihnen kennen und schon einmal gespielt haben.

Bedienungsanleitungen + Spielregeln: viel zu kompliziert

Der jüngste Spieler fängt an. Er würfelt bis zu dreimal. Würfelt er eine Sechs, stellt er eine Figur auf das Spielfeld. Dann ist reihum der Nächste mit Würfeln an der Reihe. Wer eine Figur auf der Laufreihe hat, setzt sie entsprechend der gewürfelten Zahl weiter. Kommt er auf ein freies Feld, bleibt er dort stehen. Kommt er auf ein besetztes Feld, wirft er die dort stehende Figur vom Spielfeld. Kommt ein Spieler mit allen vier Figuren ins Ziel, hat er gewonnen.

Wenige Sätze, mit wenigen Regeln, die das gesamte Spiel ausmachen. Kann man diese geringe Mange an Regeln auch auf unser hoch kompliziertes Zusammenleben übertragen? Definitiv nicht. *Mensch ärgere dich nicht* hat einige wenige Regeln = Gesetze, die zu beachten sind, vielleicht sechs oder sieben.

Unser heutiges Leben hat wesentlich mehr regelungsbedürftige Lebenssachverhalte, vielleicht 6.000.000.000.000.000.000.000.000.000. Okay, Völker am Amazonas, der Vatikan, radikal muslimische Staaten oder andere Diktaturen kommen wahrscheinlich mit 20–30 Regeln aus. Wir nicht. Wie viele Gesetze wollen wir schaffen, wie viele Seiten wollen wir beschreiben, um alle denkbaren Lebenssituationen zu regeln? Und je schneller unsere gesellschaftliche Entwicklung voranschreitet, desto mehr Lebenssachverhalte kommen hinzu. Bei dieser Gelegenheit: Bitte vernichten Sie das unsägliche »umso – umso« aus Ihrem Wortschatz. »Je – desto« ist schöner. Und umso schöner, umso richtiger.

Die Metzgersfrau

Das zweite Problem: Hätten wir klare, eindeutige, zweifelsfreie Regelungen, die jeder versteht, nicht ausgelegt werden müssen und nicht in unterschiedlicher Weise interpretiert werden können, bräuchten wir keine Richter. Zumindest nicht die, die wir haben: In der Regel gut ausgebildete Menschen, mit zumeist hervorragenden Rechtskenntnissen, analytischem Verstand, überdurchschnittlichen Examensergebnissen und einem ausgeprägten Gerechtigkeitsgefühl. Denn bei klaren, eindeutigen, zweifelsfreien Regelungen könnten wir unsere Rechtsfragen entweder selbst beantworten, oder uns, falls wir selbst mal keine Zeit dafür haben, beim morgendlichen Einkauf von der Metzgersfrau aufklären lassen:

»Ich hätte gerne 20 Scheiben Salami und 200 Gramm Blutwurst, dünn geschnitten bitte. Und dann hätte ich noch eine Frage: Mein Nachbar über mir, der ist Vegetarier. Sie wissen ja, wo wir wohnen. Sie haben uns ja schon mal ein Spanferkel geliefert. Und Sie wissen ja, wir grillen so gerne. Unser Nachbar, den kennen Sie ja auch, der meint, wir dürften mit einem Holzkohlegrill gar nicht, und mit einem Elektrogrill nur höchstens 10 x im Jahr auf unserem Balkon grillen.

Das wäre ja so, als würde man einem Trinker nur zehn Kisten Bier im Jahr genehmigen. Also, in meinen Mietvertrag habe ich schon geschaut, da steht nichts drin. Können Sie mir nicht mal eben kurz sagen, ob unser Nachbar recht hat?«

»Ja freilich«, sagt die Metzgersfrau, während sie die Schnittstärke für die Blutwurstscheiben einstellt. »Gucken Sie mal in § 678 Absatz 69 Satz 45 Grillgesetz. Da ist eindeutig geregelt, dass in einem Vierfamilienhaus, das in einer Stadt mit bis zu 120.000 Einwohnern an einer Hauptverkehrsstraße mit zwei Fahrspuren ohne durchgehenden Mittelstreifen gelegen ist, und dessen zum Garten hin gelegener Balkon des grillenden Mieters eine Größe von 9 m² nicht unterschreitet, genau 19 x im Jahr gegrillt werden darf.

Und zwar wahlweise entweder 19 x ausschließlich mariniertes Rindersteak an Samstagen von 18.00 Uhr bis 22.30 Uhr mit einem Elektrogrill.

Oder 18 x mit einem Elektrogrill an Wochentagen von Montag bis Freitag zu beliebiger Uhrzeit, frühestens jedoch ab 16.30 Uhr und längstens bis 22.00 Uhr. Und zusätzlich ein 19. Mal mit einem Holzkohlegrill, aber nur sonntags, und auch das nur in der Zeit von 14.00 Uhr bis längstens 19.45 Uhr.« Sie holt kurz Luft. Weiter geht's:

»Das gilt aber nur, wenn Sie Fleisch verwenden, das nicht zuvor in einer Marinade eingelegt war. Grillen Sie mariniertes Fleisch, Fisch oder Gemüse, entfällt das Sonntagsgrillen. Grillen Sie mariniertes Fleisch, Fisch oder Gemüse am letzten Sonntag, dürfen Sie im darauffolgenden Jahr gar nicht grillen, sondern nur 3 x Raclette auf dem Balkon essen, aber ohne Schweizer Käse.

19,80 € macht das bitte.«

So einfach geht das. Wurst gekauft = Fisch geputzt = Problem gelöst.

Können Sie sich das vorstellen? Ich nicht. Ich glaube, eher wird die Erde wieder eine Scheibe, als dass die Metzgersfrau oder die Brotbäckerin oder der Busfahrer oder der Gynäkologe uns nebenbei während seiner Arbeit die Rechtslage erklärt.

Der Polizeibeamte als Zeuge

Das dritte Problem: Zwischen Grün und Rot gibt es Gelb. Denn bei einem übergangslosen Wechsel von Grün auf Rot kann niemand abrupt stehen bleiben. Gelb ist demnach unverzichtbar. So ein Gelb kann einen ziemlich hohen Rotanteil haben, quasi ein Gelbrot. Es kann aber auch stark ins Grünliche gehen, also ein Grüngelb. Welche Farbe dominiert, hängt von der Sehkraft des Betrachters ab. Oder von der Anzahl der Zeugen. Oder vom Beruf des Sehenden.

Ein Polizeibeamter beispielsweise ist kraft seines Amtes mit einer extrem hohen Sehkraft ausgestattet. Er kann exzellent alle drei Farben unterscheiden, Mischfarben wie Gelbrot, im Volksmund auch gerne Orange genannt, sind ihm völlig fremd. Aber allzu oft macht sich seine extrem gute Sehkraft ausschließlich bei seiner Berufsausübung bemerkbar. Hat dagegen die Frage, ob jemand schon bei Gelbrot gefahren ist oder ob es noch Grüngelb war, nichts mit seinem Beruf als Polizeibeamter zu tun, lässt nicht nur die Sehkraft, sondern auch sein Erinnerungsvermögen deutlich nach.

Wie ich das meine? Nun, stellen Sie sich vor, Sie wurden von zwei Polizeibeamten angehalten. Man wirft Ihnen vor, mit Ihrem Fahrzeug bei Rot über die Lichtzeichenanlage (so heißt die Ampel in der Juristensprache) gefahren zu sein. Sie bestreiten das. Gegen Sie wird ein Bußgeldverfahren eingeleitet. Fünf Monate später kommt es zu einer Gerichtsverhandlung. Beide Polizisten sind als Zeugen geladen. In der Regel können sich beide auch nach dieser langen Zeit genauestens daran erinnern, dass die Lichtzeichenanlage bereits auf Rot umgesprungen war, bevor die Vorderachse Ihres Fahrzeugs den auf der Straße aufgemalten Haltebalken erreicht hatte. Beide sehen Sie mit Ihrem Fahrzeug noch genau vor sich, als wäre es gestern erst passiert.

Und jetzt stellen Sie sich vor, Sie hätten in derselben Situation wie eben einen Verkehrsunfall verursacht. Als Sie soeben angeblich bei Rot über die Ampel gefahren sind, sind Sie in das Fahrzeug eines anderen Verkehrsteilnehmers gefahren. Sie bestreiten nach wie vor, bei Rot gefahren zu sein. Deshalb reguliert Ihre eigene Kraftfahrzeughaftpflichtversicherung (schönes langes Wort) den Schaden am Fahrzeug Ihres Unfallgegners nicht. Der verklagt Sie deshalb jetzt auf Schadensersatz. Sechs Monate später findet deswegen eine Gerichtsverhandlung statt. Beide Polizisten sind als Zeugen geladen. In der Regel können sich beide weder an den Unfall noch an Sie erinnern.

Beide wissen nicht einmal sicher zu sagen, ob sie an dem besagten Tag überhaupt Dienst gehabt haben. Das ist ja auch verdammt lang her.

Ah das gibt's doch nicht, das kann doch nicht sein, sagen Sie? Doch, sage ich. Warum das so ist, fragen Sie? Nun, das könnte daran liegen, dass es im ersten Fall (= Zeugenaussage wegen des Bußgeldes) um die reine Berufsausübung des Polizeibeamten geht. Wie hoch schätzten Sie die beruflichen Fähigkeiten eines Verkehrspolizisten ein, der bei jedem Einspruch eines Verkehrssünders gegen einen Bußgeldbescheid in seiner Zeugenvernehmung zugeben würde, er habe es nicht genau gesehen, ob es noch grün war oder bereits rot, oder er könne sich nicht mehr daran erinnern, es sei schon zu lange her? Polizeipräsident wird er damit eher nicht mehr werden können.

Und im zweiten Fall (= Zeugenaussage wegen des Schadensersatzes) geht es weder um berufliche Ehre noch um Beförderungen. Lediglich um Schadensersatzansprüche eines ihm völlig fremden Verkehrsteilnehmers. Was hat er mit dessen Schaden zu tun? Nichts. Eben. Und deshalb wird sein Erinnerungsvermögen schwächer und schwächer und schwächer und schwächer.

Liebe Polizeibeamten: Ich schätze eure Arbeit sehr. Ich finde euch klasse. Und es sollte mehr von euch geben. Aber das da oben, auch wenn es euch nicht gerade schmeichelt, ist nach meinem ganz persönlichen Gefühl Fakt. Man spricht nur nicht gerne darüber. Aber über Hämorrhoiden auch nicht. Trotzdem haben viele welche.

Den Zeugen widme ich übrigens ein eigenes Kapitel. Zeugen sind sehr ambivalent: Extrem wichtig. Und leider extrem unzuverlässig. Aber dazu später mehr.

Ok, sagen Sie vielleicht jetzt, die drei Probleme habe ich verstanden. Aber Sie sind nach wie vor der Ansicht, es müsse doch auch klare, eindeutige und leicht verständliche Gesetze geben. Oder?

Ja, die gibt es tatsächlich. Vereinzelt. Zum Beispiel in § 535 BGB. Da steht:

»Der Mieter ist verpflichtet, dem Vermieter die vereinbarte Miete zu zahlen.«

Ziemlich klar, verständlich, eindeutig.

Leider sind diese Gesetze eher selten. Meist sind sie auf den ersten, manchmal sogar noch auf den dritten oder fünften Blick ziemlich unklar. Beispiel? Gerne.

§ 118 BGB und der Witzbold

Nehmen wir § 118 BGB, eine meiner Lieblingsnormen. »Eine nicht ernst gemeinte Willenserklärung, die in der Erwartung abgegeben wird, der Mangel der Ernstlichkeit werde nicht verkannt werden, ist nichtig.«

Wow, das sitzt erst mal. So viele Verneinungen! Einige Gehirne scheitern schon bei dem ersten Komma. Willenserklärung? Und dann nicht ernst gemeint? Kenn ich nicht. Aus dem Fernsehen vielleicht, drittklassiger Comedian, getauschte Frau, aber sonst?

Wem das durchaus bekannt vorkommt, der spürt seine Grenzen vielleicht erst beim zweiten Komma. Willenserklärungen, die in einer bestimmten Erwartungshaltung abgegeben werden? Was sollen das für welche sein?

Beim dritten Komma geben nahezu alle auf. Mangel der Ernstlichkeit? Nicht verkannt werden? Häh? Habt ihr se (Ruhrpott Dialekt, nicht zu verwechseln mit dem englischen, schlecht ausgesprochenen the) noch alle?

Und der klägliche Rest der wackeren Aufrechten stürzt sich spätestens beim Schlusswort von der Brücke. Bis auf die Juristen mit bestandenem Examen. Die sitzen gelangweilt auf der Brückenbrüstung und schauen den von der Brücke Gefallenen beim Schwimmen zu, während sie sich mit herunterbaumelnden Füßen fragen, was an diesem Satz denn so schwer sein soll.

Unser Gehirn ist ein grandioses Organ, wahrscheinlich das Beste, das wir haben. Es sorgt nicht nur dafür, dass Daumen und Zeigefinger unserer rechten Hand eine Pommes greifen, diese anschließend in die Mayonnaise tunken und zu guter Letzt zum Mund führen. Nein, es ist sogar in der Lage, zu denken. Wenn wir es lassen.

Und ein Nichtjuristengehirn ist zwar oft leider nicht in der Lage, aus der abstrakten Regel des § 118 BGB einen Lebenssachverhalt zu bilden, auf den dieser Paragraf zutrifft. Aber dieses Gehirn schafft locker den umgekehrten Weg, nämlich aus einem Lebenssachverhalt ebendiese gesetzliche Regel selbst zu formen. Beispiel? Gerne.

Sie befinden sich im Theater. Ausverkauft. Vor Beginn der Vorstellung steht der Prinzipal auf der Bühne. Er begrüßt sie freundlich mit dem Hinweis:

»Bitte haben Sie ein Einsehen mit unseren Schauspielern und schalten Sie während der gesamten Vorstellung Ihr Handy aus.« Jetzt grinst er breit: »Sollte irgendein Handy während der Vorstellung hörbar klingeln, bekommt der Besitzer dieses Handys von mir eine Jahreskarte des Tabellenletzten der Curling-Bundesliga geschenkt.«

Diese Begrüßung lebt von der Prämisse, dass der durchschnittliche Theaterbesucher Curling so aufregend findet wie das Aufrollen abgerollter Klopapierrollen. Obwohl unsere Gesellschaft mittlerweile so tief gesunken sein dürfte, dass ein erheblicher Teil sich freiwillig im Fernsehen anschaut, wie jemand Zwiebeln schneidet, in Kleiderschränke wildfremder Menschen schaut oder Löcher in seinen Garten gräbt, bin ich davon überzeugt, dass Curling nicht die Sportart ist, bei der man sich über eine geschenkte Jahreskarte freut. Zumindest nicht beim Tabellenletzten der Liga.

Und eben das will uns der Prinzipal damit sagen. Wenn dein Handy klingelt, schenk ich dir so etwas unglaublich Langweiliges, was du garantiert nicht haben willst. Und damit es besonders langweilig für dich wird, quasi um oben noch einen draufzusetzen, vom Letzten der Liga. Also Curling für Ahnungslose von Ahnungslosen. Und? Dämmert's? Der Mann will einen Witz machen!

Das Versprechen des Prinzipals ist demnach eine »nicht ernst gemeinte Willenserklärung«.

Er hat angenommen, dass jeder Depp im Publikum das versteht. Er hat die Erklärung also »in der Erwartung abgegeben, der Mangel der Ernstlichkeit werde nicht verkannt werden«.

Und genau deshalb kann der einzige Curlingfan des Ligaletzten der Republik, sollte er zufällig in dieser Vorstellung gesessen haben, die Jahreskarte seines Lieblingsvereins nicht per Klage vom Prinzipal des Theaters erzwingen, indem er den Klingelton seines Handys extra laut stellt und seine Tochter per SMS bittet, ihn in zehn Minuten dringend auf seinem Handy anzurufen. Es sei denn, er erwischt einen Richter, der das anders sieht. Aber dazu später mehr.

Mehr will uns § 118 BGB nicht sagen. Und warum ist der Paragraf dann so kompliziert formuliert, werden Sie fragen?

Gegenfrage: Geht's einfacher? Vielleicht so:

»Wenn jemand etwas sagt oder schreibt oder sonst wie kundtut, und er meint das gar nicht so, wie er das sagt oder schreibt oder sonst wie kundtut, also nicht ernst, und geht auch davon aus, dass der, dem er das schreibt oder sagt oder sonst wie kundtut, dass der das auch versteht, dass er das gar nicht ernst gemeint hat, dann ist das, was er gesagt, geschrieben oder sonst wie kundgetan hat, ungültig. Und der, der das Gesagte, Geschriebene oder sonst wie Kundgetane gehört, gelesen oder sonst wie empfangen hat, kann daraus keinerlei Rechte herleiten.«?

Ich finde das nicht einfacher. Eher verwirrender. Und länger. Und genderunfreundlich. Denn das kann ja nicht nur er, sondern auch sie passieren.

Noch ein Beispiel? Gerne.

§ 538 BGB und der vertragsgemäße Gebrauch

Sie vermieten mir eine Dreizimmerwohnung, Größe 55 m². Baujahr 1950. Öffentlich gefördert. Typisch für das Baujahr ist der Zuschnitt der Zimmer:

Wohnzimmer 14 m², Schlafzimmer 12 m², Kinderzimmer 10 m², Küche 8 m², Diele 4 m² und das Bad 7 m².

Ich bin alleinstehend und kinderlos (meine Ehefrau und meine Kinder mögen mir verzeihen, dass ich sie an dieser Stelle verleugne, aber es handelt sich nur um ein fiktives Beispiel).

Mir gefällt der Zuschnitt der Zimmer nicht. Auf einer Party habe ich einen Brückenbauer kennengelernt, der zufällig auch Statiker ist. Der Brückenbauer erstellt in meinem Auftrag ein Gutachten. Das besagt, dass ich die nicht tragende Wand zwischen Wohnzimmer und Kinderzimmer entfernen kann, ohne dass sich das auf das Gebäude in irgendeiner Form auswirkt.

Ich entferne die Wand, ohne Sie zu informieren. Und genieße das schöne große Wohnzimmer. Jahre später ziehe ich aus. Bei Rückgabe der Wohnung wünschen Sie sich die entfernte Wand zurück. Ich nicht. Wer hat denn heute noch so kleine Zimmer, frage ich Sie. Und verweise auf § 538 BGB.

In § 538 BGB steht: »Veränderungen oder Verschlechterungen der Mietsache, die durch den vertragsgemäßen Gebrauch entstehen, hat der Mieter nicht zu vertreten.«

»Veränderungen und Verschlechterungen« bekommen wir beide auch ohne Juristen noch hin. Haben Sie mir eine Dreizimmerwohnung übergeben und bekommen Sie von mir nach Mietende eine Zweizimmerwohnung zurück, liegt offensichtlich eine Veränderung vor. Wenn diese Veränderung aber auf vertragsgemäßem Gebrauch beruht, kann ich fünfe gerade sein lassen, muss mich also nicht darum scheren.

Aber was bedeutet »vertragsgemäßer Gebrauch«? Ist das noch vertragsgemäß, was ich gemacht habe? Eine Wand entfernt? Sie sagen Nein. Wenn ich mir einen Mietwagen nehme, darf ich ihn ja auch nicht mit ausgebauter Rückbank zurückgeben.

Ich sage Ja. Wenn die Zimmer der Mietwohnung so klein sind, dass man den Eindruck einer Gefängniszelle hat, darf ich die Zimmer der heute üblichen Größe anpassen. Zumindest dann, wenn das keine Auswirkungen auf den Baukörper hat.

Wer von uns beiden hat jetzt recht? Vertragsgemäß bedeutet so etwas Ähnliches wie »dem Vertrag entsprechend«. Also schauen wir in unseren damals abgeschlossenen Mietvertrag. Wir lesen beide mehrmals sorgfältig. Und stellen fest, dass das Entfernen von Wänden im Mietvertrag nicht einmal erwähnt ist. Demnach ist es weder ausdrücklich erlaubt noch ausdrücklich verboten.

Was bedeutet das für uns? Was im Vertrag nicht ausdrücklich erlaubt ist, ist verboten? Klingt unwahrscheinlich, denn in den meisten in Deutschland verwendeten Mietverträgen wird beispielsweise das Rauchen in der Wohnung ebenfalls nicht erwähnt. Dementsprechend auch nicht ausdrücklich erlaubt. Soll es mir als Mieter dann untersagt sein?

Oder bedeutet es im Gegenteil, was nicht ausdrücklich verboten ist, ist immer erlaubt? Klingt ebenso unwahrscheinlich, denn in den meisten im Umlauf befindlichen Mietverträgen wird beispielsweise das Streichen des Fensterglases mit blickdichter schwarzer Farbe auch nicht erwähnt. Demnach auch nicht ausdrücklich verboten. Soll ich als Mieter dann dazu berechtigt sein?

Sie merken schon, es ist komplizierter, als es auf den ersten Blick erscheint. Eventuell hilft uns der Begriff des vertragsgemäßen Gebrauchs in § 538 BGB weiter.

Entspricht es dem vertragsgemäßen Gebrauch, in seiner eigenen Wohnung zu rauchen? Wenn nicht in der eigenen Wohnung, wo dann, werden Sie sich sicher fragen. Ihre Frage ist berechtigt. Daher ist man sich in unserer Gesellschaft, der mietrechtlichen Rechtsprechung und Fachliteratur auch darüber einig, dass das Rauchen in der Wohnung (noch) zum vertragsgemäßen Gebrauch gehört. Fraglich kann allenfalls sein, welches Kraut erlaubt ist und wie viel davon. Auch drei Joints? 80 Zigaretten täglich? 20 Zigarren? Oder zehn vollgestopfte Pfeifen?

Und entspricht es auch dem vertragsgemäßen Gebrauch, das Fensterglas aller Fenster der Wohnung mit schwarzer blickdichter Farbe zu streichen? Aus welchem Grund soll ein Mieter dazu berechtigt sein, werden Sie sich fragen. Ihre Frage ist erneut berechtigt. Sinn und Zweck von Fenstern ist es, die Wohnung mit Licht zu versorgen. Möchte jemand keinen Lichteinfall von außen haben, mag er die Rollläden herunterlassen oder blickdichte Stoffgardinen anbringen. Aber sicher nicht die Glasscheiben schwarz anpinseln. Dieser Farbanstrich der Fenstergläser dürfte daher definitiv nicht zum vertragsgemäßen Gebrauch gehören.

Versuchen wir einmal, anhand eines sehr anschaulichen Falles in der Rechtsprechung den Begriff des vertragsgemäßen Gebrauchs noch etwas näher zu bestimmen.

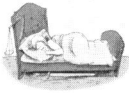

Der Labrador und der Parkettfußboden

Das Amtsgericht Koblenz durfte am 20.12.2013 (162 C 939/13) über einen interessanten Fall entscheiden. Den bilde ich mit Ihnen nach.

Sie sind Vermieter. Sie vermieten mir eine Wohnung. Sie statten das Wohnzimmer der Mietwohnung vor meinem Einzug mit neuem Parkettboden aus. Ich besitze einen Labrador. Sie haben davon Kenntnis. In dem von Ihnen verwendeten Mietvertragsformular steht, dass ich für alle durch die Tierhaltung entstandenen Schäden hafte. Deshalb sind Sie sicher, die Hundehaltung genehmigen zu können und kein Risiko dabei einzugehen. Mein Labrador darf also mit Ihrem Segen in die Wohnung einziehen.

Knapp ein Jahr nach Einzug ziehe ich aus. Als ich Ihnen die Wohnung übergebe, trifft Sie fast der Schlag! Der Parkettboden ist vollständig verkratzt. Ursache waren die Hundekrallen. Die Reparatur des Bodens kostet Sie fast 5.000 €. Sie sind der Ansicht, den Betrag müsse ich Ihnen ersetzen. Schließlich steht das ja auch so im Mietvertrag.

Ich bin anderer Meinung. Immerhin haben Sie mir die Hundehaltung erlaubt. Sie wussten, dass mein Hund kein kleiner krallenloser Fifi, sondern ein ausgewachsener Labrador ist. Aus diesem Grunde haben Sie damit rechnen müssen, dass das Parkett durch die Krallen in Mitleidenschaft gezogen werden könnte. Also sind die Kratzer zwar Verschlechterungen der Mietsache. Sie sind jedoch nicht von mir zu vertreten, da sie durch vertragsgemäßen Gebrauch entstanden sind. Ich habe nämlich genau das getan, was Sie mir gestattet haben. Nämlich den Labrador in meiner Wohnung zu halten.

Da wir uns nicht einig werden und Sie nicht auf die 5.000 € verzichten möchten, verklagen Sie mich auf Schadensersatz. So landete der richtige Fall vor dem Amtsgericht Koblenz (162 C 939/13).

Der Amtsrichter gab mir kurz vor Weihnachten am 20.12.2013 recht. Er vertrat die Auffassung, dass Kratzer, die durch das normale Laufverhalten meines Hundes entstanden seien, dann dem mietvertraglich vereinbarten (= vertragsgemäßen) Gebrauch entsprächen, wenn die Tierhaltung wie hier von Ihnen genehmigt worden sei.

Es rette Sie als mein Vermieter auch nicht, dass im Mietvertrag vereinbart worden sein, dass ich für alle Schäden meines Hundes hafte. Denn diese Klausel sei unwirksam, weil eine so uneingeschränkte Haftungsübertragung unangemessen sei.

Als Sie das Urteil lesen, trifft Sie zum zweiten Mal fast der Schlag. Diese Entscheidung widerspricht komplett Ihrem Rechtsgefühl (wie Sie mittlerweile wissen, eine sehr beliebte Formulierung rechtssuchender Bürger und Bürgerinnen vor Gericht, wenn der Richter eine andere Auffassung als man selbst vertritt). Sie legen Berufung ein. So landete der richtige Fall vor dem Landgericht Koblenz (6 S 45/14). Dort entschieden dann am 6.5.2014 drei Richter über die Sache.

Mindestens zwei von ihnen waren zu meinem Mieterleidwesen der Meinung, dass ich spätestens in dem Moment, in dem ich die ersten

Kratzer auf dem Parkett habe feststellen können, Gegenmaßnahmen hätte ergreifen müssen. Denn trotz der Tierhaltungsgenehmigung sei ich nicht von jeglicher Verantwortung für Schäden frei, die mein Hund verursache.

Das hat der Amtsrichter wohl vom Grundsatz her nicht anders gesehen. Ich glaube nicht, dass der Amtsrichter noch von einem vertragsgemäßen Gebrauch ausgegangen wäre, hätte mein Hund sämtliche Türzargen in der Wohnung an- oder aufgefressen. Denn das wäre kein normales Tierverhalten gewesen. Das Laufen auf dem Parkettboden dagegen schon. Und für normales Tierverhalten muss ich bei erlaubter Tierhaltung nach Ansicht des Amtsrichters nicht einstehen. Die Frage ist also, welche Schäden hält man noch für vertragsgemäß und welche nicht.

Als Gegenmaßnahmen, so das Landgericht Koblenz, kommen in Betracht:

Sobald ich den ersten Kratzer sehe, muss ich meinen Hund dauerhaft des Wohnzimmers verweisen. Bringe ich das nicht übers Herz und möchte meinen Hund auch dann in meiner Nähe wissen, wenn ich mir getauschte Frauen im Fernsehen anschaue, muss ich meinem Hund eine Hundedecke ins Wohnzimmer legen, auf die er sich legt, setzt oder stellt. Schafft mein Hund das aus Gründen mangelnden Gehorsams nicht, dann muss ich ihm Hundesöckchen anziehen, bevor er das Wohnzimmer betritt.

Die Gründe beider Urteile sind lesenswert. Sie geben genau die alles entscheidende Frage in dieser Sache wieder: Welches Ergebnis möchte ich am Ende erzielen? Die rechtlichen Ausführungen im amtsgerichtlichen Urteil sind ebenso nachvollziehbar und vertretbar wie die Ausführungen im Urteil des Landgerichtes. Und ein Richter am Amtsgericht ist definitiv nicht schlechter oder gar dämlicher als ein Richter am Landgericht. Es gilt nicht, je höher die Instanz, desto klüger der Richter. (Das dürfen Sie natürlich nicht den Richtern an den höheren Instanzgerichten sagen, die sehen das unter Umständen anders!)

Nein, die Richter haben ein unterschiedliches Ergebnis vor Augen gehabt. Und je nachdem, welches Ergebnis ich erzielen möchte, kann ich beide Ergebnisse nachvollziehbar und widerspruchsfrei begründen. Mit anderen Worten: Ein Richter, der selbst Hunde hält und in einer Mietwohnung lebt, neigt in einem solchen Fall eher zum vertragsgemäßen Gebrauch als der Richter, der Hunde ablehnt, selbst ein Mietshaus besitzt und Wohnungen vermietet. Persönliche Erfahrungen und Lebensgewohnheiten eines Richters spiegeln sich immer, wenn auch nur unterbewusst, in irgendeiner Form in seinen Erwägungen und Entscheidungen wider.

Das hat nichts, rein gar nichts mit mangelnder Objektivität zu tun. Denn ein Richter hat natürlich ein eigenes Privatleben, das ihn prägt. Entweder ist er Mieter, Eigentümer oder Vermieter. Gelegentlich sogar alles zugleich. Ihm gehört eine Eigentumswohnung in München, die er vermietet, er selbst wohnt aber zur Miete in Hamburg. Warum soll er nicht mehr objektiv urteilen können? Es gibt Richter mit und ohne Hund, Katze oder Maus. Warum sollen sie nicht mehr objektiv sein, wenn es um die Frage eines vertragsgemäßen Gebrauchs geht?

Zumindest bei der Argumentation des amtsgerichtlichen Urteils vermisse ich allerdings einen wichtigen Aspekt: Der Schaden am Parkettboden betrug knapp 5.000 €. Die durch den Labrador verursachten Kratzer können also nicht nur oberflächlicher Natur gewesen sein. Demnach lag hier offenbar eine erhebliche Substanzverletzung vor. Diese mag zwar durch »normales« Tierverhalten entstanden sein. Es kommt bei der Frage des vertragsgemäßen Gebrauchs aber nicht darauf an, ob das Tier sich vertragsgemäß verhält. Denn der Labrador ist nicht der Vertragspartner des Vermieters.

Es kommt einzig und allein darauf an, ob das Verhalten des Mieters vertragsgemäß ist. Und der Mieter kann sich meines Erachtens bei Substanzeinwirkungen auf die Mietsache nicht auf den Standpunkt zurückziehen, diese stammten vom Tier, und das Tier verhalte sich vollkommen normal, also sei er für das Verhalten seines Tieres nicht verantwortlich.

Wäre diese Ansicht richtig, haftete ein Mieter nie für »normales« Tierverhalten, falls das Tier entweder genehmigt wurde, hätte genehmigt werden müssen oder als Kleintier genehmigungsfrei gehalten werden könnte.

Das führte zu der unbefriedigenden Lösung, dass ein Vermieter die von Katzen verkratzten Einbaumöbel, Türen, Türzargen oder Wände sanktionslos hinnehmen müsste. Denn dass Katzen kratzen, ist normales Katzenverhalten. Mit dem Kratzen setzen Katzen Duftsignale. In den Krallen befinden sich Drüsen, die beim Kratzen Duftstoffe abgeben. Das machen Katzen in der Natur andauernd. Soll ein Vermieter das tatsächlich akzeptieren müssen?

Und in der Entscheidung des Amtsgerichtes hat offenbar die Schadenshöhe überhaupt keine Rolle gespielt. Das führte zu folgender merkwürdiger Konsequenz: Stellen wir uns vor, Sie hätten mir die Hundehaltung nicht genehmigt. Und stellen wir uns weiter vor, ich hätte Sie daraufhin auf Erteilung der Genehmigung verklagt. Dann wäre es durchaus denkbar gewesen, dass das Gericht Sie verurteilt hätte, der Hundehaltung zuzustimmen. Das hätte nach der amtsgerichtlichen Entscheidung zur Konsequenz, dass Sie sich gar nicht dagegen hätten wehren können, dass ihr Parkettboden nach kurzer Mietzeit erheblich beschädigt worden wäre.

Bei einem Schaden von knapp 5.000 € und einer Mietzeit von weniger als einem Jahr könnte der Vermieter seine Wohnung also gleich verschenken, denn die erzielten Mieteinnahmen kann er sofort nach Mietende für die Wiederherstellung seines Bodens verwenden. Ich will an dieser Stelle nicht von Enteignung sprechen. Weit entfernt wären wir allerdings davon nicht.

Der Papst in Magdeburg

Ein anderes Beispiel? Gerne. Vor etwa zehn Jahren ereignete sich in verschiedenen Großstädten der Bundesrepublik ein jeweils ähnlicher Fall. Betroffen waren Berlin, Magdeburg und Nürnberg. Der

Magdeburger Fall ist besonders anschaulich. In Magdeburg steht das Hundertwasserhaus. Sehenswertes Objekt. Hundertwasser entstammt einer jüdischen Familie. Das nach ihm benannte Haus hat er geplant und gestaltet.

Aus dem Urteil des Landgerichtes Magdeburg geht hervor, dass der Vermieter und der Eigentümer des Hauses eng mit dem Bistum Magdeburg verbunden sind. Ich gestatte mir daher die dichterische Freiheit, bei der folgenden Schilderung den Papst als Vermieter der im Hundertwasserhaus gelegenen Objekte auftreten zu lassen. Klagen der katholischen Kirche sehe ich mit der Gelassenheit eines Anwaltes entgegen, der sich dessen bewusst ist, dass derartige Gerichtsverfahren etwa so vorhersehbar sind wie der Ausgang eines Fußballspieles zwischen Bayern München und Schalke 04. Vorausgesetzt, das Spiel findet im Gelsenkirchener Stadion statt, und die Münchener spielen nur mit neun Feldspielern. Und ohne Torwart. Null zu null?

Los geht's: Im Hundertwasserhaus gibt es Wohnungen und Geschäfte. Ein Geschäftslokal steht zur Vermietung. Es meldet sich ein Interessent beim Papst. Dieser fragt den Bewerber, was für eine Art Geschäft er dort aufmachen möchte. Herrenbekleidung, sagt der Interessent. »Ja«, nickt der Papst zustimmend, »das brauchen wir auch gelegentlich. Selbst unsere Priester müssen sich hin und wieder ankleiden, wenn sie vom Kommunionsunterricht zurückkommen.« Man kommt ins Gespräch. Man verhandelt. Man wird sich einig. Der Mietvertrag wird geschlossen. Der Mieter eröffnet. Die Kunden kommen.

Schon am Tag der Eröffnung erhält der Papst Anrufe von Nachbarn des neuen Mieters. Seit dieser vor ein paar Stunden seinen Laden eröffnet habe, hielten sich im Hundertwasserhaus Leute auf, die meinen Haarschnitt hätten (zur Info für Sie: Ich trage Vollglatze), zusätzlich noch Tätowierungen im Nacken und Springerstiefel trügen.

»Herrjemine«, sagt der Papst, »da setze ich mich sofort in mein Papamobil und fahre nach Magdeburg, um mir das anzusehen.« In Magdeburg angekommen, schaut er sich das Dilemma an. Neonazis gehen im Laden, und damit im Hundertwasserhaus, ein und aus.

Der Papst ficht (bitte nicht »fechtet« sagen) den Vertrag noch am Tag der Eröffnung an. Ja, so schnell fährt das Papamobil, wenn es mit

Gottes Hilfe fährt. Vorsorglich kündigt er den Vertrag noch fristlos. Zur Begründung führt er an, der Mieter wäre verpflichtet gewesen, ihn, also den Papst, vor Vertragsschluss darauf hinzuweisen, dass er in seinem Sortiment im wesentlichen Waren der Marke Thor Steinar verkaufe.

Die Marke kennen Sie nicht? Das spricht zumindest nicht gegen Sie. Es handelt sich um eine Bekleidungsmarke, die nach Ansicht der Justiz bevorzugt von Anhängern und Mitgliedern der rechtsradikalen Szene gekauft und getragen wird.

Der Mieter kann die ganze Aufregung nicht verstehen. Er meint, eine Aufklärungspflicht habe nicht bestanden. Was könne er dafür, dass die Nazis Klamotten von Thor Steinar kauften und trügen? Trügen die Nazis in der nächsten Saison Waren der Marke Özmüf Müfdür oder Ombawabwe Nkutalele (Wie Sie bemerkt haben, handelt es sich dabei um Fantasienamen, denn nähme ich richtige Modelabel, drohte die nächste Klage, und ich erwarte doch schon die der Katholiken.) tragen, könne er das doch auch nicht ändern.

Zack. Und jetzt Sie. Wer hat recht? Papst oder Mieter?

An dieser Stelle hätte ich gerne gefragt: Papst oder Nazi? Das verkneife ich mir besser. Nicht aus Angst vor den Nazis, nein. Sondern weil ich den Mieter nicht kenne. Vielleicht ist er gar kein Nazi, obwohl einiges dafür sprechen dürfte. Vielleicht hat er aber auch nur eine Marktlücke entdeckt und will lediglich Kohle machen. Schwups hätte ich die nächste Klage.

Darüber, ob der Papst oder sein Mieter recht hat, haben sich nahezu zeitgleich mehrere Gerichte Gedanken machen müssen.

Fall in Magdeburg:
- Erste Instanz: LG Magdeburg Urteil vom 13.2.2008 – 5 O 1879/07
- Zweite Instanz: OLG Naumburg Urteil vom 28.10.2008 – 9 U 39/08
- Dritte Instanz: BGH Urteil vom 11.8.2010 – XII ZR 192/08

Fall in Berlin:
- LG Berlin Urteil vom 14.10.2008 – 29 O 143/08
- Zweite Instanz: KG Urteil vom 28.5.2009 – 8 U 223/08
- Dritte Instanz: BGH 11.8.2010 – XII ZR 123/09

Fall in Nürnberg:
- Erste Instanz: LG Nürnberg-Fürth Urteil vom 12.6.2009 – 14 O 139/09
- Zweite Instanz: OLG Nürnberg – 5 U 1312/09

Zu welchem Ergebnis kommen Sie? Unschlüssig? Ich helfe Ihnen. Folgende Fragen sollten Sie sich stellen und nach Möglichkeit auch beantworten:

Muss ein Geschäftsraummieter seinen Vermieter vor Vertragsabschluss immer ungefragt über sein komplettes Sortiment aufklären? Oder nur dann, wenn der Vermieter Papst ist? Oder nur dann, wenn der Mieter Nazikleidung in seinem Laden verkauft? Oder nur dann, wenn der Erbauer des Hauses, in dem der Mieter, der Naziklamotten verkauft, aus einer jüdischen Familie stammt? Oder nur dann, wenn das Haus, in dem der Mieter die Nazikleidung verkauft, ein exponiertes Objekt, quasi ein Hingucker ist?

Oder darf der Mieter warten, bis der Vermieter ihn fragt, was er denn in seinem Laden anbieten möchte? Und wenn der Vermieter fragt, wie genau muss der Mieter antworten? Fragt der Vermieter zum Beispiel: »Was verkaufst du denn in deinem Laden?« Reicht es aus, wenn der Mieter sagt: »Kleidung«? Und wenn der Vermieter fragt: »Und welche Marken?« Muss der Mieter dann alle nennen? Oder nur sein Hauptsortiment? Oder nur die Marke, die die Nazis tragen?

Bevor Sie sich entscheiden, blättern Sie mal in einem Gesetzbuch. Maßgeblich ist das BGB = Bürgerliches Gesetzbuch. Das Mietrecht finden Sie in den §§ = Paragrafen 535 bis 580a.

Manchmal steht vielleicht auch weiter vorne etwas dazu, so in den §§ 104 bis 480 BGB. Viel Glück dabei. Finden werden Sie wenig bis gar nichts. Wenn Sie nämlich glauben, dass unser Gesetz diese Fragen regelt, sind Sie auf dem Holzweg.

Mit etwas Glück haben Sie vielleicht § 311 BGB und § 241 BGB gefunden. Da steht etwas zur Begründung von Schuldverhältnissen und zu Rücksichtnahmepflichten. Zum Beispiel in § 241 II BGB:

Das Schuldverhältnis (auch ein Mietvertrag ist eines) kann (muss also nicht) nach seinem Inhalt (Geschäftsraummietvertrag eben) jeden Teil (also auch den Mieter) zur Rücksicht auf die Rechte, Rechtsgüter und Interessen des anderen Teils (also auch des Vermieters) verpflichten.

Schon haben wir wieder den Salat. Kann verpflichten. Rücksicht auf Interessen. Wundervoll schwammig.

Sie sagen: »Kann der Richter auslegen, wie er will.«

Der Richter sagt: »Wie ich will schon mal gar nicht. Höchstens wie das Gesetz es will. Und ist der gesetzliche Wille nicht eindeutig erkennbar, müssen wir abwägen. Zwischen den unterschiedlichen Interessenlagen. Und wie sehen die hier aus? Rechtlich schwirig, schwirig, schwirig. Tatsächlich einfach, einfach, einfach.«

Meines Erachtens kann ich beide Ergebnisse rechtlich vertretbar begründen. Die maßgebliche Frage dürfte daher auch in diesem Fall sein, welches Ergebnis ich erzielen will.

Will ich wirklich, dass der Papst Pech gehabt hat? Dass er möglicherweise über einen langen Zeitraum hinnehmen muss, dass in einem Ladenlokal des Hundertwasserhauses, einer Magdeburger Touristenattraktion, Naziklamotten verkauft werden? Mit der Konsequenz, dass vermutlich alle Mitmieter versuchen werden, so schnell wie möglich aus dem eigenen Mietvertrag herauszukommen bzw. ihn jedenfalls nach Ablauf nicht verlängern werden?

Das LG Nürnberg-Fürth hatte dazu folgende Ansicht:

In dem dort zu entscheidenden Fall hatte der Vermieter den Mieter nach seinem Sortiment gefragt. Dieser nannte verschiedene Marken, unter anderem auch Thor Steinar. Die bevorzugte Kundschaft dieser Marke verschwieg der Mieter wohlweislich. Der Vermieter kannte diese Marke nicht. Er sah auch keine Veranlassung, sich über diese Marke zu informieren, ebenso wenig wie bei den anderen genannten Marken, die ihm der Mieter aufzählte.

In einem solchen Fall, so entschied das Landgericht Nürnberg-Fürth, bestünde keine weitere Aufklärungspflicht des Mieters. Vielmehr müsse der Vermieter selbst nachforschen, ob es Besonderheiten bei diesen Marken gebe. Recherchemöglichkeiten gebe es schließlich im Internet genug. Ergebnis: Kein Anfechtungsrecht und kein Kündigungsrecht des Vermieters.

Was ich mich bei der Lektüre dieses Urteils immer gefragt habe: Kann der Papst wohl auch Internet?

Mietrechtlich ist diese Ansicht vertretbar. Ich halte sie für falsch. Denn welche besondere Veranlassung gibt es für einen Vermieter, sich vor Vertragsabschluss über das Markenangebot eines Mietinteressenten zu informieren? Ist eine solche Recherche üblich? Ich kann mir das nicht vorstellen. Informieren würde ich mich erst bei besonderen Anhaltspunkten.

Stellen Sie sich vor, es hätte sich beim Papst ein Interessent gemeldet, der einen Lebensmittelladen eröffnen wollte. Und stellen Sie sich vor, der Papst hätte gefragt: »Na junger Mann, was willst du denn in deinem Laden alles so anbieten?« Und der Interessent hätte geantwortet: »Na eben alles, was man so isst und trinkt.« Und der Papst hätte nach den Marken seines Warensortiments gefragt. Und der Interessent hätte dem Papst die kompletten 280 Markennamen aufgezählt, unter anderem auch Joghurt der Marke »Hirnschwund«.

Meinen Sie wirklich, dass der Papst sich jetzt erst einmal zwei Wochen in sein Arbeitszimmer einschließen und im Internet über jede einzelne ihm genannte Marke Erkundigungen einholen muss? Ich halte das für zweifelhaft. Man könnte das allenfalls dann vom Papst verlangen, wenn sich aus der Markenbezeichnung Hinweise auf extreme Besonderheiten ergeben. Die Bezeichnung »Hirnschwund« für einen Joghurt könnte ein solcher Hinweis sein, aber die Bezeichnung »Thor Steinar« für Bekleidung? Ich weiß nicht.

Das Landgericht Magdeburg, das Oberlandesgericht Naumburg und der Bundesgerichtshof haben die Ansicht vertreten, den Mieter treffe eine Aufklärungspflicht. Daher könne sich der Papst vom Mietvertrag lösen. Mietrechtlich ist diese Ansicht vollkommen korrekt und vertretbar. Und politisch und gesellschaftlich erwünscht.

Bei der Beurteilung eines Falles durch den Richter sollten die Parteien deshalb nie außer Acht lassen, dass eine Entscheidung auch immer davon abhängen kann, welches Ergebnis man erzielen will.

Aber aufpassen und jetzt nicht übermütig werden: Der Herbert unter Ihnen, der das gerade liest, sollte jetzt bitte nicht seiner Inge, die gerade im Nebenzimmer bügelt, zurufen: »Inge, ich habe es immer gewusst. Die Gerichte entscheiden nicht danach, was im Gesetz steht, sondern danach, welches Ergebnis sie haben wollen.« Falsch, Herbert. Grob falsch! Bitte Obiges noch mal lesen, aber richtig: … dass eine Entscheidung auch immer davon abhängen kann, welches Ergebnis gewünscht ist. Kann, Herbert, kann. Alles klar?

AUSGEWOGENE REGELUNGEN
(ZUM BEISPIEL § 543 BGB UND § 569 BGB)

Gesetze sollen möglichst ausgewogen sein. Ausgewogen sind sie, wenn sie alle betroffenen unterschiedlichen Interessen angemessen berücksichtigen. Es gibt in nahezu allen Lebenssituationen unterschiedliche Lager. Arbeitnehmer und Arbeitgeber. Verkäufer und Käufer. Verleiher und Entleiher. Leasinggeber und Leasingnehmer. Vermieter und Mieter. Reiseveranstalter und Reisender. Arzt und Patient. Auftraggeber und Auftragnehmer. Unternehmer und Verbraucher. Darlehensgeber und Darlehensnehmer. Pächter und Verpächter. Gläubiger und Schuldner. Brückenbauer und über die Brücke Fahrender. Papst und Prophet.

Jeder hat bestimmte Interessen. Manchmal stimmen sie überein. Manchmal verhalten sie sich diametral zueinander. Manche Interessen sind sehr gewichtig und daher extrem berücksichtigungswürdig. Andere wiederum unwichtig und zu vernachlässigen.

Ein vernünftiges Gesetz sollte alle Interessen erfassen. Und ein ausgewogenes Verhältnis der Interessen schaffen. Keines der Lager sollte so unangemessen stark sein, dass es das andere Lager nach Lust und Laune beherrschen kann. Aber es sollte auch keines der beiden Lager eine so geschwächte Position erhalten, dass es unangemessen unterdrückt wird. Wenn ein Gesetz diesen Spagat schafft, kann es in der Regel so schlecht nicht sein.

Bei der Frage, welche gesetzliche Regelung man schaffen will, spielen zunächst einmal allgemeine Erwägungen eine Rolle. Nehmen wir das Mietrecht. Allgemein sollen die Interessen eines Vermieters nicht stärker berücksichtigt werden als die Interessen eines Mieters.

Welche vornehmlichen Interessen dieser beiden Lager drängen sich auf? Vermieter sind zuerst daran interessiert, während des Dauer des Mietverhältnisses Miete zu bekommen, und zwar pünktlich und vollständig. Mieter möchten demgegenüber eine dem Mietzins entsprechende schadenfreie Wohnung bekommen. Und zwar ebenfalls während der gesamten Dauer des Mietverhältnisses. Genau das regelt § 535 BGB:

»Durch den Mietvertrag wird der Vermieter verpflichtet, dem Mieter den Gebrauch der Mietsache während der Mietzeit zu gewähren. Der Vermieter hat die Mietsache dem Mieter in einem zum vertragsgemäßen Gebrauch geeigneten Zustand zu überlassen und sie während der Mietzeit in diesem Zustand zu erhalten. Der Mieter ist verpflichtet, dem Vermieter die vereinbarte Miete zu entrichten.«

Verstößt eine Vertragspartei gegen eine dieser wesentlichen Pflichten, muss das sanktioniert werden. Denn ohne Sanktion wäre die Festlegung einer Pflicht ein stumpfes Schwert. Nehmen wir an, der Mieter würde seit zwei Monaten die Miete nicht mehr zahlen. Wäre dies folgenlos, zahlte bald kein Mieter mehr die Miete, und damit gäbe es bald keinen Vermieter mehr, der seine Wohnungen vermietete. Also muss der Gesetzgeber sanktionieren. Die Sanktion regelt er in § 543 BGB:

»Jede Vertragspartei kann das Mietverhältnis aus wichtigem Grund außerordentlich fristlos kündigen. Ein wichtiger Grund liegt insbesondere vor, wenn der Mieter für zwei aufeinander folgende Termine mit der Entrichtung der Miete oder eines nicht unerheblichen Teils der Miete in Verzug ist oder in einem Zeitraum, der sich über mehr als zwei Termine erstreckt, mit der Entrichtung der Miete in Höhe eines Betrages in Verzug ist, der die Miete für zwei Monate erreicht.«

Wenn ein Vermieter außerordentlich fristlos kündigt, ist das Mietverhältnis damit sofort beendet. Der Mieter müsste also sofort ausziehen. Dies könnte für den Mieter, der nicht augenblicklich ins

Hotel Mama zurückziehen kann, im schlechtesten Fall Obdachlosigkeit bedeuten. In unserer Zivilisation ist Obdachlosigkeit einer der schlimmsten Umstände, die passieren können. Besonders schlimm wird es dann, wenn in der Wohnung des Mieters minderjährige Kinder wohnen.

Deshalb überlegt sich ein Gesetzgeber, ob er dem Mieter noch einmal einen rettenden Strohhalm reichen sollte, so eine Art Mutter Theresa für den säumigen Mieter, um auch dessen Interessen zu berücksichtigen. Denn nicht jeder säumige Mieter ist gleich ein Gangster, Halunke oder Schlitzohr. Natürlich kann der Mieter die Zahlung vorsätzlich unterlassen oder grob fahrlässig verschlampt haben. Er kann aber auch durch unvorhergesehene, unglückliche Umstände in Not geraten sein. Auch unverschuldet.

Deshalb hat der Gesetzgeber mit § 569 BGB eine Regelung geschaffen, die dem Mieter die Gelegenheit gibt, die Kündigung abzuwehren:

»Die Kündigung des Vermieters wird unwirksam, wenn der Mieter den gesamten Mietrückstand binnen zwei Monaten bezahlt (stark vereinfacht wiedergegeben).«

Damit schützt der Gesetzgeber den redlichen Mieter vor Obdachlosigkeit. Und die Interessen des Vermieters sind gewahrt, denn die Kündigung wird nur dann unwirksam, wenn ihm die komplette Miete nachträglich in einer durchaus angemessenen Frist bezahlt wird.

Nahezu jeder Vermieter sagt übrigens, zwei Monate seien keineswegs angemessen, sondern viel zu lang. Im letzten Jahrtausend betrug diese Frist noch einen Monat. Dem Gesetzgeber erschien sie damals zu kurz. Die Mietervereine sagen heute, drei Monate wären auch nicht verkehrt. Sie sehen, es ist alles relativ. Es kommt auf meine Position an. Auf meine Sicht der Dinge. Bin ich Papst oder Prophet? Priester oder Hexe? Zuhälter oder Frau? Rechts oder links? Dick oder Doof?

Nimmt der Mieter diese Gelegenheit wahr und zahlt die Miete nachträglich, muss der Vermieter keine Sorge haben, dass sein Mieter das Spielchen jetzt alle paar Monate mit ihm spielt. Angenommen, der Mieter ist tatsächlich ein Gangster, Halunke oder Schlitzohr. Weiter angenommen, er gerät einige Monate später wieder mit der Miete in Rückstand. Und angenommen, der Vermieter kündigt erneut. Dann besagt § 569 BGB, dass der Mieter diese Kündigung nicht mehr unwirksam machen kann (auch dies ist vereinfacht wiedergegeben).

Meines Erachtens ist dieses Wechselspiel ein grandioses Beispiel ausgewogener Berücksichtigung der Interessen beider Lager.

Jetzt gilt es in beiden Lagern aber nicht nur allgemeine Erwägungen zu berücksichtigen, sondern auch konkrete Belange. Ein Vermieter vermietet Wohnungen in Mehrfamilienhäusern. Ein anderer vermietet Einfamilienhäuser. Das eine Mehrfamilienhaus befindet sich in einer vornehmen und ruhigen Villengegend. Ein anderes steht an einer stark befahrenen Straße eines Industriegebietes. Das eine Haus ist Baujahr 1912, das andere Baujahr 2012.

Diese konkreten Einzelfälle zu vernachlässigen wäre in einem Rechtsstaat töricht. Sie allerdings in allen Einzelheiten und Varianten in Gesetzen zu berücksichtigen wäre unmöglich. Deshalb werden wir immer auf die Hilfe der Gerichte angewiesen sein. Beispiel? Gerne.

Nehmen wir einen klassischen Mietrechtsfall. Ich habe von Ihnen eine Wohnung in einem Mehrfamilienhaus angemietet. Ich möchte mir einen Kampfhund anschaffen. Ich bitte Sie um Erteilung der Genehmigung für diese Hundehaltung. Sie lehnen ab. Damit befinden Sie sich in guter Gesellschaft. Im Gesetz finden Sie zu dieser Frage natürlich keine konkrete Regelung. Der Begriff der Tier- oder Hundehaltung ist im Mietrecht (§§ 535 – 580 a BGB) nicht einmal erwähnt.

Nun sind Kampfhunde gesellschaftlich nicht unbedingt akzeptiert. Meines Erachtens zu Recht. Die weitaus größte Mehrheit der Richter ist daher der Ansicht, dass Kampfhunde potentiell gefährlich seien und daher grundsätzlich nicht in einer Mietwohnung gehalten werden dürften. Diese Auffassung wird den meisten unter Ihnen einleuchten.

Im Mehrfamilienhaus wohnen, das Wort gibt es schon vor, mehrere Menschen. Häufig auch Kinder oder alte Menschen. Die meisten Menschen dürften Angst vor Kampfhunden haben. Ein Vermieter muss auch auf die Belange der übrigen Mieter im Haus Rücksicht nehmen. Und deren Interesse dürfte im Zweifel dahin gehen, mir die Haltung eines Kampfhundes nicht zu genehmigen.

Demgegenüber ist ein besonders schutzwürdiges Interesse meinerseits, unbedingt einen Kampfhund halten zu wollen, wohl kaum erkennbar. Mein Wunsch nach Hundehaltung kann auch durch einen »normalen« Hund befriedigt werden. Und ein latenter Wunsch nach »dicker Hose« ist nicht höherrangig zu bewerten als der Wunsch der Nachbarn, im Hausflur nicht ständig der Gefahr ausgesetzt zu sein, einem potenziell gefährlichen Tier begegnen zu müssen. Also sagen die Gerichte in der Regel Nein zu einem Kampfhund im Mehrfamilienhaus. Vollkommen zu Recht.

Wie aber ist die Situation, wenn Sie mir ein alleinstehendes Einfamilienhaus in den Weiten von Nordfriesland vermieten, bei dem der nächste Nachbar 10 km entfernt wohnt? Gelten da dieselben Überlegungen? Oder ist dieser konkrete Einzelfall anders zu beurteilen? Entscheiden Sie selbst. Ich jedenfalls halte ein anderes Ergebnis für gut vertretbar.

Nebenbei gesagt, der Mensch ist eine beeindruckende Spezies. Unsere Wahrnehmung ist stark eingeschränkt. Höchst subjektiv geprägt. Und keineswegs frei von Klischees. Ich bin nicht besser. Geht es Ihnen auch so? Der klassische Kampfhundehalter hat vor meinem geistigen Auge meistens eine Hose an, die man heute gemeinhin Tarnhose, Jägerhose oder Rangerhose nennt. Diese gefleckten olivgrünen Dinger. Und ist tätowiert. Und guckt regelmäßig mit Begeisterung meine Lieblingsfernsehsendungen. Oder irre ich mich? Falls nein: Ob es da einen Zusammenhang gibt?

5. KAPITEL

Der Jurist, ein seltsamer Erbsenzähler?

Ja, der Jurist ist ein komischer Kauz. Aber er empfindet es nicht so. Was übrigens völlig normal ist. Glauben Sie nicht? Ist aber so. Beispiel? Gerne.

Die Deutsche Bundesbank

Diese Zeilen schreibe ich heute (2017, genaues Datum ist Privatsache, Datenschutz und so, Sie kennen das) auf dem Gelände der Deutschen Bundesbank in Frankfurt. Im Gästehaus. In zwei Stunden halte ich hier ein mietrechtliches Seminar ab. Gestern Abend kam ich an. Der Taxifahrer hielt vor der Bundesbank. Das Erste, was ich sah, waren Schranken wie bei einem Bahnübergang. Und bewaffnete Polizisten. An einem vermutlich mit Panzerglas ausgestatteten Pförtnerhäuschen musste ich mich anmelden. Drinnen saßen ebenfalls mehrere Polizisten.

Ich musste meinen Personalausweis abgeben. Der Polizist prüfte anhand seines Computers, ob es mich gab. Es gab mich. Und offenbar war ich unbescholten. Ich war sehr froh. Meine Frau bei unserem anschließenden abendlichen Telefonat auch. Der Polizist behielt den Ausweis ein und händigte mir im Tausch einen Tagesausweis aus. Bei meiner Abreise am darauffolgenden Tag würden wir erneut tauschen, versicherte er mir. Ich ging zum Haupthaus. Von dort schickte mich, wen wundert's, ein Polizist zum Gästehaus.

Im Gästehaus erwartete mich ein ziviler Portier. Beim Einchecken sagte ich, ich sei zum ersten Mal hier und erstaunt über die Polizeipräsenz und die Sicherheitsvorkehrungen. Höflich, aber fast ein wenig entrüstet entgegnete er, aber das sei doch völlig normal. »Für Sie ja, aber nicht für mich«, erwiderte ich. Er lächelte. Ja, das stimme, sagte er, für mich sei das bestimmt überraschend, aber für ihn sei das mittlerweile vollkommen normal.

Was ist für einen Juristen normal? Wenn ich gefragt werde, welche beruflichen Eigenschaften sich auf mein gesamtes Leben ausgewirkt haben, fallen mir Begriffe ein wie »skeptisch, vorsichtig, hinterfragt alles, sieht in allem irgendwo ein Problem«. Und in jeder mehr oder weniger ungewöhnlichen Situation veranstaltet mein Gehirn sofort eine Rasterfahndung: Was wäre in diesem Moment die gesetzlich zulässige, notwendige, aber auch ausreichende Aktion bzw. Reaktion?

Aber mir kommen auch Begriffe in den Sinn wie »tolerant, kann heftig sachlich streiten, ohne persönlich zu werden (können Nichtjuristen ganz schlecht), sorgfältig, geduldig, möchte keinen Schaden verursachen und keine Regresssituation schaffen, achtet peinlich genau auf Einhaltung der Gesetze«.

Für die vorletzte Eigenschaft mit dem Regress ein Beispiel? Gerne.

Die Deutsche Bundesbahn

Ich fahre sehr häufig mit dem Zug. Trickdiebe auch. Ich stieg Anfang 2017 in einen Zug ein. Ich nahm Platz. Der Zug fuhr an. Der Mitreisende vor mir stand auf, tippte kurz auf meinen Arm, bat mich, auf seine Sachen aufzupassen, und ging. Ich sah hoch und rief ihm noch schnell hinterher »aber ohne Garantie«. Er rief mir rückwärtsgewandt im Gehen ein Okay zurück und ging weiter. Offenbar zur Toilette.

Die anderen Mitreisenden um mich herum sahen mich interessiert an. Neun von zehn werden vermutlich gedacht haben: Mann, ist das ein Arschloch. Also ich, nicht der andere. Der zehnte war entweder Trickdieb oder Jurist.

Warum hat mein Gehirn das mit der Garantie so schnell gerastert? Ganz einfach: Der Mann hätte auch ins Restaurant gehen, sich dort ein Viergängemenü bestellen, anschließend Zeitung lesen und schließlich noch zwei Bier trinken können, bis zur Endstation in sechs Stunden. Ich wollte dagegen an der nächsten Station raus. Wenn ich zusage, auf seine Sachen aufzupassen, was passiert dann? Ich steige aus. Er sitzt noch beim Schweinekotelett. An der nächsten Station werden seine Sachen gestohlen. Der Mann kommt zu seinem Platz zurück. Stellt fest, seine Sachen sind weg. Ich auch. Blöde Situation.

Entweder wird jetzt nach mir gefahndet. Oder ich werde, wenn der Mann über die Bahn herausbekommt, wer den hinter ihm befindlichen Platz gebucht hat (Hallo Datenschutz?), auf Schadensersatz in Anspruch genommen. Weiß ich denn, ob der Richter der Ansicht ist, ich hätte mehr als eine unverbindliche Gefälligkeitserklärung abgeben, wenn ich mich einschränkungslos zum Aufpassen der Sachen bereit erkläre? Nein, das weiß ich nicht. Also dann schon lieber in den Augen der neun Mitreisenden ein Arschloch.

Warum ich so skeptisch bin und dem Richter nicht vertraue? Ich vertraue ihm, aber doch nicht blind!

Gefälligkeitszusagen können nicht ungefährlich sein. Für die besonders Interessierten unter Ihnen: BGH 26.4.2016 (VI ZR 467/15)

Übrigens: Kennen Sie nicht den Witz, in dem ein Richter von einem Hund gebissen wird? Nein? Zwei Richter gehen im Park spazieren. Ein älterer und ein jüngerer. Ein Mann eilt zu ihnen. Seine Hose ist zerrissen. Er sagt zum Älteren: »Ihr Hund hat gerade in meine Hose gebissen. Ich will 100 € Schadensersatz.« Der Ältere holt sofort 100 € aus seiner Geldbörse und gibt sie dem Mann. Der Jüngere fragt den Älteren: »Wo ist denn Ihr Hund?« Sagt der Ältere: »Ich habe gar keinen Hund.« Fragt der Jüngere: »Warum haben Sie ihm dann das Geld gegeben?« Sagt der Ältere: »Weiß ich, wie die Gerichte entscheiden?« Wissen Sie, wie weit der Witz von der Wirklichkeit entfernt ist? Nicht selten nicht weit. Deswegen bin ich manchmal rein subjektiv ein Arschloch. Nicht gerne. Aber gezwungenermaßen.

Mein Tipp: Schieben Sie am besten alles auf die Gerichte. Wie das geht? Ein Beispiel? Gerne.

Sie, verehrte Leserin, haben ein Mehrfamilienhaus. Hinter dem Haus befindet sich ein großer Garten. Den dürfen alle Mieter nutzen. Sie sind eben eine nette Vermieterin. Eine Wohnung ist von einer jungen Familie mit zwei kleinen Kindern bewohnt. Die Eltern der Kinder möchten ihren Kindern etwas Gutes tun. Deshalb stellen sie ein handelsübliches Schwimmbecken im Garten auf. Für ihre beiden vier und fünf Jahre alten Kinder. Die Nachbarn im Haus haben nichts dagegen. Es sind eben nette Nachbarn.

Sie nehmen Ihre Pflichten als Vermieterin ernst. Sie begehen Ihre Objekte regelmäßig. Dabei bemerken Sie das Schwimmbecken. Sie bringen in Erfahrung, wer es aufgestellt hat. Sie schreiben Ihren Mietern einen Brief. Sie weisen auf Ihre Verkehrssicherungspflicht hin und bitten die Mieter, das Schwimmbecken zu entfernen.

Die Mieter sind entrüstet. Sie gehen zum Anwalt. Der Anwalt schreibt Ihnen einen Brief. Er schreibt Ihnen, dass Ihr Begehren kinderfeindlich und daher nicht nachvollziehbar sei. Gerade in der heißen Jahreszeit sei es doch üblich, dass Kinder sich auch erfrischten. Das Schwimmbecken stelle keine Gefahr dar. Und der dabei entstehende Lärm sei kindgerecht und sozialadäquat und daher von Ihnen hinzunehmen.

Sie bekommen ein schlechtes Gewissen. Kinderfeindlich? Sie haben selbst fünf Kinder. Sie verstehen das alles nicht. Sie gehen zum Anwalt. Der schreibt einen Brief an den Anwalt der Mieter. Sinngemäß so:

»Leider verkennen Ihre Mandanten die Sachlage. Es geht nicht um die Interessen der Kinder Ihrer Mandanten. Ebenso wenig geht es um den Lärm, der von den Kindern im Zusammenhang mit dem Schwimmbecken ausgeht.

Ihre Mandanten dürfen versichert sein, dass unsere Mandantin größtmögliches Verständnis für Kinder und den damit verbundenen kindgerechten Lärm hat. Unsere Mandantin hat selbst fünf Kinder.

Es geht hier ausschließlich darum, dass die Rechtsprechung extrem hohe Anforderungen an die Verkehrssicherungspflicht bei Schwimmbecken auf privaten Grundstücken stellt. Das Schwimmbecken steht im Hausgarten, zu dem auch andere erwachsene Personen und Kinder Zugang haben. In rechtlicher Hinsicht spielt es keine Rolle, ob dieser Zugang berechtigt ist. Von Bedeutung ist lediglich, dass dieser Grundstücksbereich jederzeit allgemein betreten werden kann, auch von unbefugten Personen.

Das von Ihren Mandanten aufgestellte Schwimmbecken erfüllt nicht ansatzweise die Anforderungen, die die Rechtsprechung an die Verkehrssicherung derartiger Schwimmbecken stellt. Nach hiesiger Ansicht dürften in der Praxis derartige Anforderungen von Schwimmbecken auf privaten Grundstücksteilen auch wohl kaum erfüllt werden können.

Sollte der schlimmste Fall eintreten, dass eine dritte Person infolge des aufgestellten Schwimmbeckens zu Schaden kommt, ist es nicht ausgeschlossen, dass unsere Mandantin als Grundstückseigentümerin und Vermieterin hierfür nicht nur zivilrechtlich, sondern auch strafrechtlich in Anspruch genommen werden könnte. Weder Sie noch Ihre Mandanten sind in der Lage, derartige Sicherungsanforderungen wirksam zu erfüllen und/oder unsere Mandantin von etwaigen zivilrechtlichen und/oder strafrechtlichen Ansprüchen wirksam freizustellen.

Nochmals: In jedweder menschlicher und moralischer Hinsicht hat unsere Mandantin überhaupt keine Einwände, sondern befürwortet es sogar, dass Kinder sich im Sommer mithilfe eines Schwimmbeckens abkühlen können.

Da allerdings weder Sie noch Ihre Mandanten in der Lage sind, zu garantieren, dass keine andere Person dadurch jemals zu Schaden kommen kann, bitten wir um Verständnis, wenn genau und ausschließlich aus diesem Grunde seitens unserer Mandantin darauf bestanden werden muss, dass das Schwimmbecken umgehend entfernt wird.

Diese Forderung ist nicht einem Unverständnis unserer Mandantin geschuldet, sondern ausschließlich der hiesigen Rechtsprechung. Lediglich beispielhaft und zu Ihrer und der Information Ihrer Mandanten verweisen wir auf ein Urteil des OLG Köln vom 2.6.1993 (13 U 18/93).

Allein aus diesen Gründen ist unsere Mandantin, was sie persönlich bedauert, wozu sie sich allerdings rechtlich in absolut nachvollziehbarer Weise verpflichtet fühlt, ja fühlen muss, auch nicht bereit, vorliegend in irgendeiner Form Zugeständnisse zu machen. Derartige Zugeständnisse würden im Falle eines Unglücks auch von der Staatsanwaltschaft nicht gemacht werden können bzw. dürfen.

Wir bitten daher um Verständnis, wenn wir für die Beseitigung des Schwimmbeckens eine Frist von längstens sieben Tagen ab Zugang dieses Schreibens setzen. Sollte das Schwimmbecken bis dahin nicht entfernt sein, muss der Vorgang leider gerichtlich geklärt werden.«

Schöne Situation, nicht wahr? Eigentlich hat niemand etwas gegen das Schwimmbecken. Trotzdem muss es weg. Wer ist schuld? Die Rechtsprechung? Nein, das glaube ich nicht. Ich glaube, niemand ist schuld im Sinne von Schuld haben oder schuldig sein. Schuld, wenn man das überhaupt sagen kann, ist der Wunsch und das Bestreben unserer Gesellschaft, möglichst jede Handlung, jede Situation zu vermeiden, die dazu führen kann, dass jemand zu Schaden kommt. Und dieses Bestreben ist doch keineswegs verwerflich, oder?

Für die Eigenschaft mit der Einhaltung der Gesetze auch ein Beispiel? Gerne.

Der Euro im Parkhaus

Meine Frau und ich waren kürzlich in einem öffentlichen Parkhaus. Auf dem Weg zum Ausgang fand meine Frau ein Geldstück. Sie hob es auf und wollte es einstecken. Ich empfahl ihr, das Geldstück vorne bei der Parkhausaufsicht abzugeben.

»Warum?«, fragte sie. »Weil das Geld nicht dir gehört«, antwortete ich. »Aber ich hab's doch gefunden«, sagte sie. »Ja«, erwiderte ich, »aber in einem Haus, das dir nicht gehört. Ich vermute«, fuhr ich fort, »dass der Eigentümer des Parkhauses zunächst einmal Gewahrsam an allem hat, was sich in seinem Parkhaus befindet, auch an dem Geldstück.« »So ein Quatsch«, warf meine Frau ein, »erstens weiß der doch gar nicht, dass das Geldstück hier liegt.« »Richtig«, redete ich dazwischen, »aber das dürfte wohl unerheblich sein.«

»Zweitens«, fuhr meine Frau fort, »wenn ich das jetzt vorne abgebe, dann steckt sich das doch die Aufsicht ein; die gibt das doch niemals ab.« »Mag sein«, sagte ich, »aber dann macht die sich gegebenenfalls strafbar und nicht du. Also gib es bitte ab.«

»Mein Gott, bist du komisch«, sagte meine Frau und gab mir die 20 ct. Ich gab sie der Aufsicht, einem jungen Mann. Der sah mich ungläubig an, so, als ob ich ihn veralbern wolle, nahm das Geldstück dann aber brav in Empfang.

20 ct, werden jetzt einige von Ihnen sagen? 20ct? Und dafür macht der Wendt jetzt so einen Aufstand? Nein, ich mache keinen Aufstand. Ich sehe das alles ganz locker. Alles easy. Das Geld gehört mir nicht. Also gebe ich es ab. Wem? In diesem Fall der Parkhausaufsicht. Ist keine da, lege ich es in den Einschubkasten seines Pförtnerhäuschens. Oder auf den Sims davor. Gibt es beides nicht, lass ich das Geldstück liegen. Was ich bei Scheinen mache? Da unterscheide ich. Sind es viele, bringe ich sie zur Polizei oder zum Fundbüro. Und wenn es nur einer ist, dazu noch ein kleiner? Dann sehe ich den gar nicht. Meine Augen werden sowieso immer schlechter.

Mach ich immer so einen Unsinn? Nein. Nur, wenn es um mögliche Straftaten geht. Strafbar möchte ich mich unter gar keinen Umständen machen. Natürlich fahre ich auch gelegentlich schneller als erlaubt, parke dort, wo ich nicht darf. Aber strafbar machen? Nein danke, darauf verzichte ich liebend gerne.

Häufig werden wir Juristen gefragt, warum wir immer alles pingelig genau unter die Lupe nehmen müssen und auf jede kleinste Kleinigkeit achten. Und warum wir auf jede Frage mit unserem Standardspruch antworten. Welchen ich meine? Das kommt drauf an. Worauf es ankommt? Nein, das ist unser Standardspruch: Das kommt darauf an!

Meist als Vorwurf gemeint, verstehen wir das als Lob. Loben wollen uns dafür allerdings nur die, die gerade aufgrund dieser Erbsenzählerei ein Gerichtsverfahren gewonnen haben. Weil beispielsweise der Richter jede kleinste Kleinigkeit erfragt und bei seiner Entscheidung dann auch berücksichtigt hat. Ja, sagt dieser Gewinner sogar denen, die es nicht hören wollen, der Richter habe eben ganz genau hingeschaut. Der Unterlegene dagegen beschwert sich darüber, dass der Richter jede kleinste Kleinigkeit wissen wollte.

Anwälte sind nicht anders. Wir möchten Dinge wissen, von denen sich der Rechtssuchende nicht ansatzweise vorstellen kann, dass die konkrete Antwort auf unsere Fragen unsere Arbeitsweise und unseren Rechtsrat immens beeinflussen können. Beispiel? Gerne.

Und wie ist das mit Eigenbedarf?

Sie kommen mit Ihrer Ehefrau am 7.7.2017 zu mir ins Büro. Sie sind beide Eigentümer eines Mehrfamilienhauses mit acht Wohnungen. Sie selbst bewohnen eine Wohnung im Erdgeschoss. Eine Wohnung im Obergeschoss ist seit zehn Jahren vermietet an Bernd Blöd. Sie zeigen mir eine Kündigung, die Sie selbst vor einigen Monaten an Bernd Blöd geschickt haben. Ich lese.

»Sehr geehrter Herr Blöd«, steht da, »hiermit kündigen wir das Mietverhältnis zum 30.6.2017. Bitte werfen Sie die Schlüssel am 30.6.2017 in unseren Briefkasten. Mit freundlichen Grüßen«.

Es folgt eine Unterschrift. Lediglich der Nachname. Der Schriftzug sieht mir eher weiblich aus. Während ich lese, sagt Ihre Ehefrau, dass Bernd Blöd nicht daran denke, auszuziehen, im Gegenteil, er habe ihr noch gestern im Hausflur hämisch grinsend gesagt: »Mich kriegen sie hier nicht raus, liebe Frau.«

Ich sehe auf den ersten Blick, dass diese Kündigung mit an Sicherheit grenzender Wahrscheinlichkeit (mit Sicherheit sagt der Jurist selten) unwirksam ist. Zwei Dinge fallen mir sofort auf. Erstens fehlt der Kündigungsgrund. Zweitens offenbar die Unterschrift des Mannes.

Ich lasse mir den Mietvertrag zeigen. Dort sind Sie sogar alleine als Vermieter aufgeführt. Ihre Ehefrau wird als Vermieterin gar nicht erwähnt. Unterschrieben haben Sie mit vollem Namen. Das Schriftbild Ihres Nachnamens weicht deutlich von der Unterschrift unter der Kündigung ab.

Auf Nachfrage erfahre ich, dass Sie den Mietvertrag unterschrieben haben, Ihre Ehefrau dagegen die Kündigung. Ich frage nach, ob der Kündigung eine Vollmacht beigefügt war, die Sie Ihrer Ehefrau zum Zweck der Kündigung erteilt haben. Ich ernte von Ihnen und Ihrer Ehefrau verständnislose Blicke.

»Wofür braucht meine Frau eine Vollmacht?«, fragen Sie.

»Für die Kündigung«, antworte ich. Das hätten Sie noch nie gehört, sagen Sie. Und die ersten Zweifel keimen in Ihnen auf, ob Sie mit mir überhaupt den richtigen Anwalt gewählt haben. »Sie sind mir empfohlen worden«, sagen Sie. »Das freut mich«, sage ich.

Jetzt schaltet sich Ihre Frau ein: »Mein Mann war zu der Zeit beim Arzt. Wir wollten nicht noch länger warten. Da habe ich unterschrieben. Das mache ich immer. Da gab's noch nie Probleme. Können wir nicht einfach sagen, dass die Unterschrift von meinem Mann stammt? Da steht doch kein Vorname bei.« An diesem Zusatz »bei« stelle ich fest, die kommen aus meiner Heimat, dem Ruhrgebiet. »Bei den Richtern im Fernsehen machen die das auch immer so.«

An dieser Stelle ein herzliches Dankeschön an alle Fernsehrichter!

»Ja«, sage ich, »das könnten wir, aber das machen wir nicht.« Das dürfen wir nämlich nicht. »Aber«, fahre ich fort, »darauf kommt es letztlich gar nicht an.« Ein Hoffnungsschimmer leuchtet in Ihrer beider Augen. »Denn die Kündigung«, sage ich, »ist schon deshalb unwirksam, weil Sie keinen Kündigungsgrund angegeben haben.« Der Hoffnungsschimmer erlischt.

»Wofür brauchen wir einen Kündigungsgrund?«, fragen Sie. »Weil sie als Vermieter, von wenigen Ausnahmefällen abgesehen, die hier augenscheinlich nicht vorliegen dürften, nur wirksam kündigen können, wenn Sie dafür einen Grund haben und den auch in der Kündigung angeben«, antworte ich.

Ihre Zweifel, beim richtigen Anwalt zu sitzen, potenzieren sich in schwindelerregendem Ausmaß. Sie werfen Ihrer Frau einen vielsagenden Blick zu. Sie zweifelt langsam auch.

»Aber das ist doch unser Haus, da können wir doch kündigen, wann wir wollen«, sagt Ihre Frau. »Ja«, sage ich, »aber nur, wenn Sie auch einen Kündigungsgrund haben.« »Gründe hätten wir genug«, sagen Sie. »Welche denn?«, frage ich. Und es folgt, abwechselnd von Ihnen beiden, je nachdem, wem gerade was einfällt, ein Schwall von vermeintlichen Gründen, die ich hier nur kurz aufzählen möchte:

Bernd hat häufig Damenbesuch, auch Herrenbesuch, eigentlich viel zu viel Besuch, wenn Herren da sind, riecht es manchmal so komisch, und mit der Treppenhausreinigung (für die Schwaben: Kehrwoche) nimmt er es auch nicht so genau, und im Sommer grillt er öfter auf seinem Balkon, da hat sich die über ihm wohnende Mieterin schon mal bei Ihnen beschwert, und die Mieterhöhung aus dem letzten Jahr, Sie wollten 20 € mehr haben, hat er auch nicht gezahlt (ich lasse mir die Mieterhöhung zeigen, sie ist ähnlich karg gehalten wie das Kündigungsschreiben), das sind doch Gründe genug! Sie beide nicken zustimmend. Ich nicke nicht.

Es folgt ein längerer Monolog von mir, warum das alles vermutlich nicht ausreicht. Kurzes Schweigen. Und dann stellt Ihre Frau die Frage, die ich immer wieder fürchte, aber nach 30 Jahren Anwaltstätigkeit auch nahezu immer erwarte: »Und wie ist das mit Eigenbedarf?«

Das ist der Moment, in dem ich dann zweifle, ob Sie die richtigen Mandanten sind, die bei mir sitzen. Innerlich bereite ich mich darauf vor, mich von Ihnen beiden zu verabschieden. »Ja«, sage ich, »Eigenbedarf ist tatsächlich ein Kündigungsgrund. Haben Sie denn Eigenbedarf?«, frage ich. »Den hätten wir schon«, sagen Sie.

Ich schaue Sie beide ernst an und starte erneut einen längeren Monolog: »Bitte hören Sie mir jetzt genau zu. Es ist wichtig, was ich Ihnen zu sagen habe. Bis auf wenige Ausnahmen muss ein Vermieter einer Wohnung immer einen Grund haben, wenn er das Mietverhältnis kündigen möchte. Sie haben mir ja schon vorhin einige Dinge aufgezählt, die für Sie einen Kündigungsgrund darstellen. Und ich habe Ihnen ja schon vorhin dazu gesagt, dass das Gesetz die von Ihnen aufgeführten Dinge vermutlich nicht als ausreichende Kündigungsgründe ansieht. Ich habe mittlerweile natürlich gemerkt, dass Sie diesen Mieter unbedingt loswerden möchten.

Wenn Sie jetzt als letzten Strohhalm Eigenbedarf als Kündigungsgrund nennen, kann sich das für den unbefangenen Betrachter, also im Moment für mich, so darstellen, als ob Sie in Wirklichkeit gar keinen Eigenbedarf haben, sondern nur einen Vorwand suchen, um den unliebsamen Mieter loszuwerden. Menschlich wäre das für mich völlig verständlich. Rechtlich allerdings nicht.

Denn unser Rechtssystem basiert auf Fakten, nicht auf Unterstellungen, Spekulationen oder Tricks. Beispielsweise dürfen Sie ja auch dem Finanzamt gegenüber nicht behaupten, Sie hätten keinerlei Einnahmen erzielt, obwohl Sie 50.000 Euro verdient haben. Und genauso ist es mit dem Eigenbedarf.

Eigenbedarf kommt als Kündigungsgrund nur dann in Betracht, wenn Sie tatsächlich Eigenbedarf haben. Haben Sie in Wirklichkeit gar keinen Eigenbedarf, kündigen das Mietverhältnis aber trotzdem unter Berufung auf Eigenbedarf, nennt man das einen vorgetäuschten Eigenbedarf. Vorgetäuschter Eigenbedarf kann Schadensersatzansprüche des Mieters auslösen. Unter Umständen kann sogar eine strafbare Handlung vorliegen. Bitte verstehen Sie mich nicht falsch, ich möchte Ihnen nicht unterstellen, dass Sie einen Eigenbedarf vortäuschen. Allerdings muss ich Sie auf die Risiken hinweisen.

Und sollte es sich herausstellen, dass Sie in Wirklichkeit keinen Eigenbedarf haben, sondern das nur als Vorwand für eine Kündigung heranziehen möchten, bin ich definitiv der falsche Anwalt für Sie. In diesem Fall würde ich Ihnen für dieses Gespräch nichts berechnen. Sie dürfen dann gerne gehen. Und wir tun so, als ob dieses Gespräch niemals stattgefunden hätte.« An dieser Stelle halte ich kurz inne.

Sie schauen fragend einander an. Sie ergreifen zuerst das Wort. »Wir haben eine Tochter. Die könnte sich schon vorstellen, in die Wohnung einzuziehen. Wie lange müsste sie denn darin wohnen?« Jetzt schauen wieder beide mich fragend an.

»Sie werden es nicht für möglich halten, diese Frage habe ich erwartet«, antworte ich. »Diese Frage stellen fast alle Mandanten an dieser Stelle. Meine Antwort darauf: Sie stellen leider die falsche Frage. Denn diese Frage deutet darauf hin, dass Sie in Wirklichkeit gar keinen Eigenbedarf haben. Diese Frage erweckt vielmehr den Anschein, dass Sie Ihre Tochter nur kurze Zeit in der Wohnung wohnen lassen wollen, damit es nach außen hin wie Eigenbedarf aussieht. Wenn dann nach vier bis sechs Wochen genügend Gras über die Sache gewachsen ist, zieht Ihre Tochter aus, und Sie vermieten die Wohnung anderweitig. Das ist, entschuldigen Sie bitte, zumindest nach den bei uns geltenden Gesetzen, nicht in Ordnung.«

Sie und Ihre Ehefrau werfen gemeinsam ein, dass wir vielleicht komische Gesetze haben. Ich fahre unbeirrt fort:

»Es kommt ausschließlich darauf an, ob im Zeitpunkt des Ausspruchs der Kündigung tatsächlich konkreter Eigenbedarf besteht. Selbst wenn dieser Eigenbedarf nach Ausspruch der Kündigung, aber noch vor Herausgabe der Wohnung wegfällt, müssten Sie dies dem Mieter mitteilen. Und glauben Sie mir, es gibt genügend Mieter, die in der Folgezeit regelmäßig überprüfen, ob derjenige, für den Eigenbedarf angemeldet wurde, anschließend auch in die Wohnung einzieht und dort wohnt. Wenn Sie möchten, kann ich Ihnen gerne ein paar Urteile ausdrucken und mitgeben. Die können Sie sich dann zu Hause in Ruhe einmal durchlesen. Und wenn Sie zum Ergebnis kommen, dass Ihre Tochter tatsächlich in die Wohnung einziehen möchte, können wir uns gerne noch einmal darüber unterhalten und einen neuen Termin vereinbaren.«

Sie verabschieden sich daraufhin von mir. Das machen die meisten an dieser Stelle. Einige dankend, einige bedrückt, einige verärgert, die meisten nachdenklich.

Selten kommt es zu einem zweiten Gespräch. Ich vermute, ein nicht kleiner Teil der Mandanten wird sein Glück bei einem Kollegen versuchen. Und nicht wenige meiner Kollegen kommen zu einem anderen Ergebnis. Ob das an der recht ordentlichen Gebührenhöhe bei Eigenbedarfskündigungen liegt oder andere Ursachen hat, vermag ich nicht zu beurteilen. Ich jedenfalls bin immer froh, wenn ich meine tägliche Arbeit ohne Erklärungsnotstand gegenüber dem Gericht erledigen kann. Und ich möchte mich ungerne dazu erklären, ob ich gewusst habe, dass der Eigenbedarf nur vorgetäuscht ist.

6. KAPITEL

Was erwarten wir von unseren Richtern?

Depressiv in Panketal?

Zunächst einmal erwarten wir, dass sie objektiv sind. Sie sollen niemanden aus persönlichen Gründen bevorzugen oder benachteiligen. Aber was sind persönliche Gründe? Da gibt es einige. Viele sind sogar gesetzlich geregelt. Im Allgemeinen Gleichbehandlungsgesetz. Acht sogenannte Differenzierungsmerkmale gibt es: Alter, Behinderung, Ethnie, Familienstand, rassistische Gründe, Religion, sexuelle Identität und Weltanschauung.

Niemand soll in einem gerichtlichen Verfahren deshalb schlechtere Karten haben, weil er ein alter Schwede ist oder sie eine dunkelhäutige Muslimin. Niemand! Aber wer kann garantieren, dass ein streng katholisch erzogener Richter, der sich lieber eine Hand abhackte, als die Scheidung von seiner seit Jahren fremdgehenden Frau einzureichen, diese persönlichen und tief ins Bewusstsein gehenden religiösen Erfahrungen ablegen kann, sobald ein muslimischer Ehrenmörder, eine lebenslustige junge Frau mit wechselnden Liebschaften oder ein alter, sabbernder, atheistischer Choleriker vor seinem Richterstuhl steht? Sie? Er? Ich? Nein. Niemand!

Oder nehmen wir ein etwas weniger extremes Beispiel: Ein Richter, der jeden Morgen mit dem Porsche zur Arbeit fährt, urteilt in verkehrsrechtlichen Bußgeldangelegenheiten unter Umständen anders als der führerscheinlose Richter, der jeden Morgen mit dem Bus oder dem Fahrrad auf der Arbeit erscheint.

Und ein Richter, der selbst Mieter ist, urteilt mieterfreundlicher als der, der eine Eigentumswohnung oder ein Einfamilienhaus bewohnt. Und sollte er zukünftig ein Mehrfamilienhaus erwerben und Wohnungen vermieten, macht sein Richtergehirn vermutlich eine Kehrtwendung um 180 Grad, und seine Urteile werden plötzlich vermieterfreundlich, ohne dass das Recht dafür gebeugt werden muss. Er muss seine Urteile zukünftig nur anders begründen.

Als selbstverständlich setzen wir voraus, dass sich Richter mit Gesetzen auskennen und sie richtig anwenden. So wie wir vom Berufskraftfahrer erwarten, dass er die Verkehrszeichen kennt. Und sich daran auch hält.

Wir gehen weiterhin davon aus, dass sie geistig gesund sind und mit einer vorbildlichen Arbeitseinstellung an ihren Job herangehen. Sind und machen die meisten auch. Nur sollten wir nicht vergessen, dass unsere Richter Menschen sind. Keine Heiligen. Keine Roboter. Menschen wie du und ich.

Etwa 20.000 Richter haben wir in Deutschland. Einige wenige arbeiten an Verfassungsgerichten, einige mehr an Arbeitsgerichten, noch mehr an Strafgerichten, die meisten an Zivilgerichten. 20.000 ist eine überschaubare Zahl. Eine Gemeinde oder Kleinstadt kann so viele Einwohner haben, etwa die Gemeinde Panketal in Brandenburg, die Stadt Schortens in Niedersachsen oder die Gemeinde Wachtberg in Nordrhein-Westfalen.

Kennen Sie alle nicht? Dann war der Vergleich nicht schlecht gewählt. Es sind so wenig Richter, die fallen kaum ins Gewicht. Aber sie üben einen extrem wichtigen Job aus. Sie sind die Judikative, eine der drei großen Mächte in unserem Land.

Glaubt man der Statistik, sind etwa 2,5 % der Gesamtbevölkerung alkoholkrank. Als bloße Prozentzahl erschreckt das nicht. Da sind ja unsere Arbeitslosenzahlen höher. Aber: Bei geschätzten 80 Millionen Einwohnern sind das ca. 2 Millionen Alkoholiker. Diese Zahl erschreckt schon deutlich mehr. Was, 2 Millionen?

2,5 % von 20.000 Richtern sind 500 Richtern. Statistisch gesehen haben wir also 500 Alkoholiker unter unseren Richtern. Unterstellt man, dass die Wahrscheinlichkeit von alkoholkranken Richtern, die mit anderen Kollegen in einem Richtergremium arbeiten, deutlich geringer sein dürfte, werden sich die meisten statistischen alkoholkranken Richter vermutlich unter den Einzelrichtern verbergen. Also beispielsweise bei den Amtsgerichten.

Sie können sich das nicht vorstellen? Dann sind Sie naiv, fantasielos, obrigkeitshörig oder streng religiös, wobei alle vier Adjektive erhebliche Schnittmengen haben dürften.

Wir fürchten uns vor alkoholkranken Kraftfahrern, Chirurgen und Piloten. So ein Flugzeug ist eine Waffe mit erheblichem Vernichtungspotenzial, wenn es von einem Piloten mit 1,5 Promille gesteuert wird. Aber wir hoffen zuversichtlich darauf, dass genügend Kontrollen vorgenommen werden, um uns vor einem Flug mit einem alkoholisierten Piloten zu bewahren.

Aber vor einem alkoholkranken Richter, der darüber entscheidet, ob jemand aus seiner Wohnung geworfen wird oder ob jemand 20.000 € zahlen muss, haben wir keine Angst.

Mir hat mal ein Kollege gesagt, es sei doch kein Problem, wenn ein Richter praktizierender Trinker sei, mit etwas Glück habe er bei seinen Urteilen immerhin noch eine Trefferquote von 50 %, so eine Quote habe manch abstinenter Richter nicht. Prost Mahlzeit, dachte ich mir.

Glaubt man der Statistik weiterhin, leiden etwa 5 % der Gesamtbevölkerung an Depressionen. Unter den Richtern befinden sich also statistisch gesehen etwa 1.000 depressiv veranlagte Menschen. Da Depressionen häufig mit Alkohol bekämpft werden, dürfte ein Großteil der alkoholkranken Richter gleichzeitig mit mehr oder minder schweren Depressionen zu kämpfen haben.

Und wenn sich darunter auch der Richter befindet, der streng katholisch erzogen wurde, keinen Führerschein besitzt und daher Fahrrad fährt, dessen Ehefrau regelmäßig mit dem Sportwagenfahrer aus dem Autohaus nebenan fremdgeht, und Sie gleichzeitig die lebenslustige atheistische junge Frau sind, die sich gerade von ihrem streng katholischen Ehemann scheiden lassen will, wünsche ich Ihnen diesen Herrn nicht als zuständigen Familienrichter.

Wo gibt es denn so etwas, fragen Sie? Das kann ich Ihnen sagen: Überall gibt es das. In manchen Ländern mehr, in manchen weniger, aber nirgendwo auf der Welt gibt es das nicht. Ich befürchte sogar, dass es in Deutschland nicht nur einen Richter gibt, der eine Kombination aus mehreren oben genannten Eigenschaften und Lebensumständen auf sich vereint. Einige von Ihnen werden sich vermutlich noch mit Schrecken an einen Richter erinnern, der anschließend in die Politik und von dort in Fernsehshows ging. Vorbild geht anders.

Ich habe in meinem Berufsleben vermutlich an mehr als 4.000 Gerichtsverhandlungen teilgenommen. Ich habe am Oberlandesgericht, am Landesarbeitsgericht, am Verwaltungsgericht, am Sozialgericht, an Landgerichten, Amtsgerichten und Arbeitsgerichten in sicherlich mehr als 40 Städten verhandelt und wohl mehr als 500 Richter kennengelernt.

Ich glaube, ich kenne nach 30 Jahren Tätigkeit und 4.000 Gerichtsverhandlungen mittlerweile fast alle: Engagierte, kluge, fleißige Richter. Einfühlsame, auf die Menschen zugehende Richter. Richter, die nie müde werden, auch den weniger klugen oder uneinsichtigen Parteien den Willen des Gesetzgebers und die Begründung ihrer Entscheidung zu erläutern. Richter, die sich geduldig auch wiederholte, völlig unerhebliche Einlassungen der Parteien anhören. Richter, die mit den Gesetzen jonglieren wie Varietékünstler mit ihren Bällen, dass es eine wahre Freude ist, ihren rechtlichen Ausführungen zuzuhören. Richter, mit denen man wunderbar über rechtliche Auffassungen diskutieren kann und die einem immer das Gefühl geben, mit hoch erhobenem Haupt den Sitzungssaal verlassen zu können, selbst wenn man den Prozess soeben verloren hat. Glücklicherweise sind diese in der deutlichen Mehrheit.

Aber ich habe gelegentlich auch andere Richter erlebt: Den Richter, der die Parteien und Anwälte cholerisch anschreit (Jawohl, meine Damen und Herren Präsidenten der Amts-, Landes- und Oberlandesgerichte, auch den!). Den schweigenden Richter, der auch auf konkrete Fragen der Parteien zum verhandelten Fall mit leerem Blick in den Raum und die Gesichter der Anwesenden schaut. Ich habe zynische Richter erlebt, verwahrlost aussehende und solche, die im Sommer ihre Sitzungen mit unter der Robe deutlich erkennbarer kurzer Hose und Sandalen an den nackten Füßen abhalten. Ahnungslose Richter, die ihre Fälle nicht kennen, und den, der im Sitzungssaal in den Verhandlungspausen Kette raucht. Den Richter, der nach der Sitzung aus seinem Richterzimmer in kompletter dunkelgrüner Anglerkluft herauskam, ähnlich einem Ganzkörperkondom, mit Anglerhut und Kescher. Auch den nach meinem persönlichen Gefühl (ganz wichtig, insbesondere für Unterlassungs- oder Schadensersatzklagen, falls dieses Buch veröffentlicht und auch gelesen werden sollte) alkoholkranken Richter, den faulen, den arroganten, den selbstherrlichen. Den herablassenden Richter, den abkanzelnden, den nach meinem persönlichen Gefühl (ganz wichtig, s.o.) psychisch labilen Richter. Den superschnellen und extrem entscheidungsfreudigen Richter. Aber auch den zögerlichen, jede Entscheidung hinausschiebenden Richter. Alle übrigens m/w, immerhin will ich keinen Verstoß gegen das AGG begehen.

Richter haben einen extrem verantwortungsvollen Beruf. Die meisten können, zumindest nach außen hin, sehr ordentlich damit umgehen. Einige schaffen es leider nicht, aus unterschiedlichen Gründen.

Wir aber sollten uns vor allem davor hüten, Richter als Übermenschen anzusehen, die alle Probleme unseres Zusammenlebens lösen können. Das schaffen sie nämlich nicht. Unsere Erwartungshaltung ist da manchmal leider etwas hochgesteckt. Beispiel? Gerne.

Bratwurst mit Senf, bitte!

Wieder mal ein Mehrfamilienhaus. Acht Parteien. Links vier übereinander. Rechts vier übereinander. Alle Wohnungen haben Balkone. Wieder mal Streit. Diesmal unter den Mietern. Die ziehen den Vermieter mit rein. Also streiten alle miteinander und gegeneinander. Worum geht's? Der Mieter der unten links gelegenen Wohnung ist Bodybuilder. Oberkörper wie Dwayne Johnson. Sein Fleischkonsum ist enorm. Hähnchenschnitzel morgens, Steak mittags und Schnitzel mit Steak abends. Am liebsten gegrillt. Also grillt der Bodybuilder dreimal täglich. Macht 90 Grilltage im Monat. Er verwendet einen Holzkohlegrill. Das verursacht Rauch. Und das stinkt. Erbärmlich.

Besonders erbärmlich fühlen sich die drei Nachbarn auf der linken Seite, die über dem Bodybuilder wohnen. Die können ihren Balkon nur noch mit Schutzmaske oder eben nur noch nachts betreten. Das finden die doof. Sie beschweren sich bei ihrem Vermieter. Der zeigt Empathie. Zuerst schaut er in den Mietvertrag mit dem Bodybuilder. Mist, stellt er fest, da steht nix drin.

Daraufhin bittet er den Grillmeister, seine Grilllust sowohl von der Anzahl her drastisch zu reduzieren, als auch zukünftig bitte immer nur einen Elektrogrill zu verwenden. Der zeigt dem Vermieter nicht nur seine Stahlbrust, sondern auch den Vogel. Der Vermieter sieht keine andere Möglichkeit, als vor Gericht zu ziehen und zu klagen.

Sie sind dran. Los geht's. Sie sind jetzt der Richter. Was machen Sie? Sie gucken ins Gesetz. Irgendwo muss doch was übers Grillen stehen. Sie blättern wie wild. Mist. Da steht nix. Kein Grillgesetz. Auch der Mietvertrag enthält keine Regelung über das Grillen. Also mal die Metzgersfrau fragen? Nix da, Sie sind der Richter. Fangen Sie an, zu überlegen!

Ihnen fällt nichts anderes ein als der § 538 BGB? Okay, das ist doch schon mal was. Den Paragrafen hatten wir ja weiter oben schon einmal. Sie fragen sich demnach, ob Grillen vertragsgemäßer Gebrauch der Mietsache ist. Wenn ja, nur im Garten hinten an der Hecke? Oder auch auf dem Balkon? Und nur auf dem obersten Balkon? Oder auch unten, selbst wenn sich über mir weitere Balkone befinden? Und womit? Elektrogrill? Holzkohlegrill? Gasgrill? Und wie oft? Auch im Winter? Oder nur im Winter? Jeden Tag? Jede Woche? Und was? Nur Gemüse? Oder auch in Jauche mariniertes Steak?

Ich verrate Ihnen mal ein Geheimnis: Richter freuen sich ungemein über solche Fälle. Anwälte übrigens auch. Ich kann mir sehr gut vorstellen, dass der eine oder andere Richter, wenn er diese Akte auf seinem Schreibtisch vorfindet, sie beim Durchlesen insgeheim leicht resigniert kommentiert mit den Worten: »Können die ihren Scheiß nicht alleine regeln?«

Denn in diesem Fall eine für alle beteiligten Personen (Vermieter, Bodybuilder, Nachbarn über dem Bodybuilder, alle anderen Nachbarn auf der rechten Seite) angemessene, vernünftige, dem Gesetz entsprechende, gerechte, nachvollziehbare, logische Entscheidung zu treffen ist etwa so schwierig, wie die Witze einiger Fernsehcomedians lustig zu finden. Für mich ist Letzteres nicht nur oft schwierig, sondern schier unmöglich. Dann schon lieber diesen Grillfall lösen.

Schauen wir mal, ob ein Richter solch einen Fall schon mal entscheiden musste/durfte.

Das Amtsgericht Berlin-Mitte hat am 7.1.2010 (25 C 159/09) in offensichtlicher Hilflosigkeit gesagt, dass es einem Mieter in einem Mehrfamilienhaus von normaler Bauweise (?) gestattet sei, in normalem Umfang (?) gelegentlich (?) zu grillen. Ganz viel Nichtssagendes Zeugs, glauben Sie? Das hilft uns nun gar nicht weiter? Nein, das sehe ich anders. Grillen ist demnach zumindest nicht ausnahmslos komplett verboten. Ist doch schon mal was. Recherchieren wir weiter.

Das Amtsgericht München hat am 21.3.2012 (482 C 15854/11 WEG; am Zusatz »WEG« merkt man, dass es um eine Entscheidung innerhalb einer Wohnungseigentümergemeinschaft ging) entschieden, dass es von den Gegebenheiten des Einzelfalls abhängt, ob das Grillen vollständig zu verbieten oder zeitlich bzw. örtlich begrenzt zu erlauben oder sogar ohne Einschränkung immer zu gestatten sei. Maßgeblich, sagen die Münchener, seien Lage und Größe der Örtlichkeiten, Häufigkeit des Grillens und das verwendete Grillgerät.

Hilft auch nicht weiter? Sehe ich ebenfalls anders. Auf einer Farm kanadischen Ausmaßes kann man eher mit Jauchenmarinade grillen als in einem Garten von der Größe eines Schuhkartons. Und mit einem Elektrogrill darf man offenbar häufiger grillen als mit einem Holzkohlegrill. Schon wieder ein kleines bisschen mehr Informationen. Schauen wir weiter.

Das AG Westerstede hat am 30.6.2009 (22 C 614/09) die Ansicht vertreten, dass höchstens zweimal monatlich und bis zu zehnmal jährlich (also fünf Monate lang alle 14 Tage) gegrillt werden dürfe, falls durch das Grillen Geruch und Qualm in das Schlafzimmerfenster eines Nachbarn gelangte.

Potz Blitz, fragt man sich, wie kommt der Richter auf zehnmal pro Jahr? Es gibt in unserer Kultur ja so ein paar Zauberzahlen, die fallen einem als erste ein: 3, 7, 10, 12. Klopf dreimal aufs Holz. Sieben Tage hat die Woche. Moses stellte zehn Gebote auf. Zwölf Monate hat das Jahr.

Dachte der Richter hier eventuell an die Zehn Gebote Mose? Oder fand er die Zahl 10 so schön, erste zweistellige Zahl, besser zu merken als 11? Oder hat er seine Frau gefragt: »Du Inge, wie oft grillen wir eigentlich im Jahr?«, und Inge hat geantwortet: »Dein Geburtstag, mein Geburtstag, der von den beiden Kindern und dann noch einmal, wenn das Fleisch im Angebot ist, also fünfmal?«

Hat er daraufhin gesagt, da könne er ja gleich würfeln? Und wenn ja, mit einem einzigen Würfel? Und dann überlegt, da könnte ja auch eine Eins fallen, also besser wäre es, mit zwei Würfeln zu würfeln? Und hat er beim Pasch noch mal gewürfelt?

Oder hat er sich stattdessen überlegt, welche typischen Grillmonate es gibt, und ist zum Ergebnis gekommen, Mai bis September, also fünf Monate? Und hat dann weiter überlegt, in welcher Häufigkeit der typische Durchschnittsbürger grillt? Und ist dann zum Ergebnis gelangt, dass ein zweiwöchiger Rhythmus eine salomonische, allen Interessen gerecht werdende Entscheidung sein dürfte? Mir scheint das wahrscheinlicher zu sein als die Geschichte mit Moses, Inge oder den Würfeln.

Vorher ankündigen muss man das Grillen allerdings nicht, sagt das Amtsgericht Westerstede. Also ist Niedersachsen offenbar ein Eldorado für Spontaneität.

Wenn Sie jetzt den Standpunkt vertreten, das sei doch alles viel zu schwammig, und man müsse doch bundeseinheitlich eine feste Zahl festlegen, damit man jeden Streitfall auch ohne gerichtliche Hilfe beilegen könne, dann ist Ihre Erwartungshaltung falsch. Warum? Weil es eine Vielzahl von Einzelfällen gibt. Denken Sie an die Farm in Kanada und den Schuhkarton, an den Elektrogrill und den Holzkohlegrill, an wohlriechende und stinkende Marinaden. Denken Sie daran, dass es Balkone gibt, von denen aufgrund ihrer Lage im Dachgeschoss kein darüber wohnender Nachbar durch Rauch beeinträchtigt werden kann.

Diese unzähligen Einzelfälle gilt es, in einem demokratischen und humanen Rechtsstaat zu berücksichtigen. Wenn wir das Staatssystem, welches wir uns aufgebaut haben, weiterhin genießen wollen, dann darf und kann es keine bundeseinheitliche Gesamtregelung für derartige Fragen geben.

Recherchieren wir ein bisschen weiter. Das Amtsgericht Bonn hat am 29.4.1997 (6 C 545/96) entschieden, dass der Vermieter eines Mehrfamilienhauses verlangen darf, dass seine Mieter auf Balkonen und Terrassen nur einmal monatlich von April bis September grillen dürfen. Sie merken, im Gegensatz zum Richter in Westerstede ein halber Vegetarier, denn er erlaubt das Grillen nur einmal im Monat. Dafür aber offensichtlich ein Frischluftfanatiker, denn er erlaubt das Grillen bereits im April.

Aber jetzt kommt's ganz dicke: Dieser Bonner Richter hat gesagt, dass der Grillmeister seinen Nachbarn auf der linken Seite 48 Stunden vor dem Grillen Bescheid geben müsse. Sonst muss das Grillen leider ausfallen. Demnach nix für Spontane. Machen Sie Überstunden, oder stehen Sie im Stau und können das Grillen nicht rechtzeitig mitteilen, müssen Sie in die Pizzeria gehen. Oder erst nachts mit dem Grillen anfangen. Guten Appetit.

Leider hat das Urteil aus Bonn, wie nicht wenige Urteile, kleine Schwachpunkte. Die Handlungsanweisungen an den Grillmeister sind zu ungenau. Dem Grillmeister wurde aufgegeben, seinen Nachbarn das Grillen 48 Stunden vorher anzukündigen.

Erster Schwachpunkt: Wann beginnt das Grillen? Mit dem Aufstellen des Grills? Mit dem Einfüllen der Holzkohle? Mit dem Anzünden der Holzkohle? Mit dem Glühen der Kohlestückchen? Mit dem Auflegen der ersten Wurst?

Zweiter Schwachpunkt: (Genau?) 48 Stunden vorher muss die Ankündigung laut Urteil erfolgen. Falls der Grillmeister 47 Stunden und 45 Minuten vorher ankündigt, muss das Grillen dann ganz ausfallen oder kann es um 15 Minuten nach hinten verschoben werden? Und kann der Grillmeister auch 240 Stunden vorher ankündigen? Oder wäre diese Ankündigung zu früh?

Angst vor Falschaussagen

Ich kannte einen mittlerweile leider verstorbenen Richter, der offenbar eine krankhafte Angst davor hatte, belogen zu werden und auf Grund dessen ein falsches Urteil zu erlassen. Er war Richter in Zivilsachen. Er urteilte in Prozessen über Verkehrsunfälle, Mietrechtsstreitigkeiten und ähnliche Alltagsdinge, die die beteiligten Menschen alleine nicht lösen können. Ich habe ihn im Laufe meiner Anwaltstätigkeit mehrfach in Verhandlungen erlebt. Bei Zeugenvernehmungen stellte er dem Zeugen eine präzise Frage. Am besten eine, bei der der Zeuge nur drei Antwortmöglichkeiten hatte: Ja – Nein – Weiß ich nicht.

Gab der Zeuge eine dieser drei Antworten, stellte der Richter die nächste Frage. Machte der Zeuge dagegen Anstalten, abzuschweifen, schnellte der Richter aus seinem Sitz hoch, lehnte sich mit dem Oberkörper auf den Richtertisch, richtete mit ausgestrecktem rechten Arm den Zeigefinger auf den Zeugen und ermahnte ihn mit leichter Schärfe in der Stimme mit den Worten: »Beantworten Sie bitte nur meine Frage!«

Vor jeder Beweisaufnahme ließ er sich von jedem Zeugen einen Auszug aus dessen Strafregister schicken. Offenbar wollte er vor der Vernehmung eines Zeugen wissen, ob dieser jemals in seinem Leben wegen einer Falschaussage vor Gericht stand. Dieser Richter wollte (oder konnte?) sich nicht auf seinen eigenen unmittelbaren Eindruck verlassen. Er war bestrebt, jeden, wirklich jeden Aspekt, der bei einer Zeugenaussage von Bedeutung sein konnte, zu beachten. Und eine frühere Falschaussage ist ohne Zweifel ein Aspekt, der bei einer Beweiswürdigung von erheblicher Bedeutung sein kann.

Aber genau das ist das Dilemma: Von Bedeutung sein kann, nicht sein muss. Was hat dieser Richter gemacht, wenn ein Zeuge tatsächlich einmal eine Vorstrafe wegen einer Falschaussage hatte? Hat er den Zeugen anders befragt? Noch konkreter? Noch schärfer? War seine Skepsis bei der Aussage dieses Zeugen noch ausgeprägter, seine

Antennen noch höher ausgefahren? Hat er die Aussagen einer besonders strengen Überprüfung unterzogen und sie dann, je nachdem, was er selbst für wahrscheinlich hielt oder nicht, als unglaubhaft eingestuft? Oder hat er den Aussagen dieses Zeugen von vornherein gar keinen Glauben mehr geschenkt? Wenn davon irgendetwas zutreffen sollte, war der Richter dann überhaupt noch objektiv? Oder begann seine Objektivität schon in dem Moment zu bröckeln, als er das Strafregister eines jeden Zeugen vor dessen Vernehmung einsah?

Schicksal und Richter kann man sich nicht aussuchen

Wenn Sie jetzt lesen, dass es solche und solche Richter gibt, fragen Sie sich möglicherweise, ob Sie sich den für Ihren Fall zuständigen Richter aussuchen können. Dann nähmen Sie als Vermieter bestimmt den als vermieterfreundlich bekannten Richter. Gute Idee. Aber geht das? Wonach richtet es sich, welcher Richter über meinen Fall entscheidet?

Eigentlich kann ich mir ja alles aussuchen. Meinen Friseur (den ich seit 20 Jahren allerdings nicht mehr brauche), meinen Bäcker, meinen Rechtsanwalt und meine Bank. Sogar, zumindest in den meisten Kulturen, meinen Ehepartner.

Nebenbei gefragt: Stimmt das tatsächlich? Oder ist das nur ein Wunschtraum von mir? Die Kulturwissenschaftler mögen mich korrigieren, falls ich da falsch liege, E-Mails gerne an mich.

Es gibt nur ganz wenige Dinge, die ich mir nicht aussuchen kann. Meine Verwandten. Meinen Sitznachbarn im Flugzeug, in der Bahn, im Kino und Theater, insbesondere den vor mir sitzenden Zuseher, was nur dann tragisch ist, sollte er deutlich größer sein als ich. Der neben mir sitzende Nachbar kann gern 2,50 m groß sein, sollte allerdings nicht doppelt so viel wiegen wie ich, denn dann kann ich zwar prima die Bühne sehen, aber aufgrund des kleiner werdenden Platzvolumens in meinem Sitz nicht mehr atmen. Es sei denn, ich habe einen mittelschweren Knall und sehr viel Geld, sodass ich für alle Sitzplätze im Umkreis meines Platzes ebenfalls Tickets kaufe.

In dem Moment, wo es um staatliche Gewalt geht, wird das Aussuchen schwer bis unmöglich. Könnte man sich den Richter aussuchen, würden einige dieser Damen und Herren über kurz oder lang zum Bleistiftanspitzen degradiert werden. Auch wenn ich mir jetzt nicht überall Freunde mit meiner Bemerkung mache: Ich kenne Richter, Gott sei Dank deutlich weniger, als Sie vielleicht jetzt denken, die auf ihrem Richterstuhl eine komplette Fehlbesetzung sind, und das aus unterschiedlichen Gründen. Aber ich kann Sie beruhigen: Die Wahrscheinlichkeit, einen schlechten Anwalt zu erwischen, ist ungleich höher als die, einen schlechten Richter zu bekommen. Denn Anwalt werden kann (fast) jeder, Richter nicht.

Nein, Sie können sich den für Sie zuständigen Richter ebenso wenig aussuchen wie den für Sie zuständigen Gerichtsvollzieher. Sie müssen den nehmen, den Sie zugeteilt bekommen. Und das kann manchmal ziemlich hart für Sie sein.

Wie die Zuteilung erfolgt? Unterschiedlich. Jedes Gericht hat seine eigene Methode. Und es gibt viele verschiedene Methoden.

Man kann nach Sachgebieten unterscheiden: Familienrecht, Mietrecht, Wohnungseigentumsrecht usw.

Man kann nach Eingängen unterscheiden: Die erste Klage des Jahres bearbeitet Richter A, die zweite Klage Richter B usw.

Man kann nach dem Anfangsbuchstaben des Nachnamens des Beklagten unterscheiden.

Man kann nach Straßen, Stadtgebieten bzw. Städten unterscheiden.

Man kann auch ein bisschen von jedem nehmen und mischen.

Und man kann es alle paar Jahre wieder ändern.

Eins ist sicher: Sie wissen oft genug nicht, wer für Sie zuständig ist bzw. sein wird.

Richter sind unabhängig

Richter haben keinen Vorgesetzten. Sie sind an keine Weisungen gebunden. Sie sind lediglich dem Gesetz und ihrem eigenen Gewissen unterworfen. Sie sind ansonsten absolut unabhängig. Niemand, nur das Gesetz, schreibt ihnen vor, wie sie ihre Arbeit zu erledigen haben. Sie können ihre Urteile zu Hause in der Badehose auf der Terrasse schreiben oder diktieren. Sie können die Akten nachts zwischen zwei Uhr bis fünf Uhr lesen, sich dafür aber um elf Uhr vormittags mit anderen Richterkollegen auf dem Tennisplatz verabreden. Wie und wo sie ihre Arbeit erledigen, steht ihnen vollkommen frei. Die einzige Einschränkung ist, dass sie die Verhandlungen, die in der Regel alle öffentlich sind, nicht zu Hause auf der Terrasse oder auf dem Tennisplatz abhalten dürfen, sondern dafür einen Gerichtssaal in Anspruch nehmen müssen.

Diese Form der Unabhängigkeit führt gelegentlich dazu, dass man meint, Richter würden außerhalb des Gerichtssaals wenig bis gar nicht arbeiten. Diese Ansicht ist ebenso in den Bereich der Märchen zu verweisen wie meiner Ansicht nach der Glaube, es gebe ein höheres Wesen, welches diese Welt erschaffen hat. Die Katholiken verklagen mich ja sowieso, auch die übrigen Religionsgemeinschaften sind jetzt gerne dazu eingeladen. Zuvor sollten Sie sich allerdings über die Teekanne des Mathematikers und Philosophen Bertrand Russell informieren.

Es gibt allerdings auch noch andere Formen der Unabhängigkeit. Beispielsweise die Unabhängigkeit und Freiheit, die Rechtsauffassung zu vertreten, die man für richtig hält. Das kann in Einzelfällen so weit gehen, dass ein Amtsrichter sich an die Rechtsprechung der höheren Instanzen, auch des Bundesgerichtshofes, nicht gebunden fühlt. Es ist ein großer Irrglaube, anzunehmen, dass jeder Richter sich absolutistisch daran orientiert, welche Auffassung der Bundesgerichtshof oder das für ihn zuständige Berufungsgericht vertritt.

Nach außen hin wird das von erstinstanzlichen Richtern gerne damit begründet, dass jeder Sachverhalt anders sei und dass jede gerichtliche Entscheidung immer eine Betrachtung des Einzelfalls voraussetze. Und gerade weil es tatsächlich (nahezu) keine identischen Fälle gebe, könne man von der Entscheidung der höheren Instanzen abweichen. Hinter den Kulissen kann das auch ganz anders aussehen.

Ich erinnere mich noch gut an meine erste Berufungsverhandlung vor dem Landgericht Bochum. Ich hatte in erster Instanz vor dem Amtsgericht verloren. Ich hielt die Entscheidung für falsch. Insbesondere auch deshalb, weil der Bundesgerichtshof zu der entscheidungserheblichen Frage einige Jahre zuvor eine andere Auffassung vertreten hatte als jetzt das Amtsgericht. Ich legte folgerichtig Berufung ein. Vorsitzender Richter der Berufungskammer war ein in Anwaltskreisen sowohl geachteter als auch gefürchteter Richter. Geachtet deshalb, weil er nach dem, was ich gehört hatte, überragende Kenntnisse der Zivilprozessordnung gehabt haben und auch sonst ein ziemlich herausragender Jurist gewesen sein soll. Gefürchtet deshalb, weil man ihn gerade deswegen für unberechenbar hielt.

In der damaligen Berufungsverhandlung wurde ich als junger Schnösel von dem Berufungsrichter etwas unwirsch gebeten, meine Berufungsbegründung mündlich vorzutragen. Vor knapp 30 Jahren war es auch in zivilrechtlichen Angelegenheiten oft Usus, noch zu plädieren, was heute im Zivilrecht eher unüblich ist. Nachdem ich meine Berufungsbegründung erläutert und auch auf die Entscheidung des Bundesgerichtshofes hingewiesen hatte, ließ mich der Berufungsrichter wieder Platz nehmen. Anschließend erklärte er, mit Blickrichtung zu mir, dass die Kammer (so heißen diese drei Richter, also der sogenannte Spruchkörper an den Landgerichten, siehe Kapitel 2.) nicht gedenke, der Berufung stattzugeben. Man sei vielmehr der Ansicht, meine Berufung sei unbegründet.

Mir gelang es noch, drei Worte zu sagen, nämlich »Aber der Bundesgerichtshof«, als mir der Vorsitzende Richter ins Wort fiel und sagte »Herr Rechtsanwalt, was glauben Sie, was mich der Bundesgerichtshof interessiert. In dieser Berufungskammer wird das Recht gesprochen, das wir für richtig halten.«

Immerhin hat er sich noch zu dem Wort »wir« durchgerungen und nicht »ich« gesagt. Er fuhr fort: »Über dieser Berufungskammer ist der blaue Himmel. Das Verfahren ist hier zu Ende, weitere Instanzen gibt es nicht mehr. Möchten Sie dazu noch eine Erklärung abgeben?«

Wollte ich nicht mehr. Den Skeptikern unter ihnen sei versichert, dass ich den ersten Satz »Was glauben Sie, was mich der Bundesgerichtshof interessiert?« und den dritten Satz »Über dieser Berufungskammer ist der blaue Himmel.« nahezu wörtlich wiedergegeben habe.

Auch das kann Ihnen also vor Gericht passieren. Da stellt sich die berechtigte Frage, ob es zu der Unabhängigkeit eines Richters auch gehören darf oder eventuell sogar muss, bewusst von Entscheidungen der höheren Instanzen, insbesondere der des Bundesgerichtshofes, abzuweichen.

Versuchen wir, uns der Antwort auf diese Frage in juristischer Arbeits-und Denkweise zu nähern, also die jeweiligen Argumente dafür und dagegen abzuwägen.

Argument dafür: Ein Richter ist nur dem Gesetz und seinem Gewissen unterworfen. Nicht dem Bundesgerichtshof. Also darf er selbstverständlich eine andere Auffassung vertreten als der Bundesgerichtshof. Das kann in Einzelfällen sogar dazu führen, dass der Bundesgerichtshof aufgrund dieser abweichenden Entscheidung des Richters nunmehr seine bisherige Rechtsprechung tatsächlich ändert. Denn dass der Bundesgerichtshof sich vorbehält, seine Rechtsprechung zu ändern, hat er in der Vergangenheit mehrfach bewiesen.

Und vielleicht ist gerade dieses von der bisherigen obergerichtlichen Rechtsprechung abweichende Urteil des Richters eine Initialzündung dafür, dass der Bundesgerichtshof ab jetzt seine alte Rechtsprechung neu überdenkt und aufgibt.

Argument dagegen: Ein rechtsuchender Bürger möchte einen Streitfall lösen lassen. Er sucht seinen Anwalt auf. Der Anwalt erklärte ihm, dass es eigentlich kein Problem sein dürfte, den Fall zu gewinnen. Denn nicht nur der Bundesgerichtshof hat diese Rechtsfrage bereits in seinem Sinne entschieden. Sondern auch zahlreiche andere Amtsgerichte und Landgerichte haben diese Auffassung vertreten. Daraufhin beauftragt der Bürger den Anwalt, die Klage zu erheben.

Hat dieser Bürger nicht einen irgendwie gearteten Anspruch darauf, dass auch der Richter, der über seine Klage zu entscheiden hat, sich an gewisse Richtlinien hält, die der Bundesgerichtshof und zahlreiche andere Gerichte bereits vorgegeben haben? Muss sich der Bürger nicht auch darauf verlassen können, dass »sein« Richter seine persönliche Meinung im Rahmen der Unabhängigkeit der absolut überwiegenden Auffassung anderer Gerichte unterordnet? Oder wäre dann die richterliche Unabhängigkeit in Gefahr? Beispiel? Gerne.

Der Schuhschrank

In Mehrfamilienhäusern bestehen häufig Meinungsverschiedenheiten zwischen Vermietern und Mietern darüber, ob und ggfs. welche Gegenstände ein Mieter im Treppenhaus aufstellen darf. Manche Mieter sind der Ansicht, auch einen Schuhschrank ins Treppenhaus stellen zu dürfen.

Die Vizepräsidentin des Amtsgerichtes Kiel konzediert, dass diese Nutzung aus Sicht des Mieters zwar wünschenswert sei. Auch könne ihm das Wohnen dadurch wohl erleichtert werden. Allerdings führe beides nicht zu einer besonderen Schutzwürdigkeit des Mieters. Der Vermieter sei daher weitgehend frei, dem Mieter das Abstellen eines Schuhschrankes zu untersagen. (Dr. Flatow, »Mitbenutzung von Gemeinschaftsflächen durch den Mieter; Treppenhäuser u.a. als Konfliktfläche« in NZM = Neue Zeitschrift für Mietrecht 2007, 432)

Selbst der Justiziar des Deutschen Mieterbundes schreibt, dass das Aufstellen eines Schuhregals im Treppenhaus nicht zum vertragsgemäßen Gebrauch der Mietsache gehöre (Eisenschmid im Mietrechtskommentar von Schmidt-Futterer 12. Auflage 2015, § 535 Rn. 359).

Als Begründung dafür wird regelmäßig angeführt, dass ein Schuhregal ein Gegenstand sei, der typischerweise zur Wohnungseinrichtung gehöre. Mir leuchtet das ein. Es kommt ja auch niemand auf die Idee, seine Mikrowelle ins Treppenhaus zu stellen.

In Herne ist ein Vermieter im Jahr 2013 zu einem Anwalt gegangen und hat ihm erzählt, ein Mieter seines Mehrfamilienhauses habe ein Schuhregal im Treppenhaus aufgestellt. Dieser Mieter habe sich trotz mehrfacher Aufforderung des Vermieters geweigert, das Schuhregal aus dem Hausflur zu entfernen. Das fand der Vermieter nicht gut, denn was wäre, wenn das alle machten?

Ich vermute, der Anwalt hat recherchiert und festgestellt, dass Schuhregale nicht ins Treppenhaus gehören (siehe oben). Wahrscheinlich hat er dem Vermieter empfohlen, Klage zu erheben. Eigentlich, wird er seinem Mandanten gesagt haben, gebe es keinen Grund zur Besorgnis, dass die Klage verloren gehen könne.

Leider haben Anwalt und Vermieter nicht mit der richterlichen Unabhängigkeit der zuständigen Richterin gerechnet. Ich unterstelle an dieser Stelle, dass die Entscheidung von einer Richterin stammt. Es entspricht schließlich dem Klischee, dass Frauen eine weitaus größere Affinität zu Schuhen haben als Männer. Wäre es um einen Kasten Bier im Hausflur gegangen, hätte ich eine vergleichbare Entscheidung eher einem Richter zugetraut.

Die Richterin hat am 11. Juli 2013 (20 C 67/13) entschieden, dass der Mieter einer Wohnung auch das Treppenhaus mitbenutzen dürfe. Grundsätzlich ist das völlig korrekt, denn irgendwie muss er ja in seine Wohnung hinein- und auch wieder dort herauskommen!

Und im Rahmen dieses Nutzungsrechtes, so die Herner Richterin, dürfe ein Mieter auch ein Schuhregal im Treppenhaus aufstellen, wenn vom Vermieter keine konkreten Behinderungen dargelegt werden könnten.

Mit dieser Begründung könnte man meines Erachtens unter anderem auch eine Kiste Bier im Hausflur für zulässig halten, oder eine schmale Standgarderobe, oder eine Kinderküche, eine kleine Werkbank, eine Mikrowelle, einen Gummibaum, eine Büste, eine große Tupperschüssel, einen Miniatur-Weihnachtsbaum, einen Holzosterhasen, einen Mops aus Gips, einen Gartenzwerg, einen Zeitungsständer, eine Ukulele.

Was um alles in der Welt, werden sich der Vermieter und sein Anwalt nach dem Urteil gefragt haben, hat sich diese Richterin bei ihrem Urteil gedacht? Hat sie, wie der Anwalt des Vermieters es getan hat, vor Erlass Ihrer Entscheidung ebenfalls intensiv recherchiert? Wenn ja, hat sie sich in vollem Bewusstsein über die offenbar einhellige Gegenmeinung hinweggesetzt? Vielleicht weil sie der Ansicht war, sie sei unabhängig in ihrer Entscheidung und könne daher diese Auffassung unbedenklich vertreten?

Hat sie sich gedacht, so ein kleines Schuhregal, das stört ja nun wirklich niemanden im Treppenhaus? Hatte der Mieter kleine Füße? Handelte es sich um ein Miniatur-Schuhregal? Hätte sie anders entschieden, wenn der Mieter Schuhgröße 48 gehabt hätte?

Hat sie sich Gedanken über die Konsequenzen dieser Entscheidung gemacht? Über die Konsequenz, dass der Vermieter zumindest diesen Anwalt mit hoher Wahrscheinlichkeit bereits deshalb nie mehr aufsuchen wird, weil er ihm eine falsche Auskunft gegeben hat? Oder war die Auskunft gar nicht falsch, sondern man ist schlicht und einfach an den »falschen« Richter geraten? Gibt es überhaupt den falschen Richter? Oder war die Richterin einfach nur schlecht drauf, genervt von irgendetwas, von ihrem Ehemann, den Kindern, den Kollegen oder dem Vermieter? Nichts von alledem und alles ist möglich. Wir wissen es nicht. Sie hat einfach nur eine Entscheidung getroffen, die sie in dem Moment der Entscheidung für zutreffend hielt. Absolut vertretbar. Meines Erachtens aber falsch.

Viele Menschen empfinden es nicht zu Unrecht als in höchstem Maße unbefriedigend, wenn sie einen Anwalt um eine Rechtsauskunft bitten und dieser ihnen erklärt, es könne so oder so ausgehen, vorhersagen könne er das nicht. Viele Menschen gehen nicht zu Unrecht mit dem Gefühl nach Hause, diese Auskunft hätten sie sich auch selbst geben können. So hätten sie beispielsweise auch würfeln können. Bei einer 2, 4, oder 6 sind sie gut beraten, den Gerichtsweg zu beschreiten. Bei einer 1, 3 oder 5 lassen sie lieber die Finger von einer Klage. Und verzichten besser auf die Geltendmachung ihrer Ansprüche.

Muss Recht nicht auch in einer bestimmten Art und Weise berechenbar sein? Verlässlich? Ist eine grundlegende Basis des Rechts nicht auch Vertrauen? Vertrauen in die allgemeine Rechtsprechung? Oder ist das alles unvereinbar mit der richterlichen Unabhängigkeit? Und: Wie weit geht die Unabhängigkeit?

Szenenwechsel. Was erwarten wir noch von unseren Richtern? Dass sie einschreiten. Dass sie durchgreifen. Dass sie uns schützen. Effizient arbeiten. Aber: Der Bürger wird skeptischer.

Prozesse dauern und dauern und dauern und dauern

Im Jahr 2012 begann vor dem Landgericht Koblenz ein Prozess gegen eine Gruppe von 17 Neonazis (12 Kls – 2090 Js 29752/10). Die Anklageschrift soll rund 1.000 Seiten umfasst haben. An über 300 Verhandlungstagen wurde die Anklageschrift verlesen, der Sachverhalt aufgeklärt, Zeugen vernommen, Anträge gestellt, erörtert und verhandelt.

Knapp fünf Jahre später, im Frühsommer 2017, stellt das Landgericht Koblenz fest, dass das Verfahren mit hoher Wahrscheinlichkeit komplett neu aufgerollt werden muss. Warum? Weil der zuständige Richter nur noch bis Juni 2017 Richter sein darf. Danach muss er in den Ruhestand. Selbst wenn er nicht wollte. Er muss. Das ist gesetzlich vorgeschrieben.

Und das hat man im Sommer 2012 nicht vorhersehen können. Die Pensionierung schon, aber nicht, dass der Prozess so lange dauern könnte. Da die Taten nicht verjährt sind, kann man also von vorne anfangen. Was das bedeutet?

Die ca. 30 (!?) Verteidiger freuen sich auf weitere Jahre bezahlter Beschäftigung.

Die Staatsanwälte freuen sich auch. Sie müssen sich nicht mehr so intensiv vorbereiten, sie kennen ja schon alles. Es sei denn, sie gehen auch in Pension.

Der neue Richter freut sich schon wie Bolle auf die Zeugen. Die dürfen sich jetzt an Vorfälle vor acht, zehn oder zwölf Jahren erinnern.

Die Zeugen freuen sich auf weitere Zeugenentschädigung, reicht oft für mehrere Tassen Kaffee.

Die Journalisten freuen sich, weiterhin über diesen Fall berichten zu können.

Die Angeklagten haben sowieso Spaß.

Der Bund der Steuerzahler auch. Warum? Die Honorare der Pflichtverteidiger zahlt die Staatskasse, zumindest bei Freispruch oder einem vermögenslosen Verurteilten. Und die Staatskasse füllt der Steuerzahler.

Laut Presseangaben sollen sich die gesamten Kosten des Prozesses im zweistelligen Millionenbereich bewegen. Zum Vergleich: Die Kosten für Sozialtickets im Bereich Hannover, um den Sozialhilfeempfängern Fahrten im öffentlichen Nahverkehr zu ermöglichen, betragen ca. 10 Millionen Euro. Der Betrieb des Dortmunder U (kennen Sie in Freiburg, Erfurt und Marburg nicht? Hilfe gibt's im Internet!) kostet ca. 10 Millionen Euro. Das Durchschnittsgehalt eines Fußballspielers von Bayern München dürfte ebenfalls so bei 10 Millionen Euro liegen. Beruhigen Sie sich: Jährlich, nicht monatlich.

Und der Bürger? Freut der sich auch? Ach, der freut sich nicht? Der versteht das alles nicht mehr? Hat auch kein Verständnis dafür? Bleib gelassen, Bürger. Das ist Rechtsstaat!

Freispruch? Was soll das?

Am 3.5.2017 sprach das Landgericht Bonn einen vorbestraften, vermutlich gewalttätigen 21-jährigen Angeklagten frei (28 KLs 10/16). Ihm wurde zur Last gelegt, einen 17-jährigen Schüler getötet zu haben. Dem Fall wurde durch die Presse besondere Aufmerksamkeit geschenkt. Unmittelbar nach dem Urteil findet man im Internet Kommentare von Bürgern. Welchen bildungsmäßigen, beruflichen, sozialen oder politischen Hintergrund diese Bürger haben, erfährt man nicht.

Man weiß also nicht, ob gerade eine besorgte, kluge, liberale Mutter eines Kindes den Kommentar verfasst hat oder ein angetrunkener kinderloser Reichsbürger, der seit 40 Jahren Sozialleistungen bezieht und der Ansicht ist, Ausländer nähmen den Deutschen den Arbeitsplatz weg. Auch wenn Sie diese Unterscheidung nicht für politisch korrekt halten: ich schon. Und in meinem Alter habe ich weder Lust noch Zeit, diplomatisch zu sein und das besser nicht an- bzw. auszusprechen. Ich habe nur noch selten Lust auf Political Correctness.

Da wir also den Hintergrund der Kommentatoren nicht kennen, nehme ich zunächst einmal grundsätzlich jeden Kommentar ernst. Es sei denn, jemand schreibt so einen unerträglichen, Brechreiz auslösenden Unsinn wie:

»Rübe ab.«

»Die beste Antwort auf so eine Tat ist Selbstjustiz.«

Damit scheiden also schon einmal 60 % der Kommentare aus. 30 % sind aus anderen Gründen nicht ernst zu nehmen bzw. wenig hilfreich und aussagekräftig. Die verbleibenden 10 % sind allerdings bemerkenswert und bekunden die Sorge und Befürchtung, manchmal sogar die schiere Angst der Menschen vor einem Versagen unserer Justiz. Aus möglicherweise bestehenden urheberrechtlichen Gründen gebe ich die Kommentare verändert wieder:

»In der Theorie mag unsere bestehende Rechtsordnung zu den weltweit besten gehören, in der Praxis stelle ich aber ein Totalversagen fest.«

»Es kann und darf doch nicht wahr sein, dass man diese Straftat nicht bestrafen kann.«

»Wohin gehst du, Rechtsstaat? Schützen wir nicht in Wirklichkeit die Täter mehr als die Opfer?«

Meine Meinung dazu: Ein Urteil darüber könnte ich mir erst erlauben, wenn ich entweder den gesamten Akteninhalt gelesen oder der gesamten Verhandlung beigewohnt hätte. Habe ich nicht. Also halte ich einfach mal die Klappe.

Diese Kommentare erinnern mich an Mandantengespräche, bei denen der Mandant mir sagt, seine gesamte Familie und alle seine Bekannten könnten nicht verstehen, dass ich von der Erhebung einer Klage abgeraten hätte. Alle seien der Ansicht, den Rechtsstreit könne man nicht verlieren. Früher habe ich versucht, in langen Gesprächen mit dem Mandanten meine Ansicht zu rechtfertigen. Heute schlage ich ihm vor, dann doch entweder seine Familienmitglieder oder seine Bekannten, am besten beide Personengruppen, mit der Wahrnehmung seiner Interessen zu beauftragen. Dann läuft's bestimmt wie geschmiert.

DURCHBLICK

Den soll der Richter auch haben. Ohne geht gar nicht. Doch was bedeutet es, wenn jemand den Durchblick hat? Haben Sie spontan ein Synonym dafür? Den siebten Sinn? Das dritte Auge?

Ein Richter soll Zusammenhänge erkennen können. Weitsicht zeigen, ohne ophthalmologisch weitsichtig sein zu müssen. Er soll den

Überblick über alles haben. Und ihn nicht wieder verlieren. Das erwarten wir von ihm.

Durchblick? Weitsicht? Überblick? Dafür muss man kein Seher sein. Aber muss man dafür sehen können? Oder können auch blinde Juristen den Beruf des Richters ergreifen? Können sie!

Ja, Sie lesen richtig. In unserem Rechtsstaat können blinde Juristen den Beruf des Richters ausüben. Ich vermute, dass derzeit ca. 100 blinde Richter in Deutschland Recht sprechen. Sogar am Bundesgerichtshof, dem obersten deutschen Zivilgericht. Nach derzeitiger Auffassung allerdings nur in den rechtlichen Bereichen, die sich nicht mit Strafrecht befassen. Um einen Angeklagten zu einer Gefängnisstrafe zu verurteilen, soll der urteilende Richter sehen können, meinte der Bundesgerichtshof am 17.12.1987 (4 StR 440/87). Blinde Richter sind bei uns keine Seltenheit. Für die Spötter unter Ihnen dürfte das kein Problem sein. Immerhin ist ja schon Justitia auf einem Auge blind, und das war die Göttin der Gerechtigkeit. Warum also soll ein Richter, der von göttlichem Odem meilenweit entfernt ist, nicht auf beiden Augen blind sein? Spott lass nach.

Versuchen wir doch bitte, uns sachlich dem Phänomen zu nähern. Kann ein blinder Richter überhaupt Recht sprechen? Oder geht das komplett in die Hose? Ich selbst habe in meinem Berufsleben stark sehbehinderte oder blinde Richter erlebt. Ich habe Mandanten oder gegnerische Parteien, ja selbst gelegentlich Rechtsanwälte erlebt, die sich nach der Verhandlung draußen auf dem Gerichtsflur entrüstet, ja zum Teil schockiert darüber ausgelassen haben, dass der Richter ja überhaupt nichts habe sehen können. Auf meine Frage, was er denn hätte sehen sollen, kam meist nur ein »ja, alles«. Und dann, etwas präziser, »er muss doch die Parteien sehen, die Schriftsätze lesen, und so.«

Kann er. Ein Franzose namens Braille hat schon vor langer Zeit die Blindenschrift erfunden. Die ermöglicht es einem Blinden, zu lesen. Es gibt auch Menschen, die dem Blinden etwas vorlesen können. Und ein blinder Richter hört in der Regel wesentlich besser und genauer als ein Sehender. Und er hat Hände, mit denen er Dinge ertasten kann.

Ich habe definitiv mehr schlechte Erfahrungen mit sehenden Richtern gemacht als mit blinden Richtern. Und mir ist ein blinder Richter, dessen Gehirn ansonsten einwandfrei funktioniert, um vieles lieber als ein Richter mit Adleraugen, der gelegentlich den einen oder anderen Aussetzer im Oberstübchen hat. Denn die Fähigkeiten unseres Gehirns sind sicherlich nicht auf das Sehen beschränkt, auch wenn es einen großen Stellenwert unter unseren Wahrnehmungen hat.

AUFMERKSAMKEIT

Insbesondere Angeklagte, Parteien eines Rechtsstreites und gelegentlich auch Rechtsanwälte wünschen sich vom Richter, dass er dem Verlauf des Prozesses aufmerksam folgt. Er soll, so das Bundesverwaltungsgericht am 24.1.1986 (6 C 141/82), die wesentlichen Vorgänge der Verhandlung wahrnehmen und in sich aufnehmen. Das setzt voraus, dass alle beteiligten Richter körperlich und geistig in der Lage sind, der Verhandlung jederzeit zu folgen.

So weit, so gut. Zu dem Verfahren ist es gekommen, weil ein damaliger Kriegsdienstverweigerer in einem gerichtlich angestrengten Gerichtsverfahren nicht als solcher anerkannt wurde. Dagegen legte er Rechtsmittel ein mit der Begründung, einer der beisitzenden Richter habe während der Gerichtsverhandlung geschlafen.

Das Bundesverwaltungsgericht schrieb: Die Aufmerksamkeit eines Richters könne vielfältig eingeschränkt oder ausgeschlossen sein. So führe tiefer Schlaf dazu, dass der Richter der Verhandlung nicht mehr folgen könne. Aber selbst Zeichen einer großen Ermüdung, Neigung zum Schlaf oder das Kämpfen mit dem Schlaf seien keine hinreichenden Zeichen dafür, dass der Richter in der Verhandlung den wesentlichen Dingen nicht mehr folgen könne. Auch das Schließen der Augen allein, selbst wenn es sich nicht nur auf wenige Minuten beschränkt, beweise noch nicht, dass der Richter schlafe. Diese Haltung könne auch zur geistigen Entspannung eingenommen werden. Oder ein Zeichen höchster Konzentration sein! Von einem schlafenden Richter könne man erst ausgehen, wenn weitere sichere Anzeichen hinzukämen: Tiefes, hörbares, gleichmäßiges Atmen. Oder Schnarchen. Oder ruckartiges Aufrichten mit Anzeichen fehlender Orientierung. Oder wenn er 20 Minuten lang seine Augen schließe, seinen Kopf auf eine Hand stütze und sein Gesicht dem Fenster zuwende.

Wow. Jeder Gerichtspsychiater dürfte zum Ergebnis kommen, dass große Ermüdungserscheinungen die Konzentration und Aufmerksamkeit verringern und die Wahrnehmungsfähigkeit verschlechtern. Aber das Bundesverwaltungsgericht hat recht: Schlaf ist das noch nicht. Und im Gegensatz zu Autofahrern oder Fluglotsen sind auch übermüdete Richter, die fünf (das dürften wohl noch wenige sein, oder?) Minuten lang die Augen schließen, stets komplett leistungsfähig. Im Fußball nennt man das ein Eigentor, oder?

Der Volksmund behauptet ja, der Büroschlaf sei der gesündeste. Aber arbeitsplatztechnisch gesehen auch der gefährlichste. Denn zumindest im Wiederholungsfall nach vorheriger Abmahnung durch den Arbeitgeber kann das zur Kündigung führen. Ob das auch schon einmal einem Richter passiert ist?

Einen solchen Schläfer dürfte es nämlich in einem von dem Bundessozialgericht am 12.4.2017 (B 13 R 289/16 B) zu entscheidenden Fall gegeben haben. Das Gericht kam dort tatsächlich zum Ergebnis, dass ein beisitzender Richter augenscheinlich während einer Gerichtsverhandlung des Landessozialgerichtes Baden-Württemberg geschlafen habe. Das vom Landessozialgericht erlassene Urteil wurde aufgehoben. Mein Kommentar: Gute Nacht. Träum was Schönes. Und such dir bitte ein anderes Betätigungsfeld. Vielleicht in der Bettenabteilung eines Möbelhauses?

Ich schlafe nicht. Schnarche ich etwa?

7. KAPITEL

Was erwarten wir von Rechtsanwälten?

Was Sie von mir erwarten? Das kommt darauf an, ob ich Ihr Anwalt bin oder der Ihres Gegners. Vertrete ich die Gegenseite, hoffen Sie zuallererst, dass ich an Unkenntnis und mangelndem Durchsetzungsvermögen leide. Erfülle ich diese Hoffnung nicht, erwarten Sie zumindest Fairness von mir. Winkeladvokaten auf der Gegenseite können Sie nicht ausstehen.

Bin ich dagegen Ihr Anwalt, haben die meisten von Ihnen gegen Winkelzüge nichts einzuwenden. Ausschlaggebend ist nur, dass ich Ihren Fall gewinne. Mehr nicht. Also nicht viel, nichts Besonderes eigentlich. Wenn Sie nicht so viel um die Ohren hätten, könnten Sie alles selbst machen. Für den ganzen Schriftkram ans Gericht haben Sie gar keine Zeit. Außerdem haben Sie eine Rechtsschutzversicherung. Obwohl Sie die bestimmt gar nicht benötigen. Denn dass wir, und jetzt beziehen Sie mich in Ihre Überlegungen mit ein, gewinnen, ist doch klar. Das sagt Ihnen schon Ihr Rechtsgefühl. Und das hat Sie noch nie getrogen.

Mit dieser Einstellung kommen die meisten Mandanten zu mir. Gewinne ich den Fall, ist alles klar. Da kannst du wieder hingehen, sagen Sie, der versteht sein Geschäft.

Verliere ich den Fall, hängt Ihre Meinung davon ab, wie das Verfahren verlaufen ist. War der gegnerische Anwalt lauter, wortgewaltiger, hat er sich vor Gericht mehr Gehör verschafft, ist er dem Richter und mir ins Wort gefallen, und war er einfach aggressiver, bissiger, dann war ich kacke. Ein Waschlappen. Da kannste nicht mehr hingehen.

War der gegnerische Anwalt dagegen ebenfalls kein Schaumschläger, jemand, der Scheingefechte für überflüssig hält, und hat er sachlich geschrieben und ebenso argumentiert, und habe ich Ihnen immer das Gefühl gegeben, bei mir gut aufgehoben zu sein, habe ich Ihnen die Scheu im Gerichtssaal genommen und Sie ruhig und souverän durch das Verfahren begleitet, liegt es doch eher am Richter. Dann hat der Richter Sie oder mich oder uns beide entweder nicht verstanden oder eine ungewöhnliche Auffassung von der Rechtsfrage, die er zu entscheiden hatte. Dann könnte es sein, dass Sie beim nächsten Mal, sollte es ein nächstes Mal geben, doch wieder zu mir kommen.

Erstaunt bin ich immer wieder darüber, dass es manchen Menschen nicht gelingt, die Schuld am verlorenen Prozess dem Gesetz zu geben. Dann müsste man nämlich zugeben, dass das eigene Rechtsgefühl vielleicht doch nicht so treffsicher ist, wie man zuvor geglaubt hatte. Noch seltener sind Menschen anzutreffen, die nach einem verlorenen Prozess einsehen, selbst falsch gehandelt und damit die Basis für den negativen Ausgang des Prozesses geschaffen zu haben. Ich ziehe regelmäßig den Hut vor den Leuten, die diese Einsichtsfähigkeit besitzen.

Was mache ich eigentlich, wenn ich ein Mandat annehme? Ich spreche mit dem Mandanten und lese die eingereichten Unterlagen. Bei brieflich angetragenen Mandaten natürlich in umgekehrter Reihenfolge. Ich erfrage bzw. ergründe den genauen Sachverhalt und analysiere ihn. Nach der Analyse entscheide ich, ob ich den Fall ohne rechtliche Recherche bearbeiten kann, beispielsweise wenn ich einen ähnlichen Fall schon oft hatte, oder ob ich erst einschlägige Gesetze lesen und nach vergleichbaren Fällen in Rechtsprechung und Literatur suchen muss.

Selbst wenn Sie mir einen Fall schildern, den ich in ähnlicher Form schon oft in den vergangenen 30 Jahren bearbeitet habe, sind Prognosen für mein weiteres Vorgehen oft nicht ganz einfach. Beispiel? Gerne.

Stellen Sie sich vor, Sie kommen zu mir ins Büro und möchten mich mit der Bearbeitung Ihres Falles beauftragen.

Die nackte Gitarristin im Treppenhaus

Sie erzählen mir folgenden Fall, den ich mir übrigens nicht ausgedacht, sondern in selbstverständlich abgewandelter Form an einem nordrhein-westfälischen Amtsgericht verhandelt habe:

Sie sind Vermieter. Sie besitzen ein Mehrfamilienhaus mit acht Wohnungen. Unten im Erdgeschoss wohnt Oswald Opfer, ein junger Mann. Im Dachgeschoss wohnt Sophie Sänger, eine junge Frau. Beide waren bis vor Kurzem liiert. Die anderen Mitbewohner im Haus hätten Ihnen erzählt, dass Oswald mit Sophie Schluss gemacht hätte. Obwohl es meistens Männer sind, die einen Webfehler haben, zumindest was das Stalking angeht, hat Sophie bei ihrer Herstellung leider einige männliche Gene abgefangen und jetzt offenbar denselben Webfehler. Sie fängt nämlich an, Oswald zu stalken.

Ungefähr einmal wöchentlich setzt sie sich nachts splitterfasernackt oben vor ihre Wohnungseingangstür ins Treppenhaus und singt sehr laut selbst getextete Lieder zu Melodien von Bob Dylan. Da sitzt sie dann etwa eine halbe Stunde und singt nach der Melodie von *Blowing in the Wind* selbst verfasste Zeilen, ungefähr so: »Wie viele Stunden müssen noch vergehen, bevor, du, Oswald, wieder zu mir zurückkommst.«

Und das um zwei Uhr morgens. Sophies Nachbarn fallen aus dem Bett. Ich möchte, bitten Sie mich unmissverständlich, dass Sie das Mietverhältnis mit der Frau kündigen, sonst laufen Ihnen alle anderen Mieter im Haus weg.

Der vollgeschissene Blecheimer

Dann erzählen Sie mir einen zweiten Fall, den ich mir übrigens nicht ausgedacht, sondern in selbstverständlich abgewandelter Form an einem nordrhein-westfälischen Amtsgericht verhandelt habe:

Sie sind Vermieter. Sie besitzen ein Mehrfamilienhaus mit acht Wohnungen. Die Wohnung im zweiten Obergeschoss links ist vermietet an Siegfried Schwein. Der stellt regelmäßig einen Blecheimer außen auf die Fensterbank seines Wohnzimmers. Das Wohnzimmer ist zur Wetterseite hin gelegen.

Im Blecheimer befinden sich die Exkremente von Siegfried Schwein. Mit unnatürlicher Freude scheidet Siegfried täglich Festes und Flüssiges in diesen Eimer aus. Der Eimer ist schon mehrmals vom Sims gefallen. Sie zeigen mir Fotos vom Haus. Ich sehe einige braune Kotflecken auf der Fassade.

Ich möchte, bitten Sie mich unmissverständlich, dass das Mietverhältnis mit diesem Mann gekündigt wird, sonst laufen Ihnen alle anderen Mieter im Haus weg.

Rollladen rauf, Rollladen runter

Dann erzählen Sie mir einen dritten Fall, den ich mir übrigens nicht ausgedacht, sondern in selbstverständlich abgewandelter Form an einem nordrhein-westfälischen Amtsgericht verhandelt habe:

Sie sind Vermieter. Sie besitzen ein Mehrfamilienhaus mit acht Wohnungen. Im ersten Obergeschoss rechts wohnt ein älterer Herr namens Roland Radau. Ältere Männer können nachts häufig nicht gut schlafen. Roland Radau leider auch nicht. Etwa einmal pro Woche – ich frage mich, ob er mit Sophie Sänger aus Dortmund verwandt ist – passiert in seiner Wohnung Folgendes:

Mit Karacho (= Vollgas) lässt er den Rollladen im Wohnzimmer seiner Wohnung nach unten fallen. Dann zieht er den Rollladen hoch. Anschließend begibt er sich in sein Schlafzimmer. Auch dort lässt er mit Karacho den Rollladen nach unten fallen und zieht ihn wieder hoch. Im Arbeitszimmer dasselbe, ebenso in der Küche und im Bad. Anschließend ruht er sich einige Minuten aus. Dann beginnt das ganze Spiel von vorne.

Es fängt etwa um zwei Uhr morgens an – die Verwandtschaft mit Sophie dürfte nicht mehr zu leugnen sein – und endet gegen fünf Uhr morgens. Ich, so fahren Sie fort, habe hier ausführliche Beschwerdeschreiben von den unmittelbaren Nachbarn, in denen jede einzelne Bewegung der Rollladen beschrieben ist.

Ich werfe einen Blick auf die Unterlagen. Tatsächlich, minutiös ist dort aufgelistet, wann die Rollladen heruntergefallen sind.

Ich möchte, bitten Sie mich unmissverständlich, dass das Mietverhältnis mit diesem Mann gekündigt wird, sonst laufen Ihnen alle anderen Mieter im Haus weg.

Wodka + Machete

Dann erzählen Sie mir einen vierten Fall, den ich mir übrigens nicht ausgedacht, sondern in selbstverständlich abgewandelter Form an einem nordrhein-westfälischen Amtsgericht verhandelt habe:

Sie sind Vermieter. Sie besitzen ein Mehrfamilienhaus mit acht Wohnungen. Eine Wohnung wird bewohnt von einem Ehepaar mittleren Alters, beide etwa um die 50 herum. Beide kommen aus Rumänien.

Anmerkung von mir, um von vornherein Missverständnisse zu vermeiden: Sie hätten genauso gut aus China, Burkina Faso, Nordamerika, Russland, Griechenland oder Deutschland kommen können.

Vor einer Woche ist Mutti zu ihren Verwandten nach Rumänien gefahren. Vati blieb allein zu Haus. Was macht Vati alleine zu Haus? Er geht zu seiner Schatzkiste und entnimmt ihr zwei große Flaschen Wodka und eine noch größere Machete. Die beiden Flaschen Wodka trinkt er genüsslich aus.

Anschließend begibt sich Vati mit der Machete nach draußen in die große Wohnanlage, die Ihnen ebenfalls gehört. Dort steht eine Gruppe türkischer Jugendlicher.

Anmerkung von mir, um erneut Missverständnisse zu vermeiden: Sie hätten genauso gut aus China, Burkina Faso, Nordamerika, Russland, Griechenland oder Deutschland kommen können.

Der volltrunkene Dschungelkämpfer bedroht die Jugendlichen mit den Worten, dass er es den Schwarzköpfen zeigen werde, und schwenkt dabei bedrohlich seine Machete.

Anschließend begibt er sich in Ihr nahe gelegenes Büro. Dort legt Vati die Arme abstützend auf den Tresen, die Machete immer noch in der Hand, und bittet Sie mit lallender Stimme, dass seine nächste Betriebskostenabrechnung mit einem Guthaben und nicht mit einer Nachzahlung schließen möge. Denn Nachzahlungen fände er – wer kann es ihm verdenken – zum Kotzen. Dann verlässt er das Büro, geht nach Hause und schläft seinen Rausch aus.

Sie sind der Meinung, wir leben nicht im Urwald, wo man eventuell noch ungestraft mit einer Machete herumlaufen dürfe. Die Bedrohung, dass er es den Schwarzköpfen mal zeige, könne man nicht auf die Machete beziehen. Dann nämlich sei der Satz falsch gewesen. Dann hätte er sagen müssen, dass er sie, also die Machete, den Jugendlichen gern einmal zeigen möge.

Sie dagegen legen Wert darauf, dass ich das Mietverhältnis mit dem Einzelkämpfer kündige. Gegen Mutti, so fahren Sie fort, hätten Sie nichts, die dürfe gerne in der Wohnung wohnen bleiben.

Der alte DEUTSCHE Mann

Dann erzählen Sie mir einen fünften Fall, den ich mir übrigens nicht ausgedacht, sondern in selbstverständlich abgewandelter Form an einem nordrhein-westfälischen Amtsgericht verhandelt habe:

Sie sind Vermieter. Sie besitzen ein Mehrfamilienhaus mit acht Wohnungen. Eine Wohnung wird von einem alten deutschen Mann bewohnt. Die Betonung liegt dabei auf »deutsch«, also ein alter DEUTSCHER Mann.

Anmerkung von mir, Sie kennen das ja schon, um hier erneut von vornherein Missverständnisse zu vermeiden: Er hätte genauso gut aus England, Südafrika, Nordamerika, Russland, Ungarn oder Holland kommen können.

Unmittelbar über ihm wohnt seit Kurzem eine ausländische Familie mit einem kleinen Kind. Der alte Mann beschwert sich bei Ihnen über das Wohnverhalten der ausländischen Familie. Sie sei extrem laut, und er könne nicht schlafen.

Daraufhin sprechen Sie mit der ausländischen Familie. Diese versichert Ihnen glaubhaft, dass man sich extrem bemühe, leise zu sein. Anschließend sprechen Sie mit allen anderen Nachbarn. Diese versichern Ihnen glaubhaft, dass die ausländische Familie nett und dass lediglich das kleine Kind manchmal etwas lauter sei, das sei aber bei Kindern normal. Dieses Ergebnis teilen Sie dem alten Mann mit. Der ist zwar nicht begeistert, aber für Sie ist damit zunächst einmal der Fisch geputzt, der Vorgang somit erledigt.

Einige Wochen später meldet sich die ausländische Familie bei Ihnen. Sie teilt Ihnen mit, dass aus der unteren Wohnung des alten Mannes jede Nacht laute Musik zu hören sei. Es dröhne fürchterlich und sei nicht zum Aushalten. Sie sprechen vorsorglich mit den übrigen Nachbarn im Haus. Jedoch kann niemand den Vorwurf bestätigen.

Daraufhin klingeln Sie bei dem alten Mann. Sie erläutern ihm den Grund für Ihren Besuch. Freudestrahlend lässt er Sie in seine Wohnung und führt Sie ins Schlafzimmer. Dort zeigt er Ihnen einen an der Decke befindlichen Lautsprecher, mit dem er, so teilt er Ihnen zufrieden grinsend mit, denen da oben mal so richtig einheize. Und zwar nicht mit seiner sonst so heiß geliebten Marschmusik, sondern mit Heavy Metal.

Sie sind der Meinung, so gehe das nicht und bitten mich, das Mietverhältnis mit diesem alten deutschen Mann zu kündigen.

Morgens dampft es auf der Matte

Dann erzählen Sie mir einen sechsten Fall, den ich mir ebenfalls nicht ausgedacht habe, sondern der mir auf einer Seminarveranstaltung in Niedersachsen von einer Mitarbeiterin eines Wohnungsunternehmens in selbstverständlich abgewandelter Form geschildert wurde:

Sie sind Vermieter. Sie besitzen ein Mehrfamilienhaus mit acht Wohnungen. Eine Wohnung wird bewohnt von einem Mann namens Paul Pottsau. Paul hat offenbar ein gestörtes Verhältnis zu seinen Mitmietern. Jeden Morgen erledigt er seinen frühen Morgenschiss auf die Fußmatte eines seiner Mitmieter.

Dabei verstößt er nicht gegen das allgemeine Gleichbehandlungsgesetz, sondern bedenkt jeden Nachbarn im Hause in gleicher Weise. Montags scheißt er auf die Fußmatte des Mieters im Erdgeschoss links, dienstags auf die Fußmatte des Mieters im Erdgeschoss rechts, und so weiter und so fort. Nur seine eigene Fußmatte spart er dabei natürlich aus.

Auch diesem Mieter, ich kann Sie gut verstehen, möchten Sie kündigen.

Alle Fälle haben etwas gemeinsam. Die störenden Mieter haben nach meinem – zugegebenermaßen laienhaften – Gefühl selbst eine Störung. Der eine mehr, der andere weniger. Oder salopp gesagt, diese Mieter haben einen an der Waffel.

Die weit überwiegende Mehrheit von Ihnen kommt auch ohne rechtswissenschaftliches Studium, allein mit dem »gesunden« Menschenverstand, vermutlich zum Ergebnis, dass es weder dem Vermieter noch den übrigen Nachbarn zuzumuten sei, dass die störenden Mieter weiterhin ihr Unwesen treiben.

Das Problem dabei ist, dass ein Vermieter nicht bereits dann kündigen kann, wenn er oder die Mitmieter das Fehlverhalten des Störers als ausreichend ansehen. Maßgeblich ist die Ansicht des zuständigen

Tatrichters. Der Tatrichter bewertet das eine Fehlverhalten als schwerwiegend, das andere Fehlverhalten als weniger schlimm. Meine Aufgabe ist es, die Bewertung des Tatrichters vorherzusehen. Ich betreibe also, wenn man so will, Glaskugelleserei. Ich bin für kurze Zeit das Orakel von Delphi oder Krake Paul. Die weitere Bearbeitung des Falls hängt davon ab, was ich in der Glaskugel sehe.

Ist das Fehlverhalten eines Mieters als nicht so schwerwiegend anzusehen, muss der Vermieter den Mieter vor Ausspruch einer Kündigung abmahnen. Eine Abmahnung lässt sich in diesem Zusammenhang ganz gut mit Warnung umschreiben. So nach dem Motto »Ich warne dich. Noch einmal und du fliegst raus.« Die Abmahnung soll dem Mieter Gelegenheit geben, sein Fehlverhalten einzusehen und abzustellen. Entspricht ungefähr einer Gelben Karte im Fußball.

Die Wohnung des Mieters ist, das darf man dabei nicht vergessen, durch unser Grundgesetz geschützt. Artikel 13 Absatz 1 des Grundgesetzes lautet: »Die Wohnung ist unverletzlich.« Eine der kürzesten Normen überhaupt.

Es gibt nur wenige Dinge, die wichtiger sind als eine Wohnung. Essen und Trinken fällt mir ein, dann eigentlich schon nichts mehr. Auch Handys, Fußball, Karneval, Fernsehen, Pizzaservice oder der Chinese um die Ecke dürften nicht annähernd die Bedeutung haben, die die Wohnung für den Menschen hat.

Obwohl, nebenbei gesagt, ich mir bei den meisten Menschen in puncto Fernsehen da nicht so sicher bin. Fragen Sie doch mal Ihren Partner, worauf dieser leichter verzichten könnte: auf ein Leben ohne Fernseher oder auf ein Leben ohne Sie? Ich bin der sicheren Überzeugung, eine ganze Menge der Befragten würde eher auf den Partner verzichten wollen. Grund: Für seinen Partner kann man in absehbarer Zeit einen Ersatz finden. Aber finden Sie mal einen lebenslangen Ersatz für das Fernsehen! Wendt, du spinnst? Mag sein.

Bei schwerwiegendem Fehlverhalten muss der Vermieter den Mieter nicht vorher abmahnen. Grundsätzlich kann man sich das so merken: Je schwerer das Fehlverhalten des Mieters, desto entbehrlicher ist eine Abmahnung. Je leichter das Fehlverhalten des Mieters, desto notwendiger ist eine Abmahnung. Gegebenenfalls können sogar mehrere Abmahnungen notwendig sein, wenn das Fehlverhalten nicht so schwerwiegend ist oder zwischen den einzelnen Verstößen des Mieters ein längerer Zeitraum liegt. Beispiel? Gerne.

Mit der Nagelschere auf den Tisch

Ich bin bei Ihnen Mieter. Sie schicken mir eine Nebenkostenabrechnung. Ich soll 300 Euro nachzahlen. Das gefällt mir nicht. Ich bitte Sie telefonisch um ein persönliches Gespräch in Ihrem Büro. Sie stimmen zu. Als ich bei Ihnen im Büro sitze, blättern Sie in der Abrechnung herum. Sie müssen sich noch einige Unterlagen anschauen. Das dauert. Ich bin leicht genervt. Währenddessen hole ich meine Fingernagelschere aus der Tasche und mache ein bisschen Maniküre.

Nach ein paar Minuten blicken Sie auf und teilen mir mit bedauernswertem Blick mit, dass die Abrechnung korrekt sei und ich den Betrag von 300 Euro zahlen müsse. Verärgert hole ich mit der Nagelschere aus und nagele damit Ihre linke Hand auf der Tischplatte Ihres Schreibtisches fest. Frage: Müssen Sie mich jetzt mit folgendem Text abmahnen:

»Sehr geehrter Herr Wendt, am 18. April 2017 waren Sie zu einem Gespräch über die Betriebskostenabrechnung 2016 in meinem Büro. Dabei haben Sie mit Ihrer Nagelschere meine linke Hand auf der Tischplatte meines Schreibtisches festgenagelt. Das ist ein Verstoß gegen mietvertragliche Verpflichtungen. Ich fordere Sie auf, derartige Verhaltensweisen unverzüglich zu unterlassen und sich vertragsgerecht zu verhalten. Sollten Sie zukünftig noch einmal meine rechte Hand mit der Nagelschere auf irgendeiner beliebigen Tischplatte festnageln, müssen Sie mit einer Kündigung des Mietverhältnisses rechnen.«?

Ich vermute, Sie halten eine derartige Abmahnung nicht für notwendig. Ich stimme Ihnen zu. Meines Erachtens können Sie das Mietverhältnis ohne vorherige Abmahnung kündigen. Außer vielleicht in Herne?

Wenden wir diese Grundsätze auf die von Ihnen geschilderten Fälle an und lösen unsere 6 Fälle:

Die nackte Gitarristin

Glauben Sie, man könne ohne Abmahnung kündigen? Einige Herren unter Ihnen werden vielleicht sagen, das komme darauf an, wie die Gitarristin ausgesehen habe. Rechtlich, das kann ich Ihnen versichern, ist das vollkommen bedeutungslos.

Oder sind Sie der Ansicht, der Vermieter müsse zuvor abmahnen? Wenn ja, reicht eine Abmahnung aus, sodass Sie bereits beim zweiten Konzert im Treppenhaus kündigen können? Oder müssen Sie der Musikerin mehr als einmal Gelegenheit geben, ihr Fehlverhalten abzustellen?

Ich habe seinerzeit zweimal abgemahnt. Warum? Das nächtliche Konzert beeinträchtigt die Mitmieter zwar nicht unerheblich. Immerhin findet es nachts um zwei Uhr statt. Das ist anders zu bewerten, als wenn sie tagsüber um 15 Uhr singt.

Allerdings wiederholt sich das nicht täglich, sondern einmal pro Woche. Auch ist das Konzert nicht übermäßig lang, sondern bereits nach einer halben Stunde vorbei.

Das Amtsgericht hat das genauso gesehen. Es hat die Mieterin zur Räumung und Herausgabe der Wohnung verurteilt.

Der Blecheimer auf der Fensterbank

Sind Sie der Ansicht, Exkremente im Eimer seien nicht schlimmer als lauter nächtlicher Gesang im Hausflur? Also auch hier erst einmal abmahnen? Meinen Sie, natürlich sei das eine Schweinerei, die der Mieter hier veranstaltet habe, aber müsse man ihm nicht zugutehalten, dass er erhebliche Mengen an Wasserkosten eingespart habe?

Denn: Im Durchschnitt wird ein männlicher Mieter einmal pro Tag ein großes Geschäft und ca. sechsmal pro Tag ein kleines Geschäft erledigen. Je nachdem, wie viel er isst und trinkt. Verfügt der Mieter in seiner Wohnung nicht über eine Spartaste an der Toilette, jagt er im Durchschnitt wahrscheinlich täglich knapp 100 Liter Wasser durch den Kanal. Das sind im Monat 3.000 und im Jahr 36.000 Liter Wasser. Die Ersparnis ist enorm.

Oder sagen Sie, das sei ja wohl ein Witz, was ich da gerade von mir gegeben habe? Sauerei bleibe Sauerei, wir seien ja keine Hottentotten? Man könne selbstverständlich sofort kündigen, ohne diesen Mieter zuvor abmahnen zu müssen?

Ich habe damals einmal abgemahnt. Ich war der Ansicht, einmal in den Eimer kacken dürfe jeder. Das Fehlverhalten ist hier zwar schon erheblich. Allerdings ist es nur zu Verschmutzungen am Haus gekommen. Nicht zu unmittelbaren Kontakten der Exkremente mit dem Vermieter oder anderen Mietern.

Allerdings müsste eine einzige Abmahnung ausreichend sein. Verstößt der Mieter nochmals dagegen – was er getan hat –, kann man kündigen. Immerhin haben wir es mit menschlichen Exkrementen zu tun, die Krankheiten übertragen können.

Das Amtsgericht hat es damals ebenso gesehen. Auch hier wurde der Mieter zur Räumung und Herausgabe der Wohnung verurteilt.

Rollladen rauf und runter

Kündigen? Oder zuvor abmahnen? Wenn ja, wie oft? Ich vermute, Sie tun sich schwerer als in den beiden vorherigen Fällen. Mir ging es ähnlich. Ich habe viermal abgemahnt. Sicherlich eine Anzahl, die im obersten Bereich liegt. Noch häufigere Abmahnungen könnten bei Gericht zur Annahme führen, dass der Vermieter in Wirklichkeit gar nicht die Absicht hat, zu kündigen.

Dem Mieter kommt hier zugute, dass er alt ist und nachts nicht schlafen kann. Der Vorfall ereignet sich nur einmal pro Woche. Dann allerdings gleich für mehrere Stunden. Als Außenstehender vermag man es sich nicht so ganz vorzustellen, dass dieser Lärm ziemlich unerträglich sein kann. Ich darf Ihnen dagegen versichern, er ist unerträglich.

Das Amtsgericht sah es vom Grundsatz her ähnlich. Vor der Entscheidung hat das Gericht eine mehrstündige Beweisaufnahme durchgeführt. Alle Nachbarn im Haus wurden als Zeugen vernommen. Nach der Zeugenvernehmung hat das Gericht den Mieter zur Räumung und Herausgabe der Wohnung verurteilt.

Ob der Richter die von mir ausgesprochenen vier Abmahnungen ebenfalls für notwendig hielt oder ob seiner Auffassung nach drei oder gar zwei Abmahnungen ausgereicht hätten, lässt das Urteil offen. Darüber macht sich ein Richter nicht einmal Gedanken. Das muss er auch nicht. Es spielt keine Rolle, ob drei Abmahnungen ausgereicht hätten. Vier wären dann auf jeden Fall ausreichend. Eine Abmahnung zu viel schadet demnach in der Regel nicht.

Schlecht wäre es hingegen gewesen, wenn ich nach Ansicht des Richters zu wenige Abmahnungen erteilt hätte. Dann wäre die Klage abgewiesen worden.

Was lernt der Anwalt daraus? Im Zweifel lieber einmal zu viel abmahnen als einmal zu wenig.

Wodka + Machete

In diesem Fall hatten Sie mich gebeten, das Mietverhältnis nur mit dem Mieter, nicht aber mit der Mieterin zu kündigen. Zwar hatten bekanntlich beide den Mietvertrag unterschrieben. Aber, so werden Sie sich vielleicht fragen, was könne die Frau dafür, wenn der Mann Ramboholiker sei? Antwort: Nichts.

Trotzdem hat die Frau Pech gehabt. Denn nach unserem geltenden Recht ist ein Mietverhältnis nicht teilbar. Der Vermieter kann das Ehepaar nicht zwangsweise trennen. Das muss die Frau schon alleine tun. Für eine Kündigung des mit beiden Mietern abgeschlossenen Mietverhältnisses reicht es aus, wenn einer der Mieter ein Fehlverhalten an den Tag legt. Wenn man kündigen will, dann immer nur beiden Mietern gegenüber. Die Frau muss also in diesem Fall eine lockere Schraube ihres Mannes mit verantworten.

Das Erste, was ich mich damals allerdings gefragt habe, war, ob das Verhalten des Mannes wirklich ausreicht, um eine Kündigung ohne Abmahnung auszusprechen. Das erste, was Sie sich jetzt wiederum fragen werden: Wendt, hast Du auch eine Schraube locker? Der Mann hat Menschen bedroht. Und türkische Jugendliche. Mit einer Machete. Da muss ich diesen Mieter doch nicht vorher noch abmahnen.

Da könnten Sie recht haben. Vielleicht aber auch nicht. Denn der Mann war stark alkoholisiert. Vielleicht wusste er nicht mehr, was er tat. Und es ist ja nichts passiert. Ein paar Leute haben sich erschrocken. Möglicherweise auch stark erschrocken. Aber passiert ist letztlich nichts. Und der Mann hat mit seiner Frau schon seit zehn Jahren in der Wohnung gewohnt. Er war vorher nicht auffällig. Später erfuhr ich, dass die Mieterin in den Jahren zuvor nie alleine nach Rumänien fuhr. Vati war immer dabei, also früher immer unter Aufsicht.

Ich habe meiner Mandantin empfohlen, beide Mieter zunächst einmal abzumahnen. Meine Mandantin nahm den Rat an.

Vielleicht ahnen Sie es bereits: Im Jahr darauf fuhr Mutti erneut alleine nach Rumänien. Und Vati? The same procedure as last year. Wodka, Machete, das ganze Spiel von vorn. Jetzt haben wir das Mietverhältnis gekündigt.

Die Mieter nahmen sich auch einen Anwalt. Ein Hauptargument der Gegenseite im Prozess war, dass der Mieter sich doch ein Jahr lang anständig verhalten habe. Demnach liege zwischen beiden Vorfällen ein zu langer Zeitraum. Das führe dazu, dass nicht gekündigt, sondern allenfalls noch einmal eine Abmahnung ausgesprochen werden könne.

Schlecht ist das Argument nicht. Es kann dann greifen, wenn das Fehlverhalten nicht ganz so schwerwiegend ist. Von einem Pappenstiel wird man in diesem konkreten Fall allerdings nicht sprechen können. Eine Machete in der Hand eines mit Wodka vollgepumpten Halbstarken? Keine Kleinigkeit, wenn Sie mich fragen.

Käme man tatsächlich zum Ergebnis, dass ein Jahr Wohlverhalten in diesem Fall eine Kündigung ausschließe, könnte Vati einmal jährlich mit Wodka und Machete durch die Siedlung ziehen, ohne dass sein Verhalten sanktioniert werden könnte. Kommt einem komisch vor, oder? Ist es auch.

Wir haben eine mehrstündige Beweisaufnahme durchgeführt. Zahlreiche Zeugen wurden vernommen. Danach war das Gericht zur Überzeugung gelangt, dass die für eine Kündigung relevanten Tatsachen vorgelegen haben. Das Ehepaar wurde zur Räumung und Herausgabe der Wohnung verurteilt.

Der alte DEUTSCHE Mann

Auch in diesem Fall habe ich eine Abmahnung ausgesprochen. Nachdem keine Besserung eintrat, habe ich das Mietverhältnis gekündigt. Mehr Abmahnungen hielt ich nicht für erforderlich. Das Fehlverhalten ist zwar auf den ersten Blick nicht so gefährlich bzw. erheblich wie das des Mannes mit der Machete.

Auf den zweiten Blick aber schon, denn hier spielte wohl erkennbar auch eine politisch unerwünschte Einstellung des Mieters eine Rolle. Denn anders als ausländerfeindlich konnte man das Verhalten des alten Mannes wohl nicht bezeichnen. Das Gericht hat es ebenso gesehen. Auch dieser Mieter wurde zur Räumung und Herausgabe der Wohnung verurteilt.

Morgens dampft es auf der Matte

Einen ganz besonderen Lattenschuss muss wohl dieser Mieter gehabt haben. Stellen Sie sich das einmal vor: Sie machen die Wohnungseingangstür Ihrer Wohnung auf. Vor Ihnen dampft noch ganz frisch ein kleiner brauner Haufen. Intuitiv frage ich mich gerade, ob braune Haufen nicht immer aus Scheiße bestehen.

Sie stellen sich vielleicht gerade die Frage, ob dieser Fall nicht genauso behandelt werden müsse wie der Fall mit dem Blecheimer. Ich beurteile beide Fälle unterschiedlich. Der Blecheimer stand außerhalb des Hauses. Ein Kontakt zwischen dem Inhalt des Eimers und den Mietern lag nicht vor. Demgegenüber befindet sich hier der Kothaufen im Haus. Und zwar im unmittelbaren Eingangsbereich eines jeden Nachbarn. Darin sehe ich ein deutlich stärkeres Fehlverhalten als bei dem Fall mit dem Blecheimer.

Ich hätte dem kackenden Mieter hier ohne Abmahnung gekündigt. Die Kollegin aus Niedersachsen sah das ebenso. Der Richter habe, so sagte mir die Kollegin später, nach durchgeführter Beweisaufnahme sofort ein Urteil gesprochen und den Mieter zur Räumung und Herausgabe verurteilt. Noch nie habe sie übrigens erlebt, dass so ernst und ausgiebig über Scheiße gesprochen worden sei.

Aufmerksame Leser von Online-Ausgaben einiger Printmedien werden jetzt möglicherweise leise aufschreien: Man habe schon gelesen, dass Gerichte wegen vergleichsweise kleinerer mietrechtlicher Verstöße Kündigungen für berechtigt hielten. Stimmt. Kann passieren. Passiert immer wieder. Beispiel? Gern.

In einem vom Amtsgericht München am 28.11.2014 (474 C 18543/14) zu entscheidenden Fall hatte ein Mieter seinen Vermieter, die beide im selben Haus wohnten, während eines Wortwechsels mit »Sie promovierter Arsch« beleidigt. Das wollte der Vermieter, augenscheinlich ein Doktor, nicht auf sich sitzen lassen. Er kündigte das Mietverhältnis fristlos. Ohne vorherige Abmahnung. Zack, einfach so: Mieter sagt: »Sie promovierter Arsch,« Vermieter sagt: »Zack, ich schmeiß dich jetzt raus.«

Nach Ansicht des Münchener Richters hat diese Beleidigung ein solches Gewicht, dass die Unzumutbarkeit der Fortsetzung des Mietvertrages auf der Hand liegt.

Zack. Flasche leer. Ich habe fertig.

Ich weiß nicht, was momentan bei Ihnen auf der Hand liegt. Bei mir liegt gerade eine Glaskugel auf der Hand. Ich versuche, darin zu lesen, was den Richter zu diesem Urteil bewogen haben mag. Hatte er ebenfalls erfolgreich promoviert und sich gesagt, wir Doktoren müssen zusammenhalten? Liegt es daran, dass die Bayern an sich anders sind? Immerhin ist es dort nicht unüblich, auch werktags zum Mittagessen eine richtige Maß zu trinken. Mia san mia. Volksmusik, Maibaum, Ochsenrennen. Bayern eben. Ich halte ein derartiges Urteil in anderen Bundesländern für eher unwahrscheinlich. In der Regel hielte man dort wohl eine vorherige Abmahnung für erforderlich, um dem Mieter Gelegenheit zu geben, in sich zu gehen und zu der Erkenntnis zu gelangen, dass auch Doktoren Menschen sind. Aber: Das Münchener Urteil ist vertretbar. Absolut vertretbar!

Ich ahne, was Sie jetzt denken. Ich formuliere einmal die Fragen, die sich jetzt oder bei der weiteren Lektüre in Ihrem Kopf bilden, für Sie:
Ist es schlimmer, jemanden mit den Worten »Sie promovierter Arsch« zu beleidigen, als Fotos von Adolf Hitler in seinem Hausflur

aufzuhängen (den Fall schildere ich Ihnen einige Seiten weiter)? Ist es schlimmer, jemanden mit den Worten »Sie promovierter Arsch« zu beleidigen, als jede Nacht mit einem Stock gegen das Heizungsrohr zu klopfen und damit die Nachbarn im Haus um den Verstand zu bringen (auch den Fall schildere ich Ihnen einige Seiten weiter)?

Oder ist es nur deshalb schlimmer, weil hier der Vermieter und nicht ein Nachbar beleidigt wurde? Denn immerhin ist er der Vertragspartner des Beleidigenden. Nachbarn sind einfach nur Nachbarn. Wäre die Beleidigung daher nicht so schlimm gewesen, wenn er sie einem Nachbarn gegenüber ausgesprochen hätte? Müssen Nachbarn sich mehr gefallen lassen als ein Vermieter?

Ist es schlimmer, einen promovierten Vermieter mit den Worten »Sie promovierter Arsch« zu beleidigen, als zu tun, was ein renitenter, alkoholisierter Karnevalist am 26.2.2001 im Münsterland getan hat? Der nämlich wurde von Polizeibeamten zwecks Ausnüchterung zur Polizeistation gebracht. Dabei beschimpfte er einen Polizeibeamten mit den Worten »Lass mich bloß in Ruhe, du blöder Scheißbulle, Arschloch, dein Gesicht merke ich mir und dann kriege ich dich, du Arschloch«. Zusätzlich spuckte der lustige Jeck dem Polizeibeamten noch ins Gesicht.

Der Polizist verlangte Schmerzensgeld vom Narrhalesen und zog vor Gericht.

Das Amtsgericht Ahaus (Quelle: www.jurion.de) verkündete am 31.5.2002 ein Urteil (16 C 250/01). Ich vermute übrigens, es war eine Richterin, die dieses Urteil gesprochen hat. Das Gericht war der Ansicht, der Polizeibeamte könne sich nicht nur den Sabber, sondern auch sein begehrtes Schmerzensgeld von der Backe putzen. Bei dem Bespucken handele es sich nämlich nur um eine Bagatellverletzung. Und die Beleidigungen seien keine schwerwiegenden Persönlichkeitsverletzungen.

Eine interessante Entscheidung. Interessant schon, aber falsch, finden Sie? Finde ich auch. Aber die Entscheidung ist, es mag Sie verwundern, vertretbar. Die Todesstrafe ist vertretbar, aber falsch. In einem demokratischen Land zu leben und Diktatoren zu wählen ist vertretbar, aber falsch. Männern einen höheren Lohn als Frauen bei identischer Arbeitsleistung zu zahlen ist vertretbar, aber falsch. Wasser zu predigen und Wein zu trinken ist vertretbar, aber falsch.

Welche Überlegung mich viel eher umtreibt: Dürfte beispielsweise der Polizeibeamte jetzt auch diese Richterin (oder diesen Richter, falls ich mich geirrt haben sollte) bespucken und beleidigen, ohne dass das sanktioniert würde? Oder dürfte er das nur, wenn er betrunken wäre? Oder nur im Karneval? Oder nur als Betrunkener im Karneval? Oder nur als Betrunkener im Karneval im Münsterland?

Wieder zurück zur Ausgangsfrage: Warum ich trotzdem oft zum Ergebnis gelange, man möge vor einer Kündigung besser erst abmahnen? Weil die Wohnung ein grundrechtlich geschütztes Gut ist. Weil eine Kündigung einen Mieter obdachlos machen kann. Weil jeder mal Mist machen kann. Weil jeder das Recht hat, sich mal im Ton zu vergreifen. Deshalb.

Und weil ich als Rechtsanwalt die Interessen meines Mandanten, also fremde Interessen, vertrete. Stellen Sie sich vor, ich würde bei jedem entsprechenden Mandat das Mietverhältnis sofort kündigen und den Mieter auf Räumung seiner Wohnung verklagen. Ohne vorherige Abmahnung. Und stellen Sie sich vor, der Richter meint, eine vorherige Abmahnung wäre dringend notwendig gewesen.

Dann verliert mein Mandant den Prozess und viel Geld. Denn er muss in diesem Fall die gesamten Prozesskosten bezahlen. Das wird ihm nicht gefallen. Diesen Mandanten habe ich für die Zukunft definitiv verloren.

Daher: Realistische Einschätzungen sind sinnvoller als auf dem Prinzip der Hoffnung basierende Schnellschüsse.

0190 – Ruf. Mich. An.

Stellen Sie sich vor, Sie haben ein Wohnungsunternehmen mit mindestens einem männlichen Auszubildenden. (Dieser Punkt ist wichtig für meine Empfehlung am Ende.) In einem Mehrfamilienhaus vermieten Sie eine gerade frei gewordene Wohnung an eine junge Dame. Bereits einige Tage nach Übergabe der Wohnung stellen Sie fest, dass die junge Dame in der Wohnung der Prostitution nachgeht. Bis auf die wenigen unverheirateten jungen männlichen Mitmieter im Haus halten alle anderen Nachbarn das für unzumutbar. Die Nachbarn liefern Ihnen Beweismaterial in Form einer Seite aus dem Internet.

Darauf ist ein freizügiges Foto vom Oberkörper einer jungen Dame abgedruckt. Die persönlichen Daten wie Alter, Körpergröße, Konfektionsgröße et cetera stehen neben dem Foto. Links daneben stehen Ort, Straße und Hausnummer und der Name der Dame. Eine Handynummer ist auch angegeben. Die Arbeitszeiten sind von zehn Uhr bis 24 Uhr, sieben Tage die Woche = 98 Stunden Wochenarbeitszeit.

Etwas weiter unten listet die Dame ihr Leistungsverzeichnis auf, ähnlich wie bei Handwerksfirmen, nur eben mit anderen Leistungen. In alphabetischer Reihenfolge steht dort unter anderem: Alle Stellungen, Anal, Augen verbinden, Begleitservice, Bürobesuch, Dusche, Nacktputzen etc. Insgesamt sind etwa 30 verschiedene Leistungen aufgeführt, wobei ich die meisten aus Gründen des Jugendschutzes weglasse.

Mit diesem Beweismaterial kommen Sie zu mir. Sie bitten mich, das Mietverhältnis mit der jungen Dame zu kündigen. Ich frage Sie, ob Sie das Verhalten der jungen Dame bereits einmal abgemahnt haben. Sie verneinen. Ich recherchiere.

Das Landgericht Lübeck hat am 20. Oktober 1992 (6 S 48/92) die Ansicht vertreten, dass die Ausübung von Prostitution in einer Mietwohnung ohne Zustimmung des Vermieters regelmäßig keinen vertragsgemäßen Gebrauch darstelle. Das sehe ich auch so. Der Vermieter, so das Landgericht weiter, könne in diesem Fall das Mietverhältnis zumindest dann kündigen, wenn er der Mieterin zuvor eine Abmahnung erteilt habe, die ergebnislos geblieben sei. Schade, also erst einmal abmahnen?

Das Ergebnis meiner Recherche teile ich Ihnen mit. Sie sind not amused und fragen, ob eine Abmahnung wirklich unbedingt notwendig sei, denn das bedeute Zeitverlust. Sie lamentieren weiter: Dann müssten die Nachbarn noch länger mit diesem unhaltbaren Zustand leben. Und vielleicht ziehen einige aus. Oder mindern die Miete. Denn dazu wären die Nachbarn berechtigt.

Das Amtsgericht Köln hat nämlich am 25. März 2002 (22 C 324/01) festgestellt, dass Prostitution im Wohnhaus ein Mangel der Mietwohnung sei. Und Mängel der Mietwohnung berechtigen in der Regel zur Minderung.

Ich antworte Ihnen, meiner Meinung nach sei eine vorherige Abmahnung nicht notwendig. Meine persönliche Auffassung spiele vor Gericht aber, wenn überhaupt, nur eine sehr untergeordnete Rolle. Ich könne daher nicht garantieren, dass ein Richter eine andere Auffassung vertrete als ich. Vielleicht einer, der selber gerne in den Puff gehe und daher der Ansicht sei, ein solches Verhalten sei nicht so schlimm, als dass man die Mieterin sofort hinauswerfen könne.

Wenn, so fahre ich fort, die Mieterin Sie vielleicht mit den Worten »Sie promovierter Arsch« beleidigt hätte, dann sähe die Angelegenheit anders aus, zumindest in München, sage ich.

An dieser Stelle bedauern Sie, nicht promoviert zu haben.

Ich: Dann empfehle ich Ihnen, dieses Fehlverhalten der Mieterin zunächst einmal abzumahnen.

Sie: Und was muss nach der Abmahnung passieren?

Ich: Wenn die Mieterin die Prostitution aufgibt, zumindest in dieser Wohnung, haben Sie Ihr Ziel erreicht. Dann darf die Mieterin weiterhin dort wohnen bleiben. Nutzt die Mieterin dagegen nachweislich weiterhin die Wohnung zur Ausübung der Prostitution, können wir das Mietverhältnis kündigen.

Sie: Und wie weisen wir das nach?

Ich: Am besten geben Sie einem Ihrer männlichen Auszubildenden 100 Euro und bitten ihn, sich für das Unternehmen zu opfern. Er kann ja kurz vor dem Finale abstoppen. Zumindest hätten Sie dann einen brillanten Zeugen.

Zu schlüpfrig für Sie? Dann werde ich wieder ernsthaft.

Was mein Mandant auf jeden Fall von mir erwarten darf, ist genaueste Kenntnis der Rechtsprechung. Ich muss vielleicht nicht jedes bundesdeutsche amtsgerichtliche Urteil kennen. Aber zumindest die obergerichtliche Rechtsprechung. Also alle Entscheidungen des Bundesgerichtshofes. Und alle Entscheidungen der Oberlandes-, Land- und Amtsgerichte, an denen ich tätig bin.

Das sind ja insgesamt nur ein paar Tausend. Wahrscheinlich sogar ein paar Zehntausend. Mehr aber nicht. Versprochen. Kenne ich nur eine Entscheidung nicht, kann's böse für Sie enden. Für mich aber auch. Beispiel? Gerne.

Wenn Anwalt und Richter gleichzeitig ahnungslos sind

Sie sind Vermieter. Ihr Mieter hat gekündigt und zieht bald aus. Sie möchten von mir wissen, ob Ihr Mieter bei Auszug Schönheitsreparaturen durchführen muss. Sie zeigen mir den 1995 geschlossenen Mietvertrag.

Als Rechtsanwalt muss ich wissen, welche Konsequenzen sich ergeben, falls Sie die Wohnung 1995 unrenoviert an den Mieter übergeben haben. Ich muss die Auswirkungen auf die Wirksamkeit der Vertragsklauseln kennen, wenn sich im Mietvertrag bestimmte unwirksame Regelungen über Ausführung der Schönheitsreparaturen und/oder Fristen ergeben.

Achtung, hier spricht der Erbsenzähler: Die Lektüre dieses Buches ersetzt nicht die aktuelle Recherche der jeweiligen Rechtsprechung im Zeitpunkt der Beratung/Entscheidung. Insbesondere bei den Schönheitsreparaturen schüttelt der Bundesgerichtshof in schöner Regelmäßigkeit neue Richtlinien aus seiner Feder. Wenn Sie das Buch lesen, kann der Bundesgerichtshof gestern seine Rechtsprechung dazu schon wieder geändert haben. Also: Immer bitte zuerst den Anwalt fragen. Dann erst den Brückenbauer. Und zuletzt Arzt oder Apotheker.

Berate ich Sie falsch und verlangen Sie aufgrund meiner Empfehlung vom Mieter Schönheitsreparaturen und klagen Sie sie notfalls sogar gerichtlich ein, kann das zu einem beträchtlichen finanziellen Schaden bei Ihnen führen. Beruht der Schaden auf meiner fehlerhaften Beratung, hafte ich dafür. Zu Recht. Denn mein Mandant darf von mir erwarten, dass ich richtig berate. Also Profi bin.

Ebenso wie der Patient von seinem Zahnarzt erwarten darf, dass dieser ihm einen Zahn nur zieht, wenn es medizinisch notwendig ist. Und dann bitte auch den richtigen Zahn. Nicht den daneben, der noch prima in Ordnung ist.

Von Richtern dürfen Sie das allerdings nicht in dieser Form erwarten. Ein Richter darf auch schon mal das falsche Bein amputieren, ohne gleich Konsequenzen befürchten zu müssen. Es sei denn, er macht das vorsätzlich.

Etwa so: Der Patient liegt vor dem Richter auf dem OP-Tisch. Der Richter liest den Bericht. Darin steht, dass er das linke Bein amputieren soll. Er schiebt das Tuch, das die Beine des Patienten verdeckt, hoch. Er sieht, dass das rechte Bein einwandfrei in Ordnung ist, das linke Bein dagegen blutunterlaufen und auf den dreifachen Umfang angeschwollen.

Der Richter sagt trotzig, ein linkes Bein habe ich heute schon abgesägt, das reicht mir. Jetzt ist mal das rechte dran. Außerdem liegt da mein alter Englischlehrer vor mir. Der hat mir damals eine Fünf auf dem Zeugnis gegeben. Zu Unrecht natürlich. Ich möchte sehen, wie dieser Blödmann nach Hause kriecht.

Nimmt er dem Patienten jetzt tatsächlich das rechte Bein ab, dann muss auch dieser Richter mit Konsequenzen rechnen. Sonst nicht. Beispiel? Gern.

Dem Bundesgerichtshof lag folgender Fall auf dem Tisch: Ein Vermieter verklagte seinen Mieter auf Zahlung von Nebenkosten. Diese Klage führte der Vermieter selbst. Ohne Rechtsanwalt. Vor dem Amtsgericht geht das bekanntlich (siehe oben Kapitel 2). Das Amtsgericht gab der Klage statt.

Der Mieter legte Berufung ein. Das zuständige Berufungsgericht beurteilte die Rechtslage anders als der Amtsrichter. Es stützte seine Ansicht auf eine alte Rechtsprechung.

Was die drei Berufungsrichter zum späteren Leidwesen des Anwaltes nicht wussten: Der Bundesgerichtshof hatte wenige Jahre zuvor dieses Problem höchstrichterlich entschieden. Im Sinne des Vermieters. Wie zuvor das Amtsgericht. Die alte Rechtsprechung, die die Berufungsrichter zugrunde legen wollten, war damit überholt. Die Berufungsrichter kannten das Urteil des Bundesgerichtshofes aber nicht.

Der Amtsrichter schon, aber der war ja nicht mehr dran. Der hatte in seinem richtigen Urteil die maßgebliche Entscheidung des Bundesgerichtshofes leider nicht erwähnt. Musste er aber auch nicht. Er hatte ja richtig entschieden.

Das wirklich Blöde daran: Der Vermieter musste jetzt einen Anwalt beauftragen (Anwaltszwang, siehe Kapitel 2). Noch blöder: Der Anwalt des Vermieters kannte das Urteil des Bundesgerichtshofes auch nicht. Also konnte er die drei Berufungsrichter auch nicht auf ihre falsche Einschätzung der Rechtslage hinweisen. Nun saßen mindestens fünf Ahnungslose in der Gerichtsverhandlung, nämlich die drei Berufungsrichter, der Vermieter und sein Anwalt.

Ob der Mieter und/oder sein Anwalt das Urteil des Bundesgerichtshofes kannten, ist nicht überliefert, spielt letztlich auch keine Rolle. Denn sie waren ja froh, dass das Berufungsgericht ihre Ansicht vertrat. Und eine Hinweispflicht des Mieteranwaltes besteht in diesem Fall definitiv nicht, im Gegenteil.

In diesen Situationen heißt es wieder einmal, Klappe halten und hoffen, dass das Urteil verkündet wird, bevor das Gericht seinen Fehler bemerkt. Und so kam es auch. Das Berufungsgericht hob das Urteil des Amtsgerichtes auf und wies die Klage des Vermieters ab. Feierabend. Revision war in diesem Fall nicht möglich.

Und wie kommt der Fall jetzt zum Bundesgerichtshof, möchten Sie wissen? Ganz einfach. Der Vermieter ließ nicht locker. Er forschte, gurgelte, fragte weiter, vielleicht einen Anwalt, der es besser wusste als sein bisheriger. Und stellte fest, dass das Berufungsgericht einen fatalen Fehler gemacht hatte. Sein Anwalt natürlich auch. Das wollte der Vermieter nicht auf sich beruhen lassen.

Er fragte sich und seinen neuen Anwalt, ob und gegebenenfalls wen er dafür in Regress nehmen könne. Er entschied sich für den alten Anwalt. Immerhin hat der eine Haftpflichtversicherung. Ohne Haftpflichtversicherung darf ein Anwalt gar kein Anwalt sein. Also los geht's. Bis hin zum Bundesgerichtshof.

Und der Bundesgerichtshof entschied am 18.12.2008 (IX ZR 179/07), dass der Anwalt dem Vermieter dessen erlittenen Schaden ersetzen müsse. Hätte der Anwalt das Berufungsgericht nämlich auf das maßgebliche Urteil des Bundesgerichtshofes hingewiesen, hätte das Berufungsgericht entweder seine eigene Ansicht aufgeben und im Sinne des Bundesgerichtshofes, also zugunsten des Vermieters, entscheiden müssen. Oder es hätte, wenn es auf seiner Ansicht weiterhin bestanden hätte, die Revision zulassen müssen, weil sein Urteil von dem des Bundesgerichtshofes abgewichen wäre. Und damit hätte der Vermieter Revision einlegen können.

Die Bundesrichter räumten in dem Urteil ein, dass auch Richter nur Menschen und deshalb nicht fehlerlos seien.

Nicht ausdrücklich wiesen die Bundesrichter allerdings darauf hin, dass auch Rechtsanwälte nur Menschen seien. Es steht allerdings zu vermuten, dass sie diese Erkenntnis gleichwohl hatten. Erwähnenswert schien sie ihnen jedoch nicht zu sein. Egal.

Ob auch ein Anwalt ein Mensch ist oder nicht, er muss die Rechtsprechung nicht nur kennen, sondern sie auch in seinen Schriftsätzen erwähnen. Er muss sich gut vorbereiten und die aktuelle einschlägige Literatur und Rechtsprechung kennen. Für einen mit verkehrsüblicher Sorgfalt arbeitenden Anwalt wäre die maßgebliche Entscheidung des Bundesgerichtshofes leicht auffindbar gewesen. Und hätte er sie gefunden, hätte er sie einfach nur dem Berufungsgericht mitteilen müssen. Die drei Berufungsrichter hätten die Entscheidung lediglich noch lesen müssen. Dann hätten sie bestimmt ein richtiges Urteil geschrieben. Versprochen.

Wäre ich ein grantiger Stinkstiefel, nähme ich die Auffassung des Bundesgerichtshofes zum Anlass, Richter mit Sterneköchen und Rechtsanwälte mit Kantinenköchen zu vergleichen. Dieser Vergleich hinkt nicht, denn in den Augen der meisten Richter sind Anwälte die schlechteren Juristen, für die es zum Richter nicht gereicht hat. Und jetzt stellen Sie sich vor, Sie sind Kantinenkoch und gehen in ein Sternerestaurant. Der Sternekoch steht für alle sichtbar hinter dem Herd. Sie bestellen ein Fischgericht, bei dem der Sternekoch Zwiebeln würfeln und anbraten muss. Sie sehen, wie der Sternekoch die Zwiebel ungeschält im Ganzen in die Pfanne werfen will. Oh nein, denken Sie, der Mann hat keine Ahnung. Und jetzt verlangt der Bundesgerichtshof von Ihnen, dem Sternekoch zuzurufen: »Halte ein, die musst du erst schälen, dann in kleine Würfel schneiden und erst danach kannst du sie in die Pfanne werfen!« Der Sternekoch guckt Sie hilf- und verständnislos an. Sie stehen auf, nehmen die Zwiebel, ein Messer, entfernen die braune Haut, schneiden die Zwiebel in Würfel und lassen die Würfel in die Pfanne gleiten. Sie setzen sich wieder. Der Sternekoch schaut Ihnen bewundernd und dankbar hinterher. Jetzt kann er sich in Ruhe um die Zubereitung des Fischgerichtes kümmern. Das hinterher auch richtig lecker schmeckt. Sternekoch ist eben Sternekoch. Bezahlen müssen Sie übrigens den vollen Preis, auch wenn Sie mitgeholfen haben. Zum Glück bin ich kein Stinkstiefel. Grantig schon, aber kein Stinkstiefel.

Bevor jetzt die drei Berufungsrichter in Tränen ausbrechen, mich anzeigen oder gar ein Berufsverbotsverfahren gegen mich anstrengen wollen: Der Bundesgerichtshof hat recht. Aber ein Geschmäckle haben solche Fälle immer. Es ist völlig richtig: Der Anwalt war schlicht dämlich. Aber wie würdet ihr, liebe Berufungsrichter, eure qualitativen Fähigkeiten in diesem Fall bezeichnen? Prima? Geht so? Oder ähnlich wie beim Anwalt? Ich finde, ihr drei habt in diesem Fall einen absolut lausigen Job gemacht. Ich hoffe, es ist nicht nur dem Anwalt, sondern auch euch tagelang mies gegangen, aber richtig mies!

Fakt ist leider, dass gerichtliche Fehlentscheidungen beileibe keine Einzelfälle sind. Allerdings kann es tatsächlich nicht angehen, dass ein Richter entweder persönlich oder der Staat für den Richter haftet, wenn dieser ein Fehlurteil spricht. Dann wäre der Staat über kurz oder lang vielleicht nicht pleite, aber gezwungen, ernsthaft über nicht unerhebliche Steuererhöhungen nachzudenken. Außerdem ist das in § 839 Absatz 2 BGB geregelt, dass der Staat für Richterfehler nicht haftet.

Und der Anwalt soll gefälligst aufpassen! Macht er das nicht, hat er einerseits Pech, andererseits eine Haftpflichtversicherung, die den Schaden des Vermieters regulieren kann. Basta und fertig. Der Fisch ist geputzt.

Hallo nackte Gitarristin! Ich bin ein Groupie!

8. KAPITEL

Was erwarten wir von Zeugen?

ANWESENHEIT

Dass sie vor Gericht erscheinen. Selbstverständlich ist das leider nicht. Manch Bundesbürger, geschult durch intensives Selbststudium bei RTL 4 oder SAT 3, meint, es sei ihm freigestellt. Er könne wählen, ob er seine Zeit als Zeuge bei Gericht verplempere oder mit seinen Freunden doch besser etwas Sinnvolles mache, chillen zum Beispiel, oder Shisha rauchen.

Weit gefehlt, Kollega, auch wenn es verfickte Scheiße sein mag, da auf den harten Bänken vor dem Gerichtssaal stundenlang rumzulungern, bis der Vollpfosten mit dem schwarzen Zorro-Umhang einen hereinruft und dann voll assig Fragen stellt: Erscheinen ist Pflicht. Und Pflicht heißt, du musst kommen, Alter. Isso!

Wahrheit, oder: Die ehrlichste Zeugin der Welt

Und wenn der Zeuge erst einmal da ist, wird von ihm erwartet, dass er die Wahrheit sagt. Also nicht bewusst lügt. Das ist meist jedoch das geringere Problem.

Das größere Problem scheint mir die unbewusste Lüge zu sein. Unser Gehirn, ich habe es schon erwähnt, ist grandios. Aber leider auch eine perfekte Fehlerquelle. Es gaukelt uns Sachen vor. Es lässt uns glauben, dass Dinge sich objektiv so ereignet haben, wie wir sie subjektiv sehen. Das kann verschiedene Ursachen haben. Blindes Vertrauen zum Beispiel. Beispiel? Gerne.

Das Amtsgericht Köln musste am 30.7.1993 (266 C 162/93) In einem Verkehrsunfall Recht sprechen. In einem Kreuzungsbereich hatte sich ein Unfall ereignet. Das Blöde daran: An jeder Zufahrt zur Kreuzung stand das Verkehrsschild »Vorfahrt beachten«. Also etwa so, als wenn dort Ampeln stünden, die dauerhaft Rot zeigen. Im Zweifel müsste man also dort die nächsten Jahre halten. So viel Geduld haben die wenigsten. Also krachte es dort. Ein geschädigter Unfallbeteiligter klagte die Hälfte seines Fahrzeugschadens beim Unfallgegner ein. Da die Parteien sich nicht vergleichen wollten, musste der Richter zwangsläufig ein Urteil verkünden. Ich habe es gelesen.

Mich lässt es zwiespältig zurück. Nach meinem persönlichen Empfinden steht recht viel Grütze im Urteil. Offensichtlich hatte der Richter ein nicht voll funktionsfähiges Frustrationsventil. Beispiel? Gerne.

Hier einige Zitate aus dem Urteil, die von mir willkürlich aus dem Zusammenhang gerissen wurden, was meines Erachtens aber völlig gleichgültig ist:

Zitat Anfang: »Ein Verkehrsunfallprozess wird nach denselben Regeln gespielt wie ein Fußballspiel.«

»Ob ein Tor gefallen ist oder nicht, entscheidet der Schiedsrichter, der im Zweifel die maßgebende Flensburger Punkte-Tabelle anzuwenden hat.«

»Wenn dort Ampeln aufgestellt gewesen wären, dann hätten diese beide Rot gezeigt. Denn das ist die perfekte Signalisierung im Sinne rot grüner Mehrheiten, die die finale und totale Verkehrsberuhigung auf ihre Fahnen geschrieben haben und die ihr Wesen so lange treiben, bis das Geld alle ist oder die Wähler die Nase gestrichen voll haben.«

»Denn: Sie regieren uns als Penner, weil für sie wir Ampelmänner.« Zitat Ende.

Kann nicht sein, sagen Sie? Das kann nicht in einem Urteil stehen, sagen Sie? Doch. Steht drin. Ich kann Sie aber beruhigen. Der Mann muss mittlerweile pensioniert sein. Vielleicht ist er uns bis heute als Rechtsanwalt erhalten geblieben. Oder als Clown in der Bütt. Entspricht vielleicht auch eher seinen Neigungen. Und Fähigkeiten?

In diesem Kölner Urteil steht zum Glück auch etwas Vernünftiges. Und etwas Typisches über Zeugen. Der Richter schildert darin die

Zeugenvernehmung einer älteren Dame. Diese saß im Auto ihres Ehemannes, der in einen Unfall verwickelt war. Der Unfall ereignete sich auf einer Kreuzung mit Lichtzeichenanlagen (Ampeln). Die Dame bestätigte als Zeugin, dass ihr Ehemann bei Grün in die Kreuzung eingefahren sei. Der Richter fragte die Dame, wo sie denn im Auto gesessen habe. Die Dame antwortete, hinten links, also hinter ihrem fahrenden Ehemann. Der Richter fragte, ob sie von dort die vorne rechts befindliche Lichtzeichenanlage überhaupt habe sehen können. Das verneinte die Dame. Wie sie denn dann behaupten könne, ihr Mann sei bei Grün gefahren, wollte der Richter wissen. Weil ihr Mann immer nur bei Grün fahre, antwortete die Dame, und auf ihren Mann sei hundertprozentig Verlass.

Ein wundervoller Liebes- und Vertrauensbeweis. Aber eine total unbrauchbare Zeugenaussage. Gut, dass der Richter nachgefragt hat!

Unser Gehirn arbeitet ständig, oft sogar selbstständig. Nicht jedes natürlich. Das der meisten Darsteller und freiwilligen Dauerkonsumenten von Sendungen meiner mittlerweile bekannten Lieblingsfernsehsendungen arbeitet nach meinem persönlichen Gefühl (persönliche Gefühle sind an dieser Stelle wieder enorm wichtig, wegen weiterer eventueller Klagen) entweder gar nicht oder nur unter Androhung von unmittelbarem Zwang, und auch dann nur ganz langsam und vorsichtig.

Der Knallzeuge

Extrem selbstständig arbeitet das Gehirn der sogenannten Knallzeugen. Knallzeugen treten bei Verkehrsunfällen in Erscheinung. Sie haben einen Knall gehört. Aber den Verkehrsunfall nicht gesehen. Dennoch sind sie felsenfest davon überzeugt, den Verkehrsunfall gesehen zu haben. Das meinen sie gar nicht böse. Ihr Gehirn lässt sie in dem Glauben. Selbstständig. Ohne ihr Zutun.

Mein Vater war einmal ein solcher Knallzeuge. Ich kann mich noch gut an unsere Diskussion erinnern. Er saß in unserer Küche. Er erzählte, dass er am Vortag Zeuge eines Verkehrsunfalls gewesen sei. Der Unfall habe sich in seiner unmittelbaren Nähe ereignet, etwa 20 m von ihm entfernt. Er sei dort spazieren gegangen. Dann habe es gekracht. Mitten auf der Straße seien zwei Fahrzeuge zusammengestoßen. Selbstverständlich habe er sich sofort als Zeuge gemeldet und der Polizei seine Personalien gegeben.

Ich fragte ihn, ob er den Unfall gesehen habe. Er schaute ungläubig. Ja sicher, sagte er, habe er den Unfall gesehen. Er wisse auch, wer Schuld habe. Das habe man deutlich sehen können.

Ich fragte weiter. Hartnäckig. Es stellte sich heraus, dass mein Vater sich beim Spaziergang von der Unfallstelle wegbewegte. Der Unfall ereignete sich hinter seinem Rücken. Just in dem Moment, als es knallte, schaute er in die entgegengesetzte Richtung. Erst nach dem Knall drehte er sich um und sah die beiden verunfallten Fahrzeuge auf der Straße stehen. Trotzdem behauptete er steif und fest, den Unfall gesehen zu haben. Mein Vater war ein kluger und besonnener Mann. Gleichwohl benötigte es einige Zeit, ein paar Nerven, hitzige Worte und eine Menge Geduld, bis er einsah, dass er nicht den Unfall gesehen, sondern lediglich einen Knall gehört hatte und die Autos nach dem Unfall auf der Straße stehen sah. Alles andere waren Schlussfolgerungen, die sein Gehirn automatisch gezogen hat, auf der Basis von Erfahrung und äußeren Einflüssen.

Welches Fahrzeug wie schnell aus welcher Richtung kam und in welche Richtung fuhr, konnte er nicht wissen, sondern nur mutmaßen.

Knallzeugen können hilfreich sein. Aber auch gefährlich. Insbesondere dann, wenn sie weiterhin uneinsichtig und hartnäckig bei der Annahme bleiben, den Unfall genau gesehen zu haben. Dann kann eine solche Aussage, zumindest bei einem unerfahrenen oder unsorgfältigen Richter, zu einem Fehlurteil führen.

Wahrnehmung beruht auf unglaublich vielen Komponenten. Alter zum Beispiel. Und Geschlecht. Auch wenn Alice Schwarzer jetzt protestieren sollte, Frauen nehmen Dinge anders wahr als Männer. Häufig sogar genauer. Sie dürfen aufatmen, Frau Schwarzer. Beispiel? Gerne.

Ich komme soeben von einer Feier. Gemeinsam mit meiner Frau. Es waren 20 Gäste eingeladen. Auf der anschließenden Fahrt nach Hause fragt mich meine Frau, ob das nicht schrecklich ausgesehen habe, was die Gastgeberin angehabt habe. Ich tue so, als ob ich mich verstärkt auf den Verkehr konzentriere, während ich angestrengt überlege. Ich bin mir sicher, dass die Gastgeberin bekleidet war. Wäre sie oben herum (oder unten, oder gar komplett) nackt gewesen, das wäre mir bestimmt aufgefallen. Aber was war so besonders an ihrer Kleidung?

Ich komme nicht drauf. Warum? Weil es meinem Gehirn völlig schnurz ist, was die Gastgeberin trägt. Dass sie etwas trägt, ist normal. Mir fiele nur eine Anomalität auf. Nicht so (m)einer Frau. Sie kennt nicht nur die modische Bezeichnung eines jeden einzelnen Kleidungsstücks der Gastgeberin. Und die genaue Bezeichnung jeder einzelnen Farbe. Sie merkt sich das sogar.

Wenn demnach ein männlicher Zeuge vor Gericht gefragt wird, ob er sich an die Kleidung einer Person erinnern könne, wird er guten Gewissens lediglich sagen können, ob die Person bekleidet war oder nicht. Alles andere dürfte in der Regel – zwar meist unbewusst, aber immerhin – die Unwahrheit sein.

Können diese Augen lügen?

9. KAPITEL

Was erwarten wir von Urteilen?

GERECHTIGKEIT!

Wer vor Gericht steht, muss im ungünstigsten Fall ein Urteil über sich ergehen lassen. Das betrifft Mörder, Bankräuber oder Diebe gleichermaßen wie Vermieter, Arbeitnehmer oder verunfallte Verkehrsteilnehmer. Jeder Betroffene hat Anspruch auf ein richtiges Urteil, eines, das dem Gesetz entspricht. Und gerecht muss es sein. Das ist uns auf jeden Fall besonders wichtig.

Mehr Gerechtigkeit. Für alle. Ein beliebter Wahlslogan von politischen Parteien. Das spricht uns aus der Seele. Mehr Gerechtigkeit? Finde ich super. Für alle? Aber sicher, wenn, dann nur für alle!

Räusper, räusper. Gerechtigkeit?

Die schwierigste Erwartungshaltung von allen. Und das gleich am Anfang. Urteile sollen gerecht sein. Ich bitte darum. Aber wann ist ein Urteil gerecht? Wenn es meine subjektive Ansicht bestätigt? Demzufolge nur dann, wenn ich gewinne? Nein, das wäre zu einfach. Oder Moment, wenn ich gewinne, dann kann ein Urteil doch gar nicht ungerecht sein, oder? Also hängt Gerechtigkeit davon ab, aus welchem Blickwinkel ich sie betrachte? Ist Gerechtigkeit gar nicht objektiv, nicht einmal objektivierbar?

Was ist das überhaupt, ein gerechtes Urteil? Eine konkrete Definition von »gerecht« sucht man wohl vergebens. Es kann vieles bedeuten: ausgewogen, objektiv, nicht willkürlich, fair, unbefangen, wertfrei, unparteiisch, unvoreingenommen, sachlich, neutral, rechtschaffen. Ein gerechtes Urteil berücksichtigt angemessen die Interessen aller am Prozess beteiligter Personen. Eine hohe Anforderung, die wir an ein gerechtes Urteil stellen.

Die entscheidende Frage dürfte sein: Wer entscheidet, was gerecht ist? Im Gerichtsverfahren auf jeden Fall der Richter, oder? Der schaut sich in der Regel das Gesetz an. Findet er einschlägige Normen, wendet er sie an.

Sie haben ja schon festgestellt, dass viele Normen mit Leben gefüllt werden müssen. Denken Sie an den Labrador, der das Parkett beschädigt hat. Vertragsgemäßer Gebrauch oder nicht? Ist es gerecht, wenn der Mieter den Schaden bezahlen muss oder nicht?

Denken Sie an den Boutiquenbesitzer mit den Thor-Steinar-Klamotten. Ist es gerecht, wenn sein Vermieter ihm deshalb kündigen kann?

Ist es gerecht, wenn ein Mieter keine Schönheitsreparaturen durchführen muss, nur weil in seinem Vertrag aus dem Jahre 1995 eine Klausel steht, die der Bundesgerichtshof erst viele Jahre später für unwirksam erklärt hat? Was kann ein Vermieter dafür, wenn der Mietvertrag, den er sich bei einem Profi, z.B. Haus- und Grundeigentümerverein oder Verband der Wohnungswirtschaft, gekauft hat, 1995 noch so eine Klausel beinhaltet hat?

Ich bin davon überzeugt, dass Gerechtigkeit eine Menge mit Subjektivität zu tun hat. Und was prägt die Subjektivität eines jeden Individuums? Sein gesamtes Leben, seine Gene, Anlagen, seine Erziehung, sein Elternhaus, seine Lehrer, Schulfreunde, Bücher, die er gelesen, und Filme, die er gesehen hat, und noch tausend andere Dinge mehr.

Platon verstand Gerechtigkeit als eine innere Einstellung. Was Sie also als gerecht empfinden, muss ich noch lange nicht als gerecht empfinden. Gerechtigkeit ist ein Gefühl, ein Empfinden. Also auch nach Platon etwas höchst Subjektives.

Die Heizung und der Verfolgungswahn

Überprüfen Sie doch einmal Ihr persönliches Gerechtigkeitsgefühl anhand eines Falles vom 8.12.2004 – VIII ZR 218/03, entschieden vom Bundesgerichtshof, wie immer etwas salopp von mir formuliert:

Eine 77 Jahre alte Dame hat eine Wohnung im zweiten Obergeschoss eines Achtfamilienhauses angemietet. Sie ist paranoid schizophren. Krankheitsbedingt steht sie aufgrund eines richterlichen Beschlusses unter Betreuung. Sie leidet unter Verfolgungswahn. Um sich der Verfolger zu entledigen bzw. sie erst gar nicht in ihre Wohnung hineinkommen zu lassen, schlägt sie nachts mit einem Stock gegen das Heizungsrohr in ihrer Wohnung.

Für die Dame selbst ist das ein durchaus wirkungsvolles Instrument, denn seit vielen Jahren sind keine Verfolger mehr in ihrer Wohnung gesehen worden. Für die übrigen Mieter des Hauses, insbesondere für den unter ihr wohnenden Mitmieter, einen Herrn mittleren Alters, ist das eine reine Tortur. Sollten Sie das nicht glauben, probieren Sie das ruhig einmal aus, aber nachts muss es schon sein!

Der Nachbar beschwert sich beim Vermieter und sagt ihm, dass er (der Herr mittleren Alters) über kurz oder lang ebenfalls verrückt oder ausziehen werde; Letzteres ziehe er vor, falls sich nichts ändere. Der Vermieter mahnt die alte Dame mehrmals ab, spricht mehrfach eingehend mit dem Betreuer, aber ohne Erfolg. Die Dame klopft unbeirrt weiter.

Der Vermieter kündigt. Die Dame zieht nicht freiwillig aus. Der Betreuer kann sie dazu nicht überreden. Der Vermieter verklagt die Dame auf Räumung und Herausgabe der Wohnung.

Folgender Einwurf meiner Seminarteilnehmer ist sehr beliebt: Das verstehe ich nicht, warum unternimmt denn der Betreuer nichts? Sitzt mal wieder auf der faulen Haut und kassiert nur seine Vergütung. Typisch Betreuer. Der Betreuer muss dafür sorgen, dass die Dame auszieht, und muss ihr eine andere Wohnung besorgen. Jawohl, so geht das, damit wäre allen gedient, das wäre gerecht! Die Betreuer sind doch überall gleich. Betreuen heißt kümmern, helfen, sich der Belange des Betreuten annehmen. Warum macht der denn nichts?

Meine Antwort? Etwa so: Leider ist das ein weit verbreiteter Irrtum. Sie verkennen offenbar den Einflussbereich und die Befugnisse eines Betreuers. Gegen den erklärten Willen des Betreuten kann der

Betreuer in der Regel nichts oder nur wenig machen. Bei Interesse schauen Sie einmal in den § 1901 BGB.

Erster Zwischenstopp für Sie: Versuchen Sie bereits jetzt eine vorläufige Einschätzung zu geben. Wäre es gerecht, die Dame aus der Wohnung zu werfen? Oder soll der Herr im ersten Obergeschoss ruhig verrückt werden? Oder ausziehen, wenn er das Geklopfe nicht ertragen kann?

Der Fall geht weiter: Das Gericht holt ein psychiatrisches Sachverständigengutachten ein. Der Gutachter stellt fest, dass sich die alte Dame in dem Moment, in dem sie das Gericht zur Räumung und Herausgabe der Wohnung verurteilt, entweder umbringen oder den sogenannten Totstellreflex (verbunden mit Apathie, Verweigerung der Nahrungsaufnahme etc.) erleiden wird.

Ich höre schon Ihre ersten Einwände: Jaja, ein Gutachten. Wahrscheinlich von einem Hobby-Astrologen. Der schaut kurz hoch in den Himmel. Je nachdem, was die Wolken ihm sagen, schreibt der in sein Gutachten, was er will. Was ihm das meiste Geld einbringt. Kennen wir schon. Man liest ja ständig von Mördern und Vergewaltigern, die aufgrund positiver Gutachten frei gelassen werden und dann sofort wieder eine Frau vergewaltigen oder umbringen.

Ja, liebe Gemeinde, von diesen Fällen lese ich auch. Nur nicht ständig. Ich lese sehr selten von diesen Fällen, ja, sogar extrem selten, was noch seltener ist als sehr selten. Wir neigen dazu, von einem negativen Einzelfall auf alle Fälle im Allgemeinen zu schließen. Was, ein Ausländer hat eine Frau umgebracht? Alle Ausländer raus, alles Mörder. Ein Kampfhund hat ein Kind tot gebissen? Alle Kampfhunde sofort verbieten, am besten einschläfern.

Merkwürdig, ich habe noch nie gehört, dass jemand nach einem Flugzeugabsturz mit 150 Toten die Abschaffung des gesamten weltweiten Flugverkehrs fordert. Oder bei einer Massenkarambolage auf der Autobahn mit zehn Toten alle, nicht nur die dieselbetriebenen, Kraftfahrzeuge stilllegen will. Oder nach einem Selbstmord oder anderen Unglücken auf Bahngeleisen den gesamten Schienenverkehr einstellen will.

Herrschaften, bitte! Hier wurde eine Expertise eingeholt von jemandem, der sein Handwerk versteht. Und diese Expertise sollten, nein müssen wir ernst nehmen. Und ja, eine solche Expertise kann falsch sein. Und erhebliche Konsequenzen haben. Wollen wir deshalb wirklich keiner Expertise, keinem Sachverständigen mehr glauben?

Mit Verlaub, wir glauben jeden hochgradigen Un- und Schwachsinn, der in Boulevardzeitungen steht oder uns im Fernsehen von getauschten Frauen, heiratswütigen Landwirten, adipösen Hartz-IV-Empfängern oder auswanderungswilligen Hilfskräften ohne abgeschlossene Berufsausbildung vorgebrabbelt wird. Aber einem klugen Kopf, einem Experten in seinem Fachgebiet, der ein gerichtliches Gutachten erstellt, glauben wir kein Wort? Ich bitte Sie!

Zweiter Zwischenstopp: Versuchen Sie, wenn Sie sich wie ich wieder beruhigt haben, eine weitere vorläufige Einschätzung. Sind Sie bei Ihrer Ansicht geblieben? Oder haben Sie Ihre Auffassung geändert? Ich spüre förmlich, wie sich das Lager spaltet.

Erstes Lager, ca. 35 % von Ihnen, meistens Vermieter: Ja, was kann denn der Vermieter dafür, dass die alte Dame verrückt ist? Der Mann im ersten Obergeschoss zieht aus. Und solange die alte Dame im Haus wohnt, kann der Vermieter die Wohnung unter ihr doch nie wieder vermieten. Soll die alte Dame sich doch umbringen. Zumindest wäre, wenn auch nur im kleinen Rahmen, das Rentenproblem insoweit schon mal gelöst.

Zweites Lager, ca. 10 % von Ihnen, häufig Esoteriker: Nein, das geht doch nicht. Wir müssen irgendetwas tun. Eventuell kann der Vermieter eine Fußbodenheizung einbauen. Dann gäbe es in der Wohnung keine Heizungsrohre mehr. Und die alte Dame kann nicht mehr klopfen.

Drittes Lager, ca. 55 % von Ihnen, viele Brückenbauer darunter: Der Wendt spinnt, das gibt's doch nicht, dass sich in unserem Staat niemand um die Frau kümmert. Der Betreuer gehört abgesetzt!

Der Fall geht weiter: Der Vermieter ist ein Herr fortgeschrittenen Alters, 72 Jahre alt. Er hat sein ganzes Leben lang als kleiner selbstständiger Handwerker geschuftet. Das Achtfamilienhaus hat er sich vor zehn Jahren als Altersvorsorge gekauft. Er bekommt nur eine kleine Rente. Er ist auf jeden Euro Miete angewiesen. Davon muss er Kreditraten an die Bank zahlen. Bei Mietausfällen müsste er unter Umständen Privatinsolvenz anmelden.

Dritter Zwischenstopp: Wie sieht's jetzt bei Ihnen aus? Ich vermute, die Gewichtung der drei Lager hat sich verschoben.

Erstes Lager, hat ca. 5 % aus dem zweiten und ca. 30 % aus dem dritten Lager dazugewonnen und liegt damit jetzt bei ca. 70 %: Ja, aber Entschuldigung, das kann doch nicht angehen, dass der Vermieter deswegen Privatinsolvenz anmelden muss. Das wäre doch nun wirklich nicht gerecht. Hinterher ist der arme Kerl noch auf Sozialhilfe angewiesen. Hat sein Leben lang hart dafür gearbeitet. Sein Eigentum muss doch geschützt werden. Natürlich tut es mir um die Frau leid. Aber seien wir doch mal ehrlich, sie könnte ja auch mit dem Klopfen aufhören, gell?

Zweites Lager, ca. 5 % von Ihnen: Nein, das geht doch nicht. Wir müssen irgendetwas tun. Eventuell kann der Vermieter eine Fußbodenheizung einbauen. Dann gäbe es in der Wohnung keine Heizungsrohre mehr. Und die alte Dame kann nicht mehr klopfen.

Drittes Lager, ca. 25 % von Ihnen: Natürlich spinnt der Wendt, das gibt's doch nicht, dass sich in unserem Staat niemand um die Frau kümmert. Der Betreuer gehört abgesetzt!

Ups! Jetzt muss ich mich aber bei Ihnen entschuldigen. Ich habe mich tatsächlich vertan. Und soeben vorsorglich noch einmal nachgelesen. Der Vermieter war in diesem Fall gar kein älterer Handwerker. Ich weiß auch nicht, wie ich darauf gekommen bin. Vermieter war eine städtische Wohnungsgesellschaft. Quasi fast der Staat. Und der hat bekanntlich Geld im Überfluss.

Na? Wie sieht's jetzt mit Ihrem Gerechtigkeitsgefühl aus? Die Lager verschieben sich wohl erneut, vermute ich. Und wie der Bundesgerichtshof entschieden hat, möchten Sie wissen? Er hat, wie auch schon das Landgericht als vorherige Instanz, die einzige richtige Entscheidung getroffen. Er hat eine Interessenabwägung vorgenommen. Die Interessen des Vermieters sind in der gebotenen Kürze folgende:

Er ist Eigentümer des Hauses, die Mitmieter ziehen unter Umständen aus, er muss möglicherweise Leerstand hinnehmen, die Mitmieter mindern gegebenenfalls die Miete, er muss finanzielle Verluste hinnehmen.

Die Interessen der Mieterin sind noch kürzer darzustellen: Sie möchte leben.

Es dürfte niemanden verwundern, dass der Bundesgerichtshof die Interessen der Mieterin als höherrangig bzw. die Interessen des Vermieters als nachrangig angesehen hat. Jedes andere Ergebnis wäre mit unserer bestehenden Rechtsordnung nicht in Einklang zu bringen. Wem das nicht gefällt, der muss auswandern. Am besten in so demokratische Länder wie Nordkorea oder Simbabwe. Gute Reise!

Sie dürfen allerdings nicht den Fehler begehen, diese Einzelfallentscheidung auf alle anderen Fälle zu übertragen. Sie dürfen bitte nicht glauben, es sei unmöglich, einem psychisch kranken Mieter zu kündigen, auch wenn er andere Mitmieter schwerwiegend beeinträchtigt. Das ist nur in absoluten Ausnahmesituationen der Fall. Ein solcher Ausnahmefall lag hier vor. In der Regel sieht das anders aus.

Das Amtsgericht Neukölln hat beispielsweise am 26.6.2014 (7 C 95/14) zu Recht entschieden, dass ein Vermieter einem Mieter selbst dann ordentlich kündigen kann, wenn dieser an einer schweren psychischen Erkrankung leidet. In dem Neuköllner Fall war der Mieter nachweislich für Wohnungsbrände und Überschwemmungen verantwortlich. Dadurch wurden das Leben und die Gesundheit der anderen Mieter und das Eigentum des Vermieters gefährdet.

SACHLICHKEIT

Urteile sollen sachlich sein und den Parteien das Gefühl geben, ernst genommen zu werden. Das ist doch selbstverständlich, sagen Sie? Mitnichten!

Manch Richter ist ein kleiner Dichter, oder: Der Russenpuff

Das Arbeitsgericht Detmold hat am 23.8.2007 (3 Ca 842/07) die Klage einer Angestellten eines Spielautomatenbetriebes gegen ihren Arbeitgeber abgewiesen. Sowohl den Tatbestand als auch die Entscheidungsgründe hat der Richter in Reimform gefasst. Warum? Ich weiß es nicht.

Hatte er möglicherweise prosaische oder lyrische Ambitionen, die er woanders nicht verwirklichen konnte? War er eventuell genervt von dem Fall, seiner Arbeit oder seinem gesamten Leben? Oder hatte er vor Abfassung des Urteils vier Flaschen Bier getrunken? Oder verdorbene Frikadellen gegessen? Oder hatte er schlicht und einfach einen an der Waffel? Ich weiß es nicht. Worum es geht?

Im Tatbestand des Urteils steht, ich zitiere, wobei das in Klammern Gesetzte nicht zum Zitat gehört, sondern von mir der besseren Verständlichkeit wegen hinzugefügt wurde:

»Indes behauptet nunmehr der Beklagte (= Arbeitgeber), dass es die Klägerin (= Angestellte) dann wagte, so neben ihren Aufsichtspflichten noch andere Dinge zu verrichten. So habe sie sich nicht geniert und auf dem Hocker masturbiert. Was dabei auf den Hocker troff, befände sich im Hockerstoff. Die Spielbar sei aus diesem Grunde als Russenpuff in aller Munde.«

Den Rest möchte ich Ihnen gerne ersparen. Meine Meinung dazu? Mir ist es schnurz, ob der Richter schriftstellerische Ambitionen hatte, ob sein Leben ihn anödete oder ob er das Urteil im Halbrausch geschrieben hat: Dieser Mann ist meiner ganz höchstpersönlichen Auffassung nach für den Richterdienst ungeeignet. Auch wenn es einen noch so in den Fingern jucken mag: Parteien zu verunglimpfen, sie auf das Tiefste herabzuwürdigen, das geht meines Erachtens gar nicht! Selbst wenn er im Schrank noch haben sollte alle Tassen, sollte man ihn meiner Meinung nach schleunigst aus dem Richterdienst entlassen! Und der Gipfel, damit du's weißt, der Richter war vermutlich dermaßen dreist, hat's Urteil wohl selbst der Presse gegeben, damit die abdruckt das pralle Leben, offenbar war er auf sein Urteil noch stolz. Ja, hat der Mann denn einen Kopf aus Holz?

Gegen das Urteil wurde Berufung eingelegt. Das Landesarbeitsgericht Hamm war offenbar ebenfalls sehr unzufrieden mit der Leistung des erstinstanzlichen Richters. In dem Urteil vom 21.2.2008 (8 Sa 1736/07) kann man das nachlesen. Das Landesarbeitsgericht hat bereits in der Form des erstinstanzlichen Urteils einen wesentlichen Verfahrensmangel gesehen. Eine Sanktion oder sonstige Rechtsfolge dieses Verfahrensmangels sieht unser Gesetz allerdings nicht vor. Unsere Rechtsordnung unterstellt, dass Richter sich gebührlich verhalten. Das kann, wie Sie sehen, ganz schön in die Hose gehen. Im wahrsten Sinne des Wortes.

Ungebührliches Verhalten scheint mir übrigens noch eine geschmeichelte Bezeichnung für diese Richterleistung zu sein. Und eben solch ungebührliches Verhalten vor Gericht kann durchaus sanktioniert werden. Allerdings nur, wenn es von Parteien (also vom Kläger oder vom Beklagten), Zeugen, Sachverständigen oder sogar Zuschauern im Gerichtssaal ausgeht.

§ 178 Gerichtsverfassungsgesetz sieht vor, dass ein Richter derartiges Verhalten mit einem Ordnungsgeld bis zu 1.000 Euro oder Ordnungshaft bis zu einer Woche sanktionieren kann. Und es kann sofort vollstreckt werden. Vom Gerichtssaal direkt ins Gefängnis. Gehen Sie nicht über Los! Begeben Sie sich direkt dorthin!

Eine vergleichbare Regelung für ungebührliches Verhalten von Richtern fehlt leider. Verständlich, wer sollte es auch festsetzen?

Zum Schnackseln brauch ich Platz!

Den schmalen Grat zwischen Unsachlichkeit und einem spitzbübischen Unterton hat dagegen das Urteil des AG Mönchengladbach – 5a C 106/91 zugunsten des unterschwelligen Humors meines Erachtens gut getroffen. Das Gericht hat am 25.4.1991 die Klage eines Urlaubers abgewiesen. Der hatte eine zweiwöchige Reise gebucht. Die Buchung beinhaltete ein Doppelzimmer mit Doppelbett.

Tatsächlich fand er zwei separate Einzelbetten vor. Er verlangte Schadensersatz in Höhe von 20 % des Reisepreises wegen nutzlos aufgewendeter Urlaubszeit. Er begründete es damit, ein harmonischer Intimverkehr sei während der zwei Wochen nicht möglich gewesen. Das habe bei ihm und seiner Freundin zu Unzufriedenheit und Ärger geführt.

Der Reiseveranstalter beantragte Klageabweisung. Mit der Begründung, die Klage könne doch nicht ernst gemeint sein, oder etwa doch?

Das Gericht schrieb in seinem Urteil, dass dem Reiseveranstalter zuzugeben sei, dass hier der Eindruck entstehen könne, die Klage sei nicht ernst gemeint. Da unser Gesetz den Fall einer nicht ernst gemeinten Klage aber nicht regelt, müsse man wohl von der Ernsthaftigkeit der Klage ausgehen.

Der Kläger könne aber keinen Schadensersatzanspruch verlangen. Denn ein Reisemangel liege nicht vor. Für einen Beischlaf sei ein Doppelbett grundsätzlich nicht erforderlich. Dem Richter seien selbst durchaus übliche Beischlafpraktiken bekannt, die man auch zur Zufriedenheit aller Beteiligten auf einem Einzelbett ausüben könne. Und dass der Kläger besondere Beischlafpraktiken bevorzuge, für die ein Doppelbett erforderlich sei, habe er nicht vorgetragen. Notfalls hätte der Kläger beide Einzelbetten zusammenschieben und vorübergehend mit seinem Hosengürtel befestigen können. Denn den Gürtel habe er in der Situation doch anscheinend nicht mehr benötigt.

Madonna – ein Schock für Protestanten?

Ähnlich werte ich ein Urteil des AG Münster vom 22.7.2003 (3 C 2122/03). Hier hat der Richter gezeigt, dass man auch in Fällen einer schon als lächerlich anmutenden Klage einen Kläger zunächst einmal grundsätzlich ernst zu nehmen hat. Obwohl es auch hier extrem schwergefallen sein dürfte:

Eine Mieterin teilt ihrem Vermieter mit, dass eine Nachbarin im Treppenhaus eine Madonna-Statue aufgestellt habe. Augenscheinlich ist nicht die Sängerin gemeint, sondern die Dame aus der Bibel. Den Vermieter stört diese Statue nicht. Die Mieterin schon. Aber nicht deswegen, weil sie sich nicht mehr ungestört im Treppenhaus bewegen könne. Nein, die Mieterin fühlt sich mental, besser glaubensmäßig, davon gestört. Sie sei, sagt sie nämlich, evangelisch und bekomme jedes Mal, wenn sie die Statue im Treppenhaus sehe, einen richtigen Glaubensschock. Deshalb mindere sie die Miete.

Nachdem der Richter vermutlich erst einmal tief durchgeatmet hat, hat er ein Minderungsrecht der Mieterin verneint. Ein Recht zur Mietminderung, so der Richter, setze einen Mangel voraus. Die Madonna im Treppenhaus stelle aber keinen Mangel dar. Auch nach evangelischem Glauben sei Jesus durch Maria geboren worden. Die Statue im Hausflur könne also keinen Schock auslösen. Sofern die Mieterin dennoch überempfindlich darauf reagiere, sei dieses subjektive Gefühl unbeachtlich.

Ich habe ja schon erwähnt, dass ich in der Regel nur Vermieter vertrete. Der Madonna-Fall ist ein gutes Beispiel für meine Einstellung. Das Mandat dieser Mieterin hätte ich abgelehnt. Lächerlich machen für 120 €? Nein danke. Dann lieber Singen in der Fußgängerzone. Oder im Treppenhaus. Das ist weitaus ehrbarer.

Bilder vom GröFaZ – zum Glück nicht jedermanns Sache

Besonderes Fingerspitzengefühl hat ein Münchener Amtsrichter in einem Urteil vom 19.1.2009 – 424 C 18547/08 bewiesen. Dort hatte ein Vermieter einem Mieter ein Einfamilienhaus vermietet. Der Vermieter wollte das Haus verkaufen. Ein Kaufinteressent besichtigte gemeinsam mit dem Vermieter das Haus. Dabei stellten sie fest, dass der Mieter im Treppenhaus des Hauses propagandistische Führerbilder von Adolf Hitler (= GröFaZ = Größter Führer aller Zeiten = Brech!) aufgehängt hatte. Die Bilder konnte man nur sehen, wenn man sich im Inneren des Hauses aufhielt. Von draußen waren sie nicht sichtbar. Diese Bilder nahm der Vermieter zum Anlass, das Mietverhältnis zu kündigen und den Mieter auf Räumung und Herausgabe des Mietobjektes zu verklagen.

Das Gericht hat in dem Verhalten des Mieters keinen Kündigungsgrund gesehen und in seinem Urteil ausgeführt:

»Das Gericht kann die Empörung, dass diese Bilder im Treppenhaus aufgehängt sind, nachvollziehen. Die Bilder sind von außen aber nicht einsehbar. Das Gesetz hat das private Aufhängen derartiger Bilder nicht unter Strafe gestellt. Die §§ 86, 86 a StGB betreffen nicht die Verwendung im rein privaten Bereich. Diese gesetzgeberische Bewertung hat das Gericht zu respektieren und zu berücksichtigen.«

Natürlich wird der Vermieter sich über das Ergebnis nicht freuen. Er hat den Rechtsstreit verloren, und das wird ihn nicht gerade wenig Geld gekostet haben. Aber mit diesen Worten im Urteil zeigt das Gericht, dass es die Motivation des Vermieters für nachvollziehbar hält, die Kündigung allerdings nicht der Gesetzeslage entspricht.

Zwischenruf des Erbsenzählers: Bitte beachten Sie folgenden kleinen, aber feinen Unterschied: Hier wurde ein Einfamilienhaus ver-

mietet und keine Wohnung in einem Mehrfamilienhaus. Es macht einen erheblichen Unterschied, ob ein Mieter in »seinem« Treppenhaus oder im gemeinsamen Treppenhaus derartige Bilder aufhängt. Jede kleinste Kleinigkeit kann also letztlich eine differenzierte Beurteilung und damit unterschiedliche Urteile zur Folge haben.

Kann ein Urteil gleichzeitig richtig und falsch sein?

Ja, auch diese Urteile gibt es. Zum Beispiel solche, die zwar vollständig dem Gesetz entsprechen und damit richtig sind. Gleichzeitig aber nicht der Realität entsprechen und damit falsch sind. Aber für diese falschen Urteile kann der klügste und beste Richter nichts, wie Sie sogleich merken werden.

Stellen Sie sich vor, Sie haben mir vor drei Jahren eine Wohnung in Ihrem Mehrfamilienhaus vermietet. Die Miete beträgt 500 €. Ich habe die Miete seit Mietbeginn immer bar in Ihrem kleinen Büro, in dem Sie ganz alleine sitzen, bezahlt.

So auch am 3. April 2017. Ich suche Sie allein, nur in Begleitung meines Hundes Oscar, in Ihrem Büro auf. Ich lege Ihnen 500 € auf den Tisch. Sie händigen mir eine unterschriebene Quittung aus, die ich mir in die Hosentasche stecke. Dann verlasse ich Ihr Büro.

Draußen vor Ihrer Bürotür kommen mir die Tränen, weil ich für 500 € im Getränkemarkt unglaublich viele Kisten Bier im Angebot bekommen hätte. Ich ziehe mein Taschentuch aus der Hosentasche. Dabei fällt die Quittung zu Boden. Oscar denkt, es sei ein Leckerli, und frisst die Quittung auf. Das beobachten Sie von Ihrem Büro aus, von mir unbemerkt.

Sie reiben sich erfreut die Hände und denken, Wendt, du Arsch, jetzt habe ich dich. Sie hassen mich nämlich wie die Pest. Seit einer Woche. Was außer Ihnen niemand weiß. Denn Sie haben vor einer Woche beobachten müssen, dass mein Hund Oscar an die Reifen Ihres neuen teuren Autos gepinkelt hat. Jetzt wollen Sie sich dafür rächen.

Sie schreiben mir am 10.4.2017 einen Brief, in dem Sie mir mitteilen, versehentlich hätte ich wohl vergessen, die Aprilmiete zu zahlen. Sie bitten mich, das binnen drei Tagen nachzuholen. Ich rufe Sie erstaunt an, sage, ich hätte doch am 3.4. bei Ihnen im Büro und so weiter, aber Sie sagen eiskalt, da müsse ich mich irren, Sie seien ja noch nicht verkinscht, da könnten Sie sich dran erinnern, wenn es so gewesen wäre, war es aber nicht, blablabla. Ich bin wütend und beende das Gespräch.

Zwei Wochen später finde ich in meinem Briefkasten Post vom Amtsgericht. Sie verklagen mich. Sie wollen 500 € von mir haben. Die Miete für April 2017. Ich gehe, ebenso wie Sie, zur Gerichtsverhandlung und erkläre dem Richter den Sachverhalt. Der hört mir aufmerksam zu. Dann fragt er Sie, ob das, was ich sage, stimme. Sie schütteln den Kopf.

Mit vollkommen normaler Stimme und unbewegtem Gesichtsausdruck, eben wie ein professioneller Lügner, sagen Sie eiskalt, da müsse ich mich irren, Sie seien ja noch nicht verkinscht, da könnten Sie sich dran erinnern, wenn es so gewesen wäre, war es aber nicht, blablabla.

Dann fragt der Richter mich, ob Zeugen dabei gewesen wären oder ob ich eine Quittung hätte, mit der ich die Zahlung belegen könne. Nein, antworte ich, Zeugen wären keine dabei gewesen, aber ich hätte eine Quittung bekommen. Na dann legen Sie die doch vor, fordert mich der Richter auf. Kann ich nicht, räume ich ein. Warum nicht, fragt der Richter. Weil mein Hund die Quittung gefressen hat, als sie mir aus der Tasche gefallen ist, antworte ich wahrheitsgemäß. Aha, sagt der Richter, der Hund.

Und jetzt Sie: Glauben Sie, der Richter wird mich verurteilen?

Die richtige Antwort ist, der Richter muss mich verurteilen. Er kann gar nicht anders. Und das Urteil wäre richtig. Der gesetzlichen Lage entsprechend und daher richtig. Obwohl es falsch ist, weil es nicht der Wahrheit entspricht. Das macht das Urteil als Urteil aber nicht falsch. Denn der Richter kann nur dann ganz nah an der Wahrheit urteilen, wenn er die Wahrheit kennt. Wird er belogen und erkennt er die Lüge nicht, weil sie nicht zu erkennen ist, kann er kein wahres Urteil sprechen, sondern nur ein unseren Gesetzen entsprechendes Urteil. Und das besagt in unserem kleinen Fall oben:

Wer eine Zahlung (= Erfüllung) behauptet, und das bin in diesem Fall ich, muss die Zahlung beweisen. Hätte ich den Betrag von meinem Bankkonto überwiesen, oder hätte ich meinen Bruder als Zeugen dabeigehabt, oder hätte ich die Quittung noch, oder hätten Sie als mein Vermieter einfach nur die Wahrheit gesagt (Sie hinterhältiges Miststück), dann wäre der Fisch geputzt, und ich hätte den Betrag nicht doppelt zahlen müssen. Aber so?

Mein Hund Oscar kann nicht sprechen, und Tiere sind als Zeugen bei uns noch nicht zugelassen. Also schlicht und einfach Pech gehabt. Meine Rache wird allerdings süß werden: Oscar wird in Zukunft nur noch an Ihre Reifen pinkeln!

Sie merken, ein Urteil zu schreiben, ist gar nicht so schwer. Vergleichen Sie es mit einem Gitarristen. Der muss nur zur richtigen Zeit den richtigen Finger auf der richtigen Saite im richtigen Bund haben. Dasselbe gilt für den Richter. Er muss zum richtigen Sachverhalt das richtige Gesetz finden und es richtig anwenden. Dann kann das Urteil so ganz falsch nicht sein. Vielleicht ist es sogar auch noch gerecht. Wer weiß?

Hinweise für zukünftiges Handeln

Parteien, die vor Gericht landen, haben unterschiedliche Ziele. Der Kläger möchte, dass seiner Klage stattgegeben wird. Der Beklagte will, dass die Klage abgewiesen wird. Unerfahrene, unsichere, ängstliche oder rechthaberische Kläger und Beklagte haben gelegentlich eine fast phobische Befürchtung, sie verlören ihr Gesicht, wenn sie den Gerichtssaal als Verlierer verlassen. Für diese Menschen bricht dann eine Welt zusammen, und sie glauben, sie könnten sich nie wieder auf der Straße sehen lassen. Manche Rechtsstreite haben tatsächlich existenzielle Bedeutung für Parteien. Der Regel entspricht das allerdings nicht.

Entscheidet ein Gericht, dass ein Mieter auf seinem Balkon nicht grillen darf, trennt das Urteil den Mieterkopf nicht vom Rumpf. Das Urteil entscheidet eine sachliche Streitfrage. Nicht mehr und nicht weniger. Dann brät der Mieter das Kotelett halt wie im Winter in der Pfanne auf dem Küchenherd.

Und ob ein Eigentümer seine ohne Zustimmung der Übrigen eingebaute andersfarbige Tür wieder ausbauen muss oder nicht, sollte niemals dazu führen, dass der Unterlegene seine Wohnung die nächsten 20 Jahre nicht mehr verlässt.

Was verliert der Unterlegene denn in einem gerichtlichen Zivilverfahren? Immer nur den Rechtsstreit. Meistens gute Laune. Oft Geld. Gelegentlich den subjektiven Glauben an unseren Rechtsstaat. Leider in Einzelfällen auch sein bisheriges Leben, seine Existenz. Aber eigentlich niemals sein Gesicht.

Von den wenigen Fällen abgesehen, in denen es um existenzielle Fragen geht, nehmen Sie daher bitte zivilgerichtliche Verfahren zwar ernst, aber lassen Sie nicht Ihr Leben vom Ausgang der Entscheidung abhängen. Mit einer solchen Bürde möchten weder Rechtsanwälte noch Richter ihren Job ausüben. Das würde einem gerichtlichen Verfahren auch nicht gerecht. Parteien eines zivilgerichtlichen Verfahrens streiten um eine Sachfrage. Die sollte sachlich gelöst werden. Auch zwischen den Parteien. Und derjenige, der mit dem Urteil nicht einverstanden ist, kann in der Regel Berufung einlegen. Und damit die Gelegenheit nutzen, dass andere Richter seinen Fall nochmals überprüfen.

Solange die Parteien das auf sachlicher Ebene austragen, und auch nach Abschluss des Verfahrens Lehren daraus ziehen können und wollen, haben Urteile häufig auch eine Hinweisfunktion für die Zukunft. Streiten Vermieter und Mieter über die Frage, ob eine bestimmte Betriebskostenposition abgerechnet werden darf oder nicht, kann ein Urteil den Parteien helfen, mit zukünftigen Abrechnungen problemloser umzugehen. Entscheidet das Gericht, dass der Vermieter bestimmte Betriebskosten nicht abrechnen darf, hat es damit Klarheit für die nächsten Abrechnungen des Vermieters geschaffen. Gelegentlich jedoch stiften Urteile für die Parteien bedauerlicherweise mehr Verwirrung als Klarheit. Beispiel? Gerne.

Der 50-seitige Mietvertrag

Wie immer sind Sie Vermieter. Sie besitzen zahlreiche Mehrfamilienhäuser. Sie sind, ich bitte um Nachsicht, aber dann funktioniert mein Beispiel besser, ein streitbarer Geist. Sie haben sich schon oft mit Ihren Mietern vor Gericht gestritten. Und sehr oft haben Sie verloren mit der Begründung, dass Ihr Mietvertrag zu diesem entscheidungserheblichen Punkt leider keine Regelung enthält. Pech gehabt. Keine Regelung, kein Anspruch.

Okay, denken Sie, dann bastele ich mir eben ein eigenes Mietvertragsformular, in dem alles Erdenkliche geregelt ist, was es überhaupt zu regeln gibt. So nimmt der Umfang Ihres Vertragsmusters zu. Schließlich ist das Exemplar auf beachtliche 50 Seiten angewachsen. Befriedigt schauen Sie sich das Ergebnis an. Sie vermieten die nächste freie Wohnung an mich. Sie verlangen eine Kaution von drei Grundmieten. Ich zahle die Kaution. Nach Vertragsende behalten Sie die Kaution ein. Sie verrechnen diese mit angeblichen Schadensersatzforderungen. Ich verklage Sie auf Rückzahlung der Kaution.

Jetzt Sie. Müssen Sie mir die Kaution zurückzahlen oder nicht? Das kommt darauf an, sagen Sie, ob Sie Schadensersatzansprüche haben oder nicht? Guter Ansatz.

Nach einer Entscheidung des Amtsgerichts Köln vom 12.8.2008 (224 C 34/08) kommt es darauf nicht an. Denn der Richter ist der Ansicht, dass ich von vornherein gar nicht verpflichtet gewesen wäre, Ihnen die Kaution zu zahlen. Warum nicht, fragen Sie?

Nun, weil der Vertrag zu lang war. Ein Mietvertrag über 50 Seiten ist unwirksam. So viel kann niemand lesen. Außer vielleicht Herr Reich-Ranicki. Aber der ist leider verstorben. Für einen Durchschnittsmieter, der kein Mietrichter oder Fachanwalt für Mietrecht ist, muss ein Mietvertrag mühelos lesbar sein und ein Mindestmaß an Übersichtlichkeit aufweisen. Macht er das nicht, kann der Vertrag unwirksam sein.

Und was jetzt, fragen Sie? Jetzt gilt das Gesetz. Und das Gesetz sieht eine Verpflichtung zur Zahlung einer Kaution nur vor, wenn das im Mietvertrag wirksam vereinbart wurde. Gibt es aber gar keinen wirksamen Mietvertrag, gibt es auch keine Verpflichtung zur Zahlung der Kaution.

Was lernen wir daraus? Weniger ist manchmal mehr. Zu viel ist manchmal gar nicht gut. Vergleichen Sie das mit dem Ölstand Ihres Autos. Füllen Sie den Öltank randvoll, geht der Motor über kurz oder lang kaputt. Genauso ist das mit Verträgen.

Den Vermieter lässt so ein Urteil durchaus ratlos zurück. Er steht vor folgendem scheinbar unlösbaren Problem: Regele ich in meinem Mietvertrag nicht alles, verliere ich. Regele ich dagegen alles, verliere ich auch. Was also soll ich denn jetzt machen?

Meine Antwort: entweder alle Immobilien verkaufen und von dem Erlös einen riesengroßen Marktstand eröffnen. Am besten Möhren verkaufen. Da läuft das Geschäft ganz einfach. Ein Bund Möhren bitte. Bitte gerne, hier, macht 1,50 Euro. Barzahlung. Kein schriftlicher Vertrag, keine Kaution, keine allgemeinen Geschäftsbedingungen, keine Minderung. Wundervoll einfach. Aber bei Weitem nicht so spannend.

Oder wie bisher einen allseits akzeptierten Mietvertrag verwenden. Mit dem Risiko, dass irgendetwas darin nicht geregelt ist. Dann gilt das Gesetz. Wenn auch da nichts geregelt ist, auf den Richter vertrauen. Der wird's schon richten. Irgendwie. Ist halt sein Job.

10. KAPITEL

Warum gibt es so viele unterschiedliche Urteile?

Das ist ein besonderes Phänomen, das die Menschen umtreibt. Das kann doch nicht sein. Warum ist die Katze in Bayern ein Kleintier und in Sachsen nicht? Sind die bayrischen Katzen kleiner? Aber dafür dicker? Katze ist Katze, oder? Der Joghurt beim Discounter in Recklinghausen schmeckt genauso wie der Joghurt beim Discounter in Münster. Warum ist das bei Gerichtsurteilen anders?

Mich macht dieser Standpunkt nachdenklich. Aus welchem Grunde akzeptieren wir bereitwillig unterschiedliche Ansichten in nahezu jedem gesellschaftlichen Bereich, selbst bei den Kirchen, aber nicht bei unserem Rechtssystem?

Für uns ist es selbstverständlich, dass die SPD bei der Lösung der Steuerprobleme unseres Landes vollkommen andere Vorschläge hat als die CDU. Und dass die Katholiken zu einem anderen Gott beten als die Muslime. Und dass Frauen über 100 Farbtöne mehr kennen als Männer, denen die vier Farben Rot, Blau, Gelb und Grün völlig ausreichen.

Aber unterschiedliche Urteile? Das kann doch nicht sein! Doch. Das kann es. In der Regel müssen Urteile unterschiedlich sein. Warum? Weil den Urteilen im Allgemeinen unterschiedliche Sachverhalte zugrunde liegen. Und unterschiedliche Sachverhalte sind unterschiedlich zu bewerten.

Aber wie ist das bei identischen Sachverhalten? Gibt's nicht? Doch! Aber nur bei uns Juristen? Nein, in allen Lebensbereichen. Beispiel? Gerne.

Der Wert Ihres Hauses und andere Ungereimtheiten

Sie wohnen zur Miete. Das möchten Sie nicht länger. Sie fragen Ihre Bank, ob die Ihnen ein Darlehen gäbe, falls Sie ein Haus kauften. Die Bank täte das bis zu einer Höchstgrenze von 300.000 €, möchte das

Haus aber vor der Darlehensvergabe sehen. Sie beauftragen einen Makler, sich nach einem entsprechenden Haus für Sie umzuschauen. Der findet eines. Da Sie dem Makler nicht trauen, beauftragen Sie einen Sachverständigen, vorsorglich den objektiven Wert des Hausgrundstückes zu ermitteln. Wie schätzen wohl die Beteiligten den Wert des Hauses ein? Wohlgemerkt: Ein und dasselbe Haus! Ich sage es Ihnen:

Sie sind enttäuscht. Bei der Preisvorgabe von 300.000 € hatten Sie sich etwas Besseres vorgestellt. Sie halten das angebotene Objekt für eine Bruchbude. Ihrer Einschätzung nach ist die im Höchstfall 100.000 € wert. Mehr würden Sie auch auf gar keinen Fall bezahlen.

Die Bank prüft das Objekt, Ihre persönlichen Verhältnisse und Ihr Einkommen. Sie kommt zum Ergebnis, das Objekt sei eher eine Baracke als ein Haus. Den Beleihungswert veranschlagt sie mit 200.000 €. Sie gibt Ihnen das gewünschte Darlehen von 300.000 €, allerdings nur zu einem wesentlich höheren Zinssatz als üblich.

Der Sachverständige schaut sich das Objekt an. Er hält es im Gegensatz zu Ihnen und Ihrer Bank tatsächlich für ein Haus. Er bewertet das Objekt nach vorgegebenen Richtlinien. Er kommt nach dem Sachwertverfahren auf einen angemessenen Kaufpreis von 300.000 €.

Der Makler ist der Ansicht, es handele sich um eine Villa. Er kommt nach seiner persönlichen Wertberechnung auf einen Betrag von 400.000 €. Warum? Keine Ahnung. Vielleicht, weil sich seine Provision nach dem tatsächlichen Kaufpreis bemisst? Je höher dieser liegt, desto mehr verdient der Makler. Ach so!

Der Verkäufer ist der festen Überzeugung, es handele sich um ein Schloss. Auch ohne Wertberechnung kommt er locker auf einen Betrag von 500.000 €. Darunter verkauft er auf gar keinen Fall.

Noch Fragen, Euer Ehren?

Jetzt möchten Sie ein Beispiel aus dem juristischen Umfeld? Gerne. Ein Wohnungsunternehmen hat Mehrfamilienhäuser in Recklinghausen, Münster und in Köln. Seit Jahren verwendet es ein identisches Mietvertragsformular. Im Jahre 2017 verklagt das Unternehmen einen Mieter in Recklinghausen, einen Mieter in Münster und zwei verschiedene Mieter (in zwei verschiedenen Wohnungen) in Köln auf

Schadensersatz wegen nicht durchgeführter Schönheitsreparaturen. Die Mietverträge enthalten alle exakt dieselben Vertragsklauseln.

Der Amtsrichter in Recklinghausen hält die Vertragsklausel für wirksam und verurteilt den Mieter. Der Amtsrichter in Münster hält dieselbe Vertragsklausel für unwirksam und weist die Klage ab. Wie kann das sein?

Und, noch merkwürdiger: Amtsrichter Stefan Streng vom Amtsgericht Köln hält die Vertragsklausel für wirksam und verurteilt den Mieter. Amtsrichterin Maria Mild vom Amtsgericht Köln hält dieselbe Vertragsklausel für unwirksam und weist die Klage ab. Was soll das? Die arbeiten doch beide am selben Amtsgericht.

Am Kölschen Klüngel kann's nicht liegen, denn weder in Recklinghausen noch in Münster gibt's Klüngel. Höchstens noch den Klüngelskerl. Warum erhalte ich in derselben Rechtsfrage in Fällen meines Wohnungsunternehmens zwei verschiedene Urteile, je nachdem, an welchen Richter ich gerate? Können, ja müssen sich die Richter nicht absprechen?

Derartige Fragen werden mir häufig auf meinen Seminaren gestellt. Mitarbeiter von Wohnungsunternehmen sind darauf angewiesen, ihren Mietern verlässliche Auskünfte zu erteilen. Dasselbe gilt für Hausverwalter, die auf einer Eigentümerversammlung den Eigentümern zu bestimmten Problemen Rede und Antwort stehen müssen. Wie soll das gehen, wenn es zu demselben Problem, ja haargenau zu derselben Frage völlig unterschiedliche Urteile gibt? Beispiel gefällig? Gern.

Eigenarbeit in Düsseldorf und in Stuttgart

Stellen Sie sich vor, Sie sind Eigentümer einer Wohnung und Mitglied einer Wohnungseigentümergemeinschaft, die aus zehn Mitgliedern besteht. Neun davon sind begeisterte Feger, Wischer und Putzer, die sich über jede Fluse im Treppenhaus freuen. Sie dagegen hassen Treppenhausreinigung wie die Pest und scheuen sowieso von jeher jede körperliche Anstrengung.

Die neun anderen beschließen freudestrahlend, dass die Treppenhausreinigung zukünftig reihum von allen zehn Eigentümer in Eigenarbeit durchgeführt wird. Sie stimmen dagegen. 9:1 ist aber nicht nur im Fußball leider ein sehr eindeutiges Ergebnis. Sie sind mit dem Beschluss nicht einverstanden und fechten ihn gerichtlich an.

Leben Sie jetzt zufällig in einer Eigentumswohnung in Düsseldorf, werden Sie voraussichtlich Erfolg mit Ihrer Anfechtungsklage haben. Denn das Oberlandesgericht Düsseldorf hat am 23.6.2008 (3 Wx 77/08) entschieden, dass solche Eigenleistungen den Eigentümern nicht wirksam durch Mehrheitsbeschluss auferlegt werden können. Entweder sind alle dafür, oder es funktioniert nicht. Und da Sie von Anfang an dagegen waren, ist der Beschluss ungültig. Das Verfahren haben Sie gewonnen, neun Feinde fürs Leben allerdings auch.

Befindet sich Ihre Eigentumswohnung dagegen in Stuttgart, werden Sie über kurz oder lang selbst zum Putzlappen greifen oder jemanden auf Ihre Kosten mit der Durchführung der Kehrwoche – so heißt die Treppenhausreinigung bei den Schwaben – beauftragen müssen. Denn das Landgericht Stuttgart hat das am 25.3.2010 (2 S 43/09) anders gesehen als das Oberlandesgericht Düsseldorf.

Holdrio, werden Sie jetzt sagen, und was mache ich, wenn meine Wohnung in Mülheim, Wiesbaden oder Dresden-Neustadt liegt? Tipp vom Anwalt: Je nachdem, ob Sie Putzteufel oder Putzmuffel sind, Wohnung verkaufen oder vermieten und umziehen. Oder Rechtsschutzversicherung abschließen und Anwalt fragen. Und vor Gericht ziehen. Oder mit dem Geld eine Kreuzfahrt auf hoher See machen.

Baden + Duschen in Bayern zwischen 23.00 und 05.00 Uhr verboten

Schwäbische Putzmuffel unter Ihnen, die jetzt erwägen, ihre Eigentumswohnung in Stuttgart zu verkaufen und sich dafür eine Wohnung in München zu kaufen, sollten sich vorab die Frage stellen, ob sie regelmäßig nachts baden bzw. duschen. Denen sei eine Entscheidung des BayObLG (= Bayerisches Oberstes Landesgericht) vom 21.2.1991 (BReg 2 Z 7/91) an Herz gelegt. Die Entscheidung zeigt, dass Gleichheit oder Gleichberechtigung der Menschen in Einzelfällen vom Gesetzgeber gar nicht erwünscht ist.

Dort hatten Eigentümer in einer Wohnungseigentumsanlage mehrheitlich beschlossen, dass die Eigentümer in der Zeit von 23.00 Uhr abends bis 05.00 Uhr morgens nicht duschen oder baden dürfen. Einer der Eigentümer, wahrscheinlich immer derselbe, ein Störenfried, ein Aussätziger oder gar ein Preuße, hat sich dagegen gewehrt und den Beschluss angefochten. Er war der Ansicht, ein solch generelles Verbot könne gegen seinen Willen nicht beschlossen werden.

Zumindest aber müsse man doch Ausnahmen zulassen, meinte er. Wenn beispielsweise jemand sehr spät von der Arbeit heimkomme, auf der er sich schmutzig mache. Der Tankstellenbesitzer mit angeschlossener Autoreparaturwerkstatt oder ein Imbissbudenbetreiber mit tranigem Fett in seiner Fritteuse. Oder wenn jemand sehr spät von einer Freizeitveranstaltung wie Schlammcatchen heimkomme, bei der er sich ebenfalls schmutzig mache. Oder wenn krankheitsbedingte Gründe einträten, die eine Ganzkörperreinigung erforderlich machten.

Das Oberlandesgericht hatte keine Bedenken gegen den Mehrheitsbeschluss. Welche Gründe das Gericht dazu bewogen haben, kann man zum Teil nur erahnen:

Wer einen Job hat, bei dem er sich schmutzig macht, kann sich auf der Arbeit duschen. Der Arbeitgeber muss eine solche Möglichkeit vorhalten. Dasselbe gilt für den Veranstalter von Schlammcatchwettbewerben. Und wer krank ist und sich duschen möchte, soll das bitte vor 23.00 Uhr oder nach 05.00 Uhr tun. Muss es ausnahmsweise genau in diesem Zeitraum sein, mag er bitte den guten alten Waschlappen benutzen. Denn der Beschluss untersagt dem Eigentümer ja nur, in dieser Zeit zu duschen oder zu baden. Eine Reinigung in sonstiger, weniger störender Weise ist ihm nach wie vor erlaubt.

Wenn Sie nicht nur ein schwäbischer Putzmuffel, sondern auch noch erster Vorsitzender im AlGedeNadu (= Allgemeiner Gesamtdeutscher Nachtsduschverein) sind und ihrem Reinigungsbedürfnis vorwiegend gegen 02.00 Uhr nachts nachgehen, können Ihnen die übrigen Eigentümer, die den Beschluss mehrheitlich gefasst haben, es notfalls gerichtlich untersagen lassen, nachts zu duschen. Und daran werden Sie sich halten müssen. Sollten Sie noch eine leer stehende Eigentumswohnung in Recklinghausen besitzen, ziehen Sie einfach dorthin.

Die Stadt ist auch nicht schlecht, und das AG Recklinghausen tendiert mit einer gewissen Wahrscheinlichkeit in Richtung OLG Düsseldorf: Eigenleistung gegen den Willen eines Eigentümers ist nicht okay. Ihre Münchener Wohnung könnten Sie an mich vermieten, immerhin kennen wir uns ja aus unserer Vereinstätigkeit beim AlGedeNadu, denn ich bin dort Kassierer.

Wenn ich als Mieter in die Wohnung einziehe und vorzugsweise um 03.00 Uhr nachts bade oder dusche, werden die übrigen Eigentümer sich trotz des mehrheitlich beschlossenen Dusch- und Badeverbotes auf den Kopf stellen können. Ich als Mieter darf nachts duschen.

Das dürfte sogar bundesweit gelten, auch in Bayern. Nach einem Urteil des OLG Düsseldorf vom 25.1.1991 (5 Ss (OWi) 411/90 – (OWi) 181/90 I) darf ein Mieter in einem Mehrfamilienhaus auch zwischen 22.00 Uhr und 06.00 Uhr duschen oder baden, allerdings nicht durchgehend, sondern höchstens bis zu 30 Minuten. Das dürfte für Fischhaut an Fingern und Füßen reichen.

Das LG Köln hat am 17.4.1997 (1 S 304/96) die Auffassung vertreten, dass eine Regelung in der Hausordnung, die einem Mieter das Duschen nach 24.00 Uhr untersage, unwirksam sei.

Was bedeutet das? Nun, das bedeutet zunächst einmal, dass das Wohnungseigentumsrecht und das Mietrecht in Teilbereichen nicht kompatibel sind. Ein Mieter hat unter Umständen mehr Rechte als ein Eigentümer.

Deshalb empfehle ich Ihnen in diesem Fall, in München besser eine Wohnung zu mieten als zu kaufen, denn: Sind Sie Mieter einer Wohnung in dieser Wohnungseigentumsanlage, stehen Ihre Chancen auf nächtliches Duschen nicht schlecht. Als Eigentümer dagegen sollten Sie beim Schlammcatchwettbewerb spätestens gegen 22.30 Uhr ausgeschieden sein.

Ich halte es übrigens nicht für verwunderlich, dass Menschen unterschiedliche Ansichten haben. Im Gegenteil, das ist normal. Sie mögen vielleicht Hip-Hop-Musik, ich kann sie nicht ausstehen. Sie finden Schauspielerin X oder Comedian Y toll, ich finde beide extrem blöd. Sie essen gerne Meeresfrüchte, ich nicht. Wo ist das Problem?

Gelegentlich habe ich sogar unterschiedliche Auffassungen zu ein- und derselben Sache. Ich bin beispielsweise ein strikter Gegner der Todesstrafe. Wenn ich aber lese, dass jemand aus purer Lust am Töten eine ganze Familie bestialisch hingerichtet hat, komme ich ab und zu ins Wanken und streite mit mir selbst, ob der Tod des Täters nicht doch die angemessenere Reaktion wäre.

Ich ziehe zu meinem Schwein

Sie können gar nicht genug bekommen von unserer wunderbaren Rechtsprechung? Das freut mich. Weiteres Beispiel? Gern.

Sie sind wieder einmal mein Vermieter. Ich wohne seit mehreren Jahren in einer Wohnung Ihres Mehrfamilienhauses. Eines Tages rufe ich Sie an. Ich schildere Ihnen mein Leid, von so vielen Menschen in meinem Leben enttäuscht worden zu sein. Daher habe ich mich jetzt den Tieren zugewendet. Tiere lieben bedingungslos. Ich möchte mir ein Tier zulegen. Und ich bitte Sie um Erteilung der Genehmigung dafür. Denn immerhin will ich das Tier ja in meiner Wohnung halten.

Ihre erste Frage: Was ist das denn für ein Tier?

Meine Antwort: Ein Schwein.

Pause. Noch mehr Pause. Sie, etwas verunsichert: Ein Schwein?

Ich: Ein Schwein.

Sie: Was für ein Schwein? Ein normales Hausschwein?

Ich: Ja, ein normales Hausschwein.

Sie, nicht mehr verunsichert, eher verärgert: Kommt gar nicht infrage, Herr Wendt, Schweine gehören in den Stall. Aber doch nicht in eine Wohnung.

Ich: Ich habe im Mietvertrag nachgelesen. Da steht, Kleintiere darf ich ohne Ihre Genehmigung halten. Und bei großen Tieren dürfen Sie die Genehmigung nur verweigern, wenn Belästigungen von dem Tier zu erwarten sind. Sind aber nicht. Mein Schwein ist sauber. Ich bade es zweimal die Woche. Es ist nicht laut. Grunzt nur beim Fressen. Meine Nachbarn hören das gar nicht. Und es kackt nicht in den Hausflur. Ich habe ein Schweineklo im Bad und geh regelmäßig mit ihm Gassi. Also wo ist das Problem?

Sie: Das Schwein ist das Problem. Das ist doch Tierquälerei, was Sie da machen wollen. Nein, Herr Wendt, ein Schwein genehmige ich Ihnen nicht. Kaufen Sie sich ein Meerschwein, da haben Sie auch ein Schwein. Oder einen Hamster. Oder beides. Aber ein Schwein? Nein! Schade, sage ich, und lege auf. Ich kaufe mir ein Schwein. Ich bade es zweimal die Woche. Es ist nicht laut. Und es kackt nicht in den Hausflur.

Meine Nachbarn sehen mich, wenn ich das Schwein gelegentlich Gassi führe. Ein Nachbar ruft Sie an. Er fragt, ob Sie wüssten, dass der Wendt jetzt total durchgeknallt sei. Der hält nämlich ein Schwein in seiner Wohnung.

Sie sind erbost. Sie fordern mich schriftlich auf, das Schwein abzuschaffen. Ich teile Ihnen schriftlich mit, dass ich dem nicht nachkommen werde. Und überhaupt verstehe ich Ihre Aufregung nicht. Es gibt so viele zweibeinige Schweine in Wohnungen, warum nicht auch einmal ein vierbeiniges Schwein?

Ihnen kocht der Kessel. Sie gehen zu Ihrem Anwalt und beauftragen ihn, mich auf Abschaffung des Schweins zu verklagen. Der Anwalt tut, wie ihm geheißen.

Was sagt der Richter? Nun, ich weiß nicht, ob ein Richter in Recklinghausen einen solchen Fall schon einmal bearbeiten musste, und wenn ja, wie er entschiede. Aber ein Richter am Amtsgericht Köpenick musste diesen Fall am 13.7.2000 (17 C 88/00) entscheiden. Und der Richter vertrat die Ansicht, dass Sie sich nicht darauf berufen könnten, mir keine Genehmigung erteilt zu haben. Sie hätten mir die Schweinehaltung genehmigen müssen. Von dem Schwein gehen keine Beeinträchtigungen aus. Der Richter stellt fest: Mein Schwein ist sauber. Ich bade es ja auch regelmäßig. Es ist nicht laut. Grunzt nur beim Fressen. Die Nachbarn hören das gar nicht. Und es kackt nicht in den Hausflur. Ich habe meinem Schwein den Namen »Quiekie« (nicht Quickie) gegeben und rufe es manchmal übermütig »Schnitzel«.

Mein Schwein hat ein Schweineklo im Bad. Und ich gehe regelmäßig mit ihm Gassi. Also wo ist das Problem? Ob Sie oder meine Nachbarn die Schweinehaltung in der Wohnung für sinnvoll halten oder nicht, so fuhr der Richter fort, sei unbeachtlich. Hier jedenfalls sei die Schweinehaltung vertragsgemäßer Gebrauch der Mietsache.

Jetzt Sie. Ihnen schmecken keine Schnitzel mehr? Sie werden Vegetarier? Bleiben Sie gelassen. Ich teile die Ansicht des Richters ebenfalls nicht. Aber sie ist vertretbar. Wie 50 % der Fernsehsendungen. Oder gegrillte Maden auf dem Teller. Nicht schön, nicht gut, nicht sinnvoll, aber alles vertretbar.

Ich ziehe zu Anna Conda

Ein Jahr später rufe ich Sie wieder an. Mein Schwein, erzähle ich Ihnen, hätte ich mittlerweile aufgegessen. Aber ohne Tier fühle ich mich so allein. Deshalb bitte ich Sie erneut um die Genehmigung für eine Tierhaltung in der Wohnung. Diesmal dachte ich an Schlangen, sage ich.

Sie, durch den Schweinfall etwas vorsichtig geworden, fragen, an welche Schlangen ich denn dächte, und wie viele es sein sollten.

Ich: Ich denke an ungiftige Nattern. Ein Kollege muss seine verkaufen. Der will jetzt nämlich auf Katzen umsteigen. Und Katzen und Schlangen zusammen in einer Wohnung, das überleben die Schlangen meistens nicht. Es sind insgesamt acht Stück, jede etwa 80 cm lang.

Sie, als begeisterter und regelmäßiger Zuschauer von Tierfilmen: Kriegen die nicht Lebendfutter? Wie füttern Sie die?

Ich: Die bekommen Essen auf Rädern. Vierzehntäglich kommt ein fahrbarerer Mäuseexpress vorbei und bringt lebende Mäuse für die kleinen Racker. Also alles kein Problem.

Nebenbei Klugscheißerei: Ja, lieber Leser, das heißt vierzehntäglich und nicht vierzehntägig. Auch wenn die meisten von uns das falsch sagen. Richtig ist nicht, was die Mehrheit glaubt. Auch Minderheiten können manches besser wissen.

Sie überlegen. Schließlich: Nee, Herr Wendt. Schlangen in der Wohnung? Und dann so viele? Ich muss ja auch an die Nachbarn denken.

Die ekeln sich doch bestimmt davor und haben Angst. Dann sehen wir uns wohl wieder vor Gericht.

So isses. Es gibt ein Wiedersehen vor Gericht. In Bückeburg hat ein Amtsrichter am 12.10.1999 (73 C 353/99) eine ungiftige Natter für zulässig gehalten. Und gesagt, der Vermieter dürfe sich nicht zum Anwalt von Symptomen einer Überempfindlichkeit anderer Mieter erheben. Schön formuliert, nicht wahr?

In Bayreuth hat ein Amtsrichter am 2.6.2000 (4 C 62/00) acht Schlangen genehmigt. Er meint, das sei vertragsgemäßer Gebrauch. Der Richter hat die Schlangen in die Hand genommen und daran gerochen. Sie rochen einwandfrei.

Ihnen kommt das Essen hoch? Wohl zu viel Schlange beim Chinesen um die Ecke gegessen, was? Tja, liebe Freunde der Leidenschaft, unsere Lebensgewohnheiten ändern sich.

Wir kochen mit Knoblauch, essen es sogar, telefonieren im Zug und erzählen allen Mitreisenden, dass Herbert seit Wochen wegen ungeheuer großer Hämorrhoiden in Behandlung sei und der Pizzabäcker, zu dem die Inge immer gern gegangen sei, wegen Vergewaltigung und Steuerhinterziehung in Untersuchungshaft sitze.

Nirgendwo gibt es meines Erachtens so viele Datenschutzverletzungen wie im 1.-Klasse-Großraumabteil eines ICE der deutschen Bahn. Geschäftsleute telefonieren dort wirr und wild durcheinander, nennen über mehrere Sitzreihen hinweg gut hörbar Namen von Firmen, Kollegen, Geschäftspartnern, Produkten, diskutieren Vertragsbestandteile, verhandeln Summen und Schadensersatzansprüche, dass es die Sau graust.

Wir können ein Nacktfoto von uns in Köln ins Internet stellen, und ein schmieriger Priester aus dem hintersten Kasachpulien kann sich das ausdrucken und vor seinen Schlafzimmerspiegel kleben.

Und wir können heute in unseren Wohnungen Tiere halten, die wir früher nur aus dem Fernsehen kannten. Das mag man bedauern, aber man muss es als mittlerweile feststehende Tatsache akzeptieren. Stillstand ist Rückschritt. Also vorwärts, mit Pauken und Trompeten und mit Schlangen und Schweinen.

Kleintier = kleines Tier?

Was sagen Sie? Sie sind auf den Geschmack gekommen? Sind Sie etwa selbst Mieter einer Wohnung? Und wollen sich jetzt auch ein Tier zulegen? Am besten ein Kleintier? Welches Sie ohne Genehmigung ihres Vermieters halten dürfen? Nur zu. Ach, Sie wissen nicht, was ein Kleintier ist? Da kann ich Sie beruhigen. Das weiß niemand. Nicht einmal Martin Rütter.

Ein bekannter Mietrechtler schreibt, Kleintiere sind insbesondere die Tiere, von denen nach Größe, Wesen und Außenwirkungen typischerweise bei art- und fachgerechter Haltung keine Gefahren und Belästigungen für andere Bewohner ausgehen und durch die das Mietobjekt nicht oder nur unwesentlich abgenutzt wird (Professor Dr. Sternel, Mietrecht aktuell, 4. Auflage Rn. VI 221).

Der Bundesgerichtshof hat am 14.11.2007 (VIII ZR 340/06) ergänzend dazu gesagt, dass ein Charakteristikum für ein Kleintier vorliegen kann, wenn das Tier in einem geschlossenen Behältnis gehalten wird.

Anhand dieses Satzes bringe ich Ihnen jetzt bei, wie man ein Urteil liest. Wenn Sie nämlich glauben, Sie müssten ein Zwergpony nur in einen Käfig stecken, und schon sei es ein Kleintier, befinden Sie sich im Irrtum.

Ein (also ein im Sinnes von Ziffer eins) Charakteristikum kann (nicht muss, also bloße Möglichkeit, aber kein Zwang) sein, dass das Tier in einem geschlossenen Behältnis gehalten wird. Das heißt demnach, nicht jedes Tier in einem geschlossenen Behältnis ist automatisch ein Kleintier.

Ah, ich sehe, Sie haben eine Frage? Ja, bitte? Ob jedes kleine Tier automatisch ein Kleintier sei, wollen Sie wissen? Ja, möglich wäre das schon. Aber eben nur möglich. So als in manchen Ländern dieser Erde allgemein anerkannten Grundsatz wie »Alle Christen sind gute

Menschen. Und alle Muslime sind die besseren Christen« würde ich das allerdings nicht stehen lassen wollen. Denn wenn ein Mieter im Arbeitszimmer seiner Wohnung eine gefährliche Spinne frei herumlaufen lässt, erfüllt das möglicherweise nicht die Anforderungen an ein Kleintier, die Professor Dr. Sternel aufgestellt hat.

Nehmen wir die Trichternetzspinne. Sie lebt im feuchten Osten. Nicht in Sachsen-Anhalt, sondern im Osten von Australien. Sie wird zwar nur 4 cm groß. Ist also ziemlich klein. Aber brandgefährlich. Ihr Biss wirkt tödlich. Es sei denn, dem Gebissenen wird binnen 20 Minuten ein Gegengift gespritzt.

Frage: Möchten Sie in einer Mietwohnung in Hoyerswerda neben einem Nachbarn leben, der in seiner Wohnung eine Trichternetzspinne hält? Gut, werden einige von Ihnen sagen, in Hoyerswerda möchte ich weder mit noch ohne Trichternetzspinne bzw. Nachbarn leben. Aber noch mal, möchten Sie? Werden Sie da von der Spinne gebissen, müssen Sie wohl bis nach Dresden fahren. Denn ich kann mir nicht vorstellen, dass ein Krankenhaus in Hoyerswerda ein Gegengift dafür bereithält. Und von Hoyerswerda bis nach Dresden? Schaffen Sie nie in 20 Minuten. Nicht mal sonntags früh um 5.00 Uhr. Also doch kein Kleintier? Keine Ahnung. Fragen Sie doch mal den für Sie zuständigen Richter.

Ich ziehe zu Hasso und Waldi

Und wie ist das mit Hunden, möchten Sie wissen? Und Katzen? Nicht unähnlich. Ein Beispiel? Gern.

Sie sind, Sie haben es vermutlich schon geahnt, der Vermieter. Ich habe von Ihnen eine Wohnung in einem Mehrfamilienhaus (Augen öffnen + Verstand einschalten: Bei einem gemieteten Einfamilienhaus kann die Rechtslage anders aussehen!) angemietet. Ich will einen Hund halten. Das ist unsere Ausgangssituation. Jetzt gibt es einige Tausend verschiedene Möglichkeiten, wie es weitergehen könnte. Glauben Sie nicht? Doch:

Steht etwas zur Hundehaltung im Mietvertrag? Wenn ja, was? Ist das wirksam, was im Vertrag steht? Oder unwirksam? Frage ich Sie um Erlaubnis, einen Hund halten zu dürfen? Oder nicht? Wenn ja, verweigern Sie diese? Wenn ja, aus welchem Grund? Und wenn Sie verweigern, hole ich mir trotzdem einen Hund? Wenn ja, welchen? Einen Kampfhund? Einen Hund großer Rasse? Oder kleiner Rasse? Und wie viele Hunde möchte ich halten? Habe ich einen besonderen Grund für die Hundehaltung? Bin ich blind? Oder nur alt? Alleinstehend? Mit Kindern? Kleine Kinder oder erwachsene Kinder?

Moment, ich muss kurz Luft holen. Weiter geht's:

Bin ich 24 Stunden bei dem Hund? Oder ist der auch mal alleine? Wenn ja, wie oft und wie lange? Pinkelt der in den Aufzug? Kackt der in den Hausflur? Bellt der Hund? Wenn ja, wann und wie lange? Und wie laut? Und wie oft? Verliert der Hund Haare? Wie viele? Wo? Wie oft? Wie groß ist meine Wohnung? Mit Balkon? Mit Terrasse? Mit Garten? Wenn ja, nutze ich den Garten alleine? Oder andere Nachbarn auch? Wo liegt meine Wohnung, 5. Stock oder Erdgeschoss? Mit Aufzug? Haben andere Mieter im Haus auch einen Hund? Wenn ja, seit wann? Haben Sie die anderen Hunde genehmigt? Warum dann meinen nicht?

Bevor das ganze jetzt ausartet oder Sie müde werden, will ich hier mal innehalten. Das sind einige der möglichen Fragen, die Sie einem Mieter stellen müssen, der Sie um die Erlaubnis der Hundehaltung in seiner Wohnung bittet. Der Bundesgerichtshof hat am 14.11.2007 (VIII ZR 340/06) entschieden, dass bei den Tieren, die keine Kleintiere (Auch, wenn Sie Juristen für noch so behämmert halten sollten, wir sagen nicht: Großtier. Wir sagen: Kein Kleintier.) sind, immer eine umfassende Abwägung aller Interessen vorzunehmen ist.

Wer ist aller? Aller eben, also Vermieter, Mieter mit Tierhaltewunsch, alle anderen Nachbarn im Haus. Eine solche Abwägung, sagt der Bundesgerichtshof, kann niemals allgemein vorgenommen werden. Sondern nur in jedem Einzelfall. Schematische Lösungen, sagt der Bundesgerichtshof, verbieten sich.

Und darf ich Ihnen was verraten? Der Bundesgerichtshof hat recht! Und sollten Sie jetzt einen Mieter vor sich sitzen haben, der das nicht versteht, der Ihnen nach der zweiten Frage sagt: »Ey Alter. Meine Wohnung kennst du. Ich will kein Atomkraftwerk in meiner Wohnung bauen. Ich will nur einen Pudel halten. Pudel! Kennst du auch. Der mit der Minipli aufm Kopf. Wie Atze (Nächste Klage?). Was soll der ganze Scheiß mit diesen Fragen?«

Dann dürfen Sie dem Mieter gerne antworten: »Eigentlich will ich das alles gar nicht von dir wissen. Aber unsere Gerichte, die wollen, dass ich das weiß, bevor ich dir die Hundehaltung untersage. Also weiter mit dem Fragenkatalog.« Weigert sich der Mieter, können Sie mit guter Begründung die Hundehaltegenehmigung verweigern. Ob das sicher ist, wollen Sie wissen? Ja. Vielleicht aber auch nicht. Je nachdem, wie der Wind steht.

Ob Sie auch Allergien von anderen Mitmietern im Haus berücksichtigen müssen? Ob Sie die Genehmigung auf jeden Fall dann zu Recht verweigern dürfen, wenn ein Nachbar an einer Hunde- oder Katzenhaarallergie leidet? Kann sein. Kann aber auch nicht sein. Das Amtsgericht Arolsen hat am 8.3.2007 (2 C 18/07) die Ansicht vertreten, dass ein Durchschnittsmieter nicht an einer Katzenhaarallergie leidet. Subjektive Überempfindlichkeiten müssen demzufolge außer Betracht bleiben.

Relativ sicher können Sie allerdings sein, dass Sie einem blinden Mieter die Haltung eines Blindenhundes gestatten müssen. Dem können Sie ja schlecht entgegnen, er wäre besser taub geworden, dann hätte er keines Blindenhundes bedurft!

Des Pudels Kern

Sie können sich allerdings nie sicher sein, ob es bei dem einen Blindenhund bleibt. Stellen Sie sich vor, Sie sind Vermieter. Vor über 20 Jahren haben Sie einem Ehepaar eine Wohnung vermietet. Bei Vertragsabschluss gaben die Mieter an, einen Hund zu halten. Den Hund haben Sie genehmigt. Im Laufe der Mietzeit verschlechtert sich das Augenlicht der Mieterin zusehends. Seit einigen Jahren ist sie nahezu blind. Seit geraumer Zeit erhalten Sie Beschwerden der Nachbarn, die Hunde der Mieter verunreinigten das Treppenhaus. Es folgt eine ausgiebige Korrespondenz zwischen Ihnen und Ihren Mietern. Bei der Gelegenheit schicken Sie den Mietern mehrere Abmahnungen wegen der Verunreinigungen.

Mittlerweile finden Sie heraus, dass das Ehepaar zahlreiche Tiere in der Wohnung hält. Zusammen mit dem Mieterehepaar wohnen jetzt knapp 30 Tiere in der Wohnung: ein großer Blindenhund, sechs weitere Hunde unterschiedlicher Rassen, zahlreiche Papageien, Kaninchen, Vögel und anderes Kleingetier.

Nach Durchsicht der Unterlagen weist Ihr Anwalt Sie auf die bestehenden Risiken einer Kündigung hin. Insbesondere auf Grund der (Fast-) Blindheit der Mieterin und des langjährigen Mietverhältnisses scheint dem Anwalt eine Kündigung unverhältnismäßig zu sein. Er empfiehlt Ihnen das mildere Mittel, nämlich eine Klage auf Abschaffung sämtlicher Tiere, mit Ausnahme des Blindenhundes. Sie folgen, wenn auch etwas widerwillig, seiner Empfehlung.

Dementsprechend erhebt der Anwalt Klage auf Entfernung der Tiere mit der Maßgabe, der Blindenhund könne verbleiben. Einige Monate später findet die erste mündliche Verhandlung statt. Die zuständige Richterin erwähnt im Rahmen der Erörterung beiläufig, dass sie eine Kündigung des Mietverhältnisses nicht für wirksam gehalten hätte. Sie hat dieselben Bedenken, die Ihr Anwalt hatte. Sie schauen

Ihren Anwalt dankbar an. Prima, denkt Ihr Anwalt, Glück gehabt, alles richtig gemacht.

Die Richterin beabsichtigt, falls die Parteien sich nicht einigen wollen, eine Beweisaufnahme durchzuführen. Es sollen alle Nachbarn zu den behaupteten Verunreinigungen – Hundeurin im Fahrstuhl, Hundekot im Treppenhaus, und umgekehrt – vernommen werden. Ein Vergleich scheitert. Bevor die Richterin einen Termin zur Beweisaufnahme anberaumen kann, wird sie an ein anderes Gericht versetzt.

Zuständig für diesen Fall ist jetzt ein Richter. Der setzt einen neuen Termin zur mündlichen Verhandlung an. Die erste Frage, die er Ihnen und Ihrem Anwalt stellt, ist, warum Sie nur auf Abschaffung der Tiere klagen und das Mietverhältnis nicht sofort gekündigt haben. Auf Frage Ihres Anwaltes, ob eine Kündigung denn nach Ansicht des Richters wirksam gewesen wäre, antwortete dieser ohne zu zögern, selbstverständlich, denn das überschreite bei Weitem das Maß des Hinnehmbaren, das sei bei 30 Tieren doch ein Kleintierzoo und damit schon ein Fall von Verwahrlosung, Blindheit hin oder her. Sie schauen Ihren Anwalt vorwurfsvoll an. Mist, denkt Ihr Anwalt, Pech gehabt, alles falsch gemacht.

Was lehrt uns das? Vertrauen Sie niemals blind den Angaben eines Rechtsanwaltes. Manchmal treffen Krake Paul oder das Orakel von Delphi bessere Vorhersagen als der Anwalt.

Sie wollen wissen, wie es weitergehen könnte? Das Gericht könnte ein Urteil erlassen. Dagegen könnte der Unterlegene Berufung einlegen. Die Parteien könnten auch einen Vergleich schließen. Zum Beispiel dergestalt, dass die Mieter sich verpflichten, auszuziehen. So in sechs Monaten. Ihr Anwalt könnte Ihnen dazu geraten haben. Man weiß ja nie, wie die nächste Instanz entscheidet. Wenn Sie Glück haben, ziehen die Mieter tatsächlich innerhalb der Frist aus. Wenn Sie Pech haben, nicht. Dann müssen Sie die Zwangsräumung beantragen. Wenn Sie Glück haben, erfolgt dann die zwangsweise Räumung ungefähr ein bis zwei Jahre nach Einreichung der Klage. Wenn Sie Pech haben, noch später. Im Extremfall vielleicht auch gar nicht. Halleluja.

Menschen lieben Blumen lieben Wasser

Sie gehören doch bestimmt auch zu den Menschen, die Blumen lieben. Deren Farben und Geruch erfreuen unser Herz. Bis auf das der Allergiker. Aber um die wollen wir uns jetzt mal nicht kümmern. Stattdessen wenden wir uns den Mietern zu, deren Wohnung über einen Balkon verfügt. Meist haben diese Mieter unter oder über sich einen weiteren Mieter, dessen Wohnung ebenfalls über einen Balkon verfügt.

Sind all diese Mieter Blumenfreunde, kann es passieren, dass sich alle Mieter Blumenkästen an ihre Balkonbrüstungen gehängt haben. Die nach außen zeigen. Nach innen wäre ja doof, denn dann wäre der Balkon kleiner als vorher. Und wer will das schon?

Blumen, wir wissen es, brauchen Wasser, um zu überleben. Manche Sorten benötigen sogar viel Wasser. Sehr viel Wasser. Das gießt der Mieter in seinen Blumenkasten. Auch hier, wie Sie sogleich feststellen werden, kommt es auf den Standpunkt oder, besser gesagt, auf den Gießpunkt an. Denn:

Gießt man selbst, ist es nicht schlimm, wenn es unten rausläuft und dann auf den unteren Nachbarbalkon tropft. Beschwert sich der da unten, soll der mal schön die Klappe halten. Blumen brauchen halt Wasser.

Gießt der Mieter über mir, ist das natürlich eine ganz andere Situation. Der da oben soll bloß aufpassen, dass er nicht zu viel gießt, denn dann kommt die ganze Plörre von oben runter auf meinen Balkon. Und das ist dann eine Sauerei.

Da kann es schon mal passieren, dass man sich vor Gericht wiedersieht. Vermieter verklagt gießenden Mieter. Begossener Mieter verklagt Vermieter. Begossener Mieter verklagt gießenden Mieter. Reihum ist alles möglich. Auch sehr schöne Verfahren, über die sich beteiligte Anwälte und entscheidende Richter freuen wie Bolle. Denn hier trennt sich die Spreu vom Weizen. Hier ist endlich mal juristischer Feinschliff gefragt. Holdrio!

Und die Lösung? Es gibt keine. Zumindest keine justiziable. Schreibt ein Vermieter in seinen Mietvertrag oder in die Hausordnung, dass das Anbringen von Blumenkästen untersagt ist oder der Genehmigung des Vermieters bedarf, kann eine solche Regelung wirksam sein. Oder auch nicht.

Schreibt ein Vermieter nichts davon in seinen Vertrag, kann der Mieter berechtigt sein, Blumenkästen außen anzubringen. Oder auch nicht.

Ist er berechtigt, Blumenkästen außen anzubringen, darf er gießen, dass es tropft. Oder auch nicht.

Auch das ist also wiederum ein wundervolles Beispiel für mannigfaltige Rechtskultur.

Für Interessierte ein kleiner Ausschnitt zum Nachlesen: AG Berlin-Schöneberg 11.10.2001 (13 C 367/00); LG Berlin 20.5.2010 (67 S 370/09); LG München I 15.9.2014 (1 S 1836/13 WEG).

Die Instanzen oder: Wir gehen bis zum BGH!

Unterschiedliche Urteile kommen oft auch dadurch zustande, dass ein höherrangiges Gericht ein Urteil der unteren Instanz ändert oder aufhebt. Beispiel? Gerne.

Sie vermieten mir eine Wohnung in einem Altbau. Leider hat die Wohnung einen Mangel: Die Wohnung hat Fußbodendielen aus Holz. Das ist mir bekannt. Die Dielen knarren. Das ist mir nicht bekannt. Es gibt einen weiteren Mangel: Im Bad befindet sich leider keine Steckdose. Das ist Ihnen bekannt. Mir nicht, obwohl ich die Wohnung vor Anmietung besichtigt habe. Wieder mal nicht richtig geguckt.

Schließlich gibt es einen dritten Mangel. Die Elektroinstallation ist nicht up to date. Zwei Haushaltsgeräte wie Trockner und Spülmaschine schafft die Stromversorgung des Hauses noch. Schalte ich zusätzlich einen Staubsauger ein, ist das Stromnetz überlastet. Das ist Ihnen bekannt. Mir nicht.

Nach Einzug stelle ich alle drei Mängel fest. Ich mindere die Miete und verlange Mängelbeseitigung von Ihnen.

Sie: Knarrende Dielen sind beim Altbau normal. Fehlende Steckdose im Bad auch, außerdem habe ich die Wohnung besichtigt. Das hätte mir auffallen müssen. Und dass das Stromnetz im Altbau nicht dem eines Neubaus entspricht, ist doch klar.

Ich: Nee, ist mir nicht klar. Ich verklage Sie auf Mängelbeseitigung vor dem Amtsgericht.

Gesagt, getan. Sie erhalten die von mir eingereichte Klage vom Amtsgericht. Sie haben leider keine Zeit, auf meine Klage innerhalb der vom Gericht gesetzten Frist zu reagieren. Prompt verurteilt das Amtsgericht Sie (durch ein so genanntes Versäumnisurteil) in allen drei Punkten, gibt mir also komplett recht.

Ihnen wird schwindelig. Sie legen gegen das Urteil Einspruch ein. Sie nehmen sich die Zeit, Ihren Einspruch zu begründen. Das Amtsgericht entscheidet neu und weist meine Klage jetzt in allen drei Punkten ab, gibt Ihnen also komplett recht.

Mir wird schwindelig. Ich lege Berufung ein. Das Landgericht hebt das amtsgerichtliche Urteil in Bezug auf das Parkett auf, weil es meint, auch in Altbauten dürften Dielen nicht knarren.

In Bezug auf die Elektrik bestätigt es das amtsgerichtliche Urteil, weil es meint, die fehlende Steckdose im Bad hätte ich bei der Besichtigung bemerken müssen, und im Altbau müsse man immer mit einer schwächeren Stromversorgung rechnen.

Mir wird erneut schwindelig. Ihnen ebenfalls. Wir beide legen Revision ein. Der Bundesgerichtshof hebt das landgerichtliche Urteil in allen drei Punkten auf: Knarrende Dielen sind beim Altbau normal und von mir hinzunehmen. Eine fehlende Steckdose nicht. Die müssen Sie nachrüsten. Meine vorherige Besichtigung der Wohnung schadet nicht, denn niemand zählt bei der Besichtigung die Steckdosen. Auch beim Altbau darf ich davon ausgehen, dass eine Steckdose im Bad vorhanden ist. Ist das nicht der Fall, hätten Sie mich darauf hinweisen müssen.

Und auch beim Altbau darf ich eine den heutigen Wohnverhältnissen entsprechende Stromversorgung zumindest insoweit erwarten, als dass mehrere Großgeräte gleichzeitig betrieben werden können. Ist das nicht der Fall, hätten Sie mich auch darauf hinweisen müssen.

Ganz schöne Achterbahnfahrt, finden Sie nicht auch? Kurze Zusammenfassung:

Parkett – Steckdose im Bad – Stromversorgung in der Wohnung: Ein Mangel?

- Das AG sagt zunächst: Ja Ja Ja
- Anschließend sagt es: Nein Nein Nein
- Das LG sagt daraufhin: Ja Nein Nein
- Letztlich sagt der BGH: Nein Ja Ja
- Meine Meinung: Ich hätte wie der Bundesgerichtshof entschieden. Glückstreffer? Vielleicht. Vielleicht aber auch nicht. Zum Nachlesen für Interessierte: BGH vom 26.7. 2004 (VIII ZR 281/03)

Ich und Kleintier?
Könnte ich dann Auto fahren?

11. KAPITEL

Warum ändert sich Rechtsprechung?

Früher war alles besser. Es gab die D-Mark, verdrahtete Telefone und eine Rechtsprechung, auf die man sich verlassen konnte. Hatte der Bundesgerichtshof einmal entschieden, dass eine Katze ein Kleintier ist, dann blieb dieses verdammte Mistviech auch für immer und ewig ein Kleintier. Komme, was da wolle. Und ein Kleintier darf ein Mieter schließlich ohne Genehmigung des Vermieters in seiner Wohnung halten. Heute und für alle Zeit. In Ewigkeit.

Ewigkeit kann heutzutage in der Rechtsprechung recht schnell vorbei sein. Warum ist das so? Warum ändert sich Rechtsprechung? Warum bleibt sie nicht dauerhaft verlässlich gleich?

Gegenfrage: Warum sollte sie? Sie ändern doch auch immer wieder Ihre Meinung, und zwar in jede beliebige Richtung: Ihre ehemals beste Freundin ist heute eine dumme Ziege. Ihr ehemals bester Kumpel ist heute ein riesengroßes Arschloch. Jede dritte Ehe wird geschieden. Den Partner, den Sie früher mal geliebt haben, mögen Sie heute nicht mehr oder finden ihn sogar zum Kotzen. Kam Leber früher bei Ihnen nie auf den Teller, essen Sie sie heute ganz gerne. Musik, die Sie als Jugendlicher verpönten, hören Sie sich immer häufiger sogar freiwillig im Radio an.

Wenn Sie Ihre Meinung hin und wieder ändern, warum wollen Sie das unseren Richtern nicht zubilligen? Aber das ist doch Quatsch, das ist was ganz anderes, werden jetzt viele von Ihnen denken. Ich kann doch rechtliche Aspekte nicht beliebig ändern, sagen Sie.

Ja, sage ich, nicht beliebig, aber im Rahmen meiner unabhängigen persönlichen Einschätzung kann ich jederzeit meine Ansicht ändern, ja gelegentlich muss ich das sogar. Und das kann von vielen Faktoren abhängen. Vom Zeitgeist, von der technischen Entwicklung, von meinen persönlichen Erfahrungen.

Mir hat ein Richter einmal Folgendes gesagt: Am Anfang meiner Richtertätigkeit war ich selbst Mieter. Zu der Zeit habe ich sehr mieterfreundliche Urteile gesprochen. Einige Jahre später konnte ich mir eine Eigentumswohnung kaufen. Ab diesem Zeitpunkt habe ich in meinen Urteilen bereits etwas mehr Verständnis für die Vermieter gezeigt.

Heute besitze ich ein Mehrfamilienhaus, in dem ich eine Wohnung selbst bewohne und die anderen Wohnungen vermiete. Meine Urteile sind heute wesentlich vermieterfreundlicher als zu Anfang meiner Berufstätigkeit. Das finden Sie nicht nachvollziehbar? Ich schon! Hier ein kurzer Auszug aus einem Beschluss des Bundesverfassungsgerichtes vom 5.11.2015 (1 BvR 1667/15):

»Es gehört zu den anerkannten Aufgaben der Rechtsprechung, im Rahmen der Gesetze von ihr als rechtsgrundsätzlich aufgestellte Rechtssätze zu überprüfen und sie, wenn erforderlich, weiterzuentwickeln. Im Einzelfall kann dies auch dazu führen, dass ein früher als richtig angesehenes Normverständnis aufgegeben und abweichend entschieden wird.

Höchstrichterliche Rechtsprechung schafft kein Gesetzesrecht und erzeugt keine damit vergleichbare Rechtsbindung. Eine in der Rechtsprechung bislang vertretene Gesetzesauslegung aufzugeben verstößt nicht als solches gegen Art. 20 Abs. 3 GG. Die über den Einzelfall hinausreichende Geltung fachgerichtlicher Gesetzesauslegung beruht allein auf der Überzeugungskraft ihrer Gründe sowie der Autorität und den Kompetenzen des Gerichts.«

Das Bundesverfassungsgericht hält demnach eine Änderung der Rechtsprechung in den Fällen, in denen es notwendig erscheint, sogar für geboten!

Dass Rechtsprechung sich ändert, beruht auf unterschiedlichen Kriterien:

1. Die Wissenschaft hat neue Erkenntnisse gewonnen. Heute wissen wir, dass die Erde eine Kugel ist. Das war nicht immer so. Sind wissenschaftliche Erkenntnisse als gesichert anzusehen, muss auch die Rechtsprechung darauf reagieren.

2. Voranschreitende Technik nimmt Einfluss auf unser Leben. Das beste Beispiel aus unserer aktuellen Zeit ist das Internet. Das Internet

bietet uns in vielen Lebensbereichen Möglichkeiten, die wir vorher nicht hatten. Auch darauf muss Rechtsprechung reagieren.

3. Manche Menschen werden gelegentlich klüger. Auch Richter bleiben davon nicht verschont. In derartigen Fällen muss die Rechtsprechung den Mut haben, die bisherige Meinung zu überdenken und gegebenenfalls zu ändern. Zum Beispiel dann, wenn eine gesetzliche Norm heute anders verstanden wird als früher, siehe oben die Entscheidung des Bundesverfassungsgerichtes. Warum sollen Richter davon eine Ausnahme machen?

4. Auch dann, wenn wir nicht klüger werden, ändern wir manchmal unsere Meinung. Das kann ebenfalls verschiedene Ursachen haben. Anpassung an andere Lebensumstände. Ein Hamburger zieht nach Bayern. In Bayern gehört die Maß Bier zum Alltag. In Hamburg nicht. Nach sieben Jahren München trinkt auch mancher Hamburger mittags eine Maß Bier.

Der Hamburger heiratet eine Japanerin. Der Hamburger schüttelt Hände. Die Japanerin nicht. Nach sieben Jahren Hamburg schüttelt auch die Japanerin in Hamburg zur Begrüßung Hände.

Der Nichtraucher heiratet eine Raucherin. Entweder hört sie nach sieben Wochen auf zu rauchen, oder der Nichtraucher fängt nach sieben Wochen an zu rauchen.

Änderung der persönlichen Lebensumstände kann ebenso ein Grund sein. Ein Richter ist selbst Mieter. Sieben Jahre später ist er Vermieter. Diese Umstände prägen in der Regel seine persönlichen Ansichten. Und damit seine Urteile. Und seien es auch nur Nuancen. Ob er will oder nicht. Er kann sich dagegen nicht wehren. Das Unterbewusstsein regelt das schon für ihn. Ohne, dass er selbst es merkt. Beispiele? Gerne.

INTERNETFERNSEHEN

In den ersten Jahrzehnten nach Gründung der Bundesrepublik gab es wenige Fernsehsender. Empfangen wurden sie mithilfe einer auf dem Hausdach montierten Gemeinschaftsantenne. Mit Einführung der privaten Fernsehsender in den 80er-Jahren stieg das mediale Bedürfnis der Bevölkerung. Zudem hatten ausländische Mitbürger ein großes Interesse daran, Fernsehsender aus ihrer Heimat zu empfangen. Ermöglicht wurde der Empfang durch eine Parabolantenne, die sich der Bürger auf das Dach, seine Terrasse oder seinen Balkon stellen oder an der Fassade seines Hauses anbringen konnte.

Auch Mieter von Wohnraum wollten auf diese Programmvielfalt nicht verzichten. Auch sie stellten Antennen auf Balkonen auf oder schraubten sie an Balkonbrüstungen fest. Viele Hauseigentümer sahen darin einen unerlaubten Eingriff in ihr Eigentum. Zugegebenermaßen sieht ein Mehrfamilienhaus mit 20 unterschiedlichen Satellitenschüsseln an Balkonbrüstungen alles andere als schön aus. Diese optische Beeinträchtigung, von den Vermietern als Antennenwald bezeichnet, führte die Parteien häufig vor Gericht. Mieter verklagten Vermieter auf Erteilung einer Genehmigung für das Aufstellen oder Anbringen einer solchen Antenne. Und Vermieter verklagten Mieter auf Entfernung derartiger Antennen.

Das führte zu einer zunächst einheitlichen bundesweiten Rechtsprechung. Ausländischen Mitbürgern wurde ein Informationsinteresse attestiert, Sender aus ihrem Heimatland empfangen zu können. Deshalb sollten ausländische Mieter unter bestimmten Voraussetzungen berechtigt sein, Antennen auf Balkone ihrer Mietwohnung zu stellen oder an die Balkonbrüstungen zu schrauben.

Verlangt wurde unter anderem, dass die Anbringung fachgerecht erfolgt, keine baurechtlichen Gesichtspunkte entgegenstehen, der Mieter den Abschluss einer Haftpflichtversicherung nachweist, die von der Antenne ausgehende Schäden abdeckt, und der Mieter dem Vermieter eine zusätzliche Sicherheit für eventuell später entstehende Rückbaukosten leistet.

Diese Grundsätze hielten sich etwa ein Jahrzehnt. Irgendwann kam man auf den naheliegenden Gedanken, dass auch ein deutscher Mieter ein begründetes Interesse daran haben könnte, Fernsehsender aus dem Ausland zu empfangen.

Beispielsweise dann, wenn sein angetrauter Partner Ausländer war. Oder wenn der Mieter ein beruflich begründetes Interesse hatte. Wenn er beispielsweise für einen Nachrichtensender regelmäßig aus Grönland berichten sollte. Dann ist es nachvollziehbar, dass er sich auch während eines einmonatigen Urlaubsaufenthaltes in Deutschland über die Vorkommnisse in Grönland informieren möchte.

Etwa ein Jahrzehnt später wurden auch andere Voraussetzungen hinterfragt. Ich erinnere mich an ein Gerichtsverfahren an einem Amtsgericht in Nordrhein-Westfalen. Ich vertrat ein Wohnungsunternehmen. Ein ausländischer Mieter hatte eine Parabolantenne am Balkon angebracht. Trotz Anforderung durch seinen Vermieter erbrachte er keinen Nachweis darüber, eine Haftpflichtversicherung abgeschlossen zu haben. Das Wohnungsunternehmen beauftragte mich daher, Klage gegen den Mieter auf Entfernung der Antenne zu erheben. Derartige Klagen waren zur damaligen Zeit in der Regel erfolgreich: Keine Haftpflichtversicherung? Antenne muss weg!

Folgender sinngemäß wiedergegebener Dialog fand in der mündlichen Verhandlung vor dem Amtsgericht statt:

Richter: Wofür benötigt Ihre Mandantin den Nachweis einer Haftpflichtversicherung?

Ich: Weil das ständiger Rechtsprechung entspricht, Oberlandesgericht Karlsruhe, Stuttgart und Frankfurt. Ich gehe davon aus, dass Ihnen die Rechtsprechung bekannt ist.

Richter: Die ist mir bekannt. Ich verstehe nur nicht, warum die Rechtsprechung das verlangt. Erklären Sie mir das bitte.

Ich: Zur Absicherung gegen evtl. Haftpflichtfälle. Stellen Sie sich vor, ein starker Sturm weht die Antenne des Mieters herunter. Die Antenne fällt jemandem auf den Kopf oder aufs Auto. Da die Antenne vorher am Haus der Mandantin hing bzw. dort stand, könnte der Geschädigte meine Mandantin auf Schadensersatz in Anspruch nehmen, falls der Mieter nicht über hinreichende Mittel verfügt.

Richter: In unserer Region gibt es solche Stürme nicht.

Ich (nur gedacht, nicht gesagt): Aha, der Mann ist nicht nur Richter, sondern auch noch nebenberuflich Meteorologe. Respekt.

Richter (gedacht + gesagt): Ich weise Ihnen die Klage ab.

Heute dürfte die Ansicht dieses Richters anerkannt sein. Die Änderung der Rechtsprechung zu Parabolantennen ging und geht weiter. Seit ca. zehn Jahren gibt es immer mehr Gerichte, die Mietern keinen Anspruch mehr auf Anbringung oder Aufstellung einer Parabolantenne zubilligen. Warum? Weil die Gerichte die Mieter zunehmend auf die Möglichkeit des Internetfernsehens verweisen.

Das machen nicht alle Gerichte. Das AG Halle hat am 13.11.2012 (95 C 4392/11) entschieden, dass ein Mieter zum Empfang ausländischer Fernsehsender aus seiner Heimat nicht auf das Internet verwiesen werden darf. Vielfältige Gründe sind dafür denkbar. Zum Beispiel hohes Alter des Mieters. Ein hochbetagter Mieter wird auf herkömmliche Art Fernsehen schauen können, über das Internet wahrscheinlich eher nicht.

Demgegenüber hat das Landgericht Wuppertal am 26.1.2012 (9 S 28/11) entschieden, dass es einem Mieter durchaus zumutbar sein kann, sein Informationsinteresse im Rahmen der im Internet zur Verfügung gestellten Fernsehsender seiner Heimat zu befriedigen. Das Landgericht Braunschweig hat das am 17.7.2012 (6 S 53/12) genauso gesehen. Der Bundesgerichtshof hat dieses Urteil am 14.5.2013 (VIII ZR 268/12) bestätigt. Und entschieden, dass es dabei keine Rolle spiele, ob der Mieter dafür regelmäßig Geld bezahlen müsse. Auch, wenn der Empfang über die Parabolantenne kostenlos sei. Denn ein Mieter habe keinen Anspruch auf kostenlose Information. Nur auf Information. Und was ist heute schon kostenlos?

SCHÖNHEITSREPARATUREN

Fragt man den berühmten Mann von der Straße, was Schönheitsreparaturen sind, wird er meist sagen, es handle sich um Malerarbeiten. Tapezieren und Streichen. Der Mann von der Straße hat recht.

Den Begriff der Schönheitsreparaturen finden Sie im Bürgerlichen Gesetzbuch nicht. Definiert sind die Schönheitsreparaturen in § 28 Absatz 4 Zweite Berechnungsverordnung: »Schönheitsreparaturen umfassen nur das Tapezieren, Anstreichen oder Kalken der Wände und Decken, das Streichen der Fußböden, Heizkörper einschließlich Heizrohre, der Innentüren sowie der Fenster und Außentüren von innen.«

Die Zweite Berechnungsverordnung (abgekürzt: II. BV) ist am 1.11.1957 in Kraft getreten, dementsprechend 60 Jahre alt. Das Gesetz betraf damals wie heute den sozialen Wohnungsbau, der mit Fördermitteln und öffentlichen Darlehen gebaut wurde, den sogenannten preisgebundenen Wohnraum. Diese Definition wurde, weil man sie passend fand und es keine andere gab, auch auf den sogenannten preisfreien Wohnraum angewendet, betrifft also seitdem alle Mietwohnungen in Deutschland.

Anhand dieser Norm kann man beispielhaft feststellen, dass Gesetze ebenso wie Menschen altern und irgendwann »unbrauchbar« werden können. Denn wer von Ihnen hat in den letzten zehn Jahren Wände gekalkt oder Fußböden gestrichen? Viele werden's nicht sein.

Das Gesetz ist in diesem Punkt veraltet. Warum passt man so ein Gesetz dann nicht an die heutige moderne Zeit an? Ganz einfach deshalb, weil's nicht notwendig ist. Der Aufwand, diese Regelung zu ändern, steht in keinem Verhältnis zum Ergebnis. Lässt man die Regelung so, wie sie ist, richtet sie keinen Schaden an, wenn dort vom Kalken der Wände oder vom Streichen der Fußböden die Rede ist.

Schädlich wäre es eher umgekehrt, wenn nämlich jeder von uns regelmäßig seine Kellerwände kalkte oder seine Fußböden in der

Wohnung wie verrückt striche, das Gesetz dazu aber keine Regelung enthielte. Dann wüssten wir nicht, ob man's nun machen müsste oder nicht.

So wie bei den Fußleisten. Denn wenn Sie sich bitte noch einmal kurz die obige Definition in der II. BV anschauen, werden Sie feststellen, dass die Fußleisten in der Rechtsverordnung nicht erwähnt werden. Auch wenn die heute verwendeten Fußleisten zumeist aus Teppich, Keramik oder Kunststoff sind, gibt es immer noch welche aus Holz.

Denken Sie bitte daran, dass das Gesetz von 1957 stammt. Zu der Zeit waren nahezu alle Fußleisten aus Holz. Und weil die Fußleisten im Gesetz nicht aufgeführt wurden, hat sich irgendwann einmal ein Vermieter gefragt, ob sein Mieter die nichtsdestotrotz nicht auch streichen muss. Und der Mieter dachte sich, nee mein Lieber, wenn die im Gesetz nicht erwähnt werden, bin ich dazu auch nicht verpflichtet.

Wieder waren die Gerichte gefragt. Und siehe da: Die Fußleisten mussten gestrichen werden. Entweder, so haben die Gerichte entschieden, hat der Gesetzgeber die Fußleisten schlicht und einfach vergessen. Nicht bewusst, denn dann wäre der Gesetzgeber ja schön blöde, nein, er hat sie einfach so vergessen, wie man sein Pausenbrot manchmal zu Hause liegen lässt. Aber, so die Gerichte, wenn wir schon nicht die Welt retten können, dann doch wenigstens unseren Gesetzgeber.

Und wie erreichen wir das? Indem wir das Gesetz interpretieren. Darin steht, dass die Wände angestrichen und die Fußböden gestrichen werden müssen.

Nebenbei: Gab es für den Gesetzgeber einen Unterschied zwischen »anstreichen« und »streichen«? Wenn ja, welchen? Warum hat der Gesetzgeber anstelle des Wortes »streichen« nicht das Wort »lackieren« verwendet? Eventuell deshalb, weil keiner der hochkarätigen Beamten, die die Rechtsnorm ausgeknobelt und formuliert haben, eine Maler- und Lackiererlehre absolviert hat? Waren das wieder mal nur Juristen? Wahrscheinlich. Dann kann's schon mal danebengehen.

Anschließend haben sich die Gerichte die Fußleisten genau angeschaut: Woraus bestehen die? Und ganz wichtig: Woran sind sie befestigt? Sie kamen zum wenig überraschenden Ergebnis: Die bestehen aus Holz (damals). Und befestigt sind sie an der Wand, und zwar unten am Fußboden. Und schon hatten die Gerichte die Lösung: Entweder ist eine Fußleiste Bestandteil der Wand. Dann muss man sie aus dem Grund anstreichen (= Anstreichen der Wände, steht nämlich im Gesetz).

Oder die Fußleiste ist die Verlängerung des Bodens, ähnlich wie die Schuhe aus den arabischen Märchen aus Tausendundeiner Nacht, bei denen sich die Schuhspitze zunächst nach oben und dann fast rückwärts gerichtet wieder aufrollt. Und dann muss man sie deshalb streichen (= Streichen der Fußböden, steht auch so im Gesetz). So funktioniert Interpretation. Kennen manche von uns noch aus der Schule. Da haben wir auch in Texte, die außer dem Lehrer niemand verstanden hat, einen Sinn hineingelesen.

Ich erinnere mich an ein Gedicht, das ich vor knapp 45 Jahren zusammen mit einem damaligen Schulfreund geschrieben habe. Jeder von uns hat einige Zeilen/Strophen zu dem Gedicht beigesteuert. Ich glaube, wir haben dem Gedicht den Titel »Quadratwelt« gegeben. Ich kann es heute leider nicht mehr vollständig rekonstruieren. Einige der von mir erdachten Zeilen/Strophen lauteten so:
Frühling, Sommer, Herbst und Winter,
Die Blumen, die Vögel lieben den Wolf
Man muss ihn bald zu Grabe tragen
Sonst verschwindet die Inspiration in
der zähen Lava der Ewigkeit.
Beelzebub spinnt am Horizont seine Bahn
Die CIA trägt das Kreuz des Verlierers
Die Wespe eludiert am Morgen der Welt
Der Weg zur stolzen Wiederkehr der Ewigkeit ist lang.
Das Werk haben wir unserem Deutschlehrer vorgestellt. Und im Unterricht interpretiert. Fast eine ganze Schulstunde haben wir damit füllen können. Der Unterschied zwischen dem Gedichttext und unseren Gesetzen: Gesetze haben in der Regel einen Sinn.

Fragte man den berühmten Mann von der Straße vor 20 Jahren, wer Schönheitsreparaturen durchführen muss, wird er meistens gesagt haben, der Mieter. Der Mann von der Straße hatte recht.

Fragte man ihn vor 20 Jahren weiterhin, ob es auch dem Willen des Gesetzgebers entspräche, dass der Mieter sie durchführen müsse, wird er meistens gesagt haben, ja, das stehe so im Gesetz. Jetzt aber irrte der Mann von der Straße.

Blicken wir knapp 120 Jahre zurück. Unser heutiges Bürgerliches Gesetzbuch (BGB) trat am 1.1.1900 in Kraft. Damals war die maßgebliche Norm für die Schönheitsreparaturen § 536 BGB. Der Text lautete (Orthografie vor der Rechtschreibreform):

»Der Vermiether hat die vermiethete Sache dem Miether in einem zu dem vertragsmäßigen Gebrauche geeigneten Zustande zu überlassen und sie während der Miethzeit in diesem Zustande zu erhalten.«

Heute steht dieser Text in § 535 Absatz 1 Satz 2 BGB. Er lautet:

»Der Vermieter hat die Mietsache dem Mieter in einem zum vertragsgemäßen Gebrauch geeigneten Zustand zu überlassen und sie während der Mietzeit in diesem Zustand zu erhalten.«

Der Gesetzgeber hatte demnach bereits vor 120 Jahren den Willen, die Pflicht zur Durchführung von Schönheitsreparaturen auch während des laufenden Mietverhältnisses dem Vermieter aufzuerlegen. Denn nur so ist der Textteil zu verstehen: »… und sie während der Mietzeit in diesem Zustand zu erhalten.«

Das fanden die Vermiether bereits vor 120 Jahren blöd. Da das Orakel von Delphi veraltet schien, Krake Paul aber noch nicht geboren war, fragten die Vermiether ihren Centralverband, den Vorläufer der heutigen Haus- und Grundeigentümervereine, um Rat.

»Oh Centralverband«, lamentierten die Vermiether, »es kann doch nicht angehen, dass diese nichtsnutzigen Miether unsere schön hergerichteten Wohnungen beziehen, beschmutzen mit ihrer Brut, und hernach wieder ausziehen, uns hinterlassend die ehemals so schön hergerichtete Wohnung wie in Sodom und Gomorra, sodass sie aussieht wie Hulle oder wie bei Hempels unterm Sofa. Bei Zeus und allen anderen da oben, Centralverband, du musst uns helfen! Halleluja!«

Dieser ließ sich nicht lumpen und gebar eine Klausel, die fürderhin bis immerdar in Miethverträgen Einlass fand und da lautete:

»Der Mieter übernimmt die Mieträume in gebrauchsfähigem Zustande, hat selbige in solchem Zustande während der Mietsdauer zu erhalten und nach Auflösung des Vertrags zu übergeben.« (Quelle: Dr. Kappus, »Dekorative Altlasten« bei Wohnungsübergaben, Neue Zeitschrift für Mietrecht = NZM 2016, 609)

Und siehe da, es klappte. Die Mieter tapezierten und strichen, dass es dem Vermieter eine wahre Freude war. Über hundert Jahre lang. Bis ein hinterlistiger Haufen beim Bundesgerichtshof (die verantwortlichen Bundesrichter mögen mir bitte verzeihen, aber ich vermute, diese Formulierung dürfte die Minderheit der unseriösen Vermieter in unserem Lande wohl dafür verwenden), der eine Anstellung in der Justiz der Bundesrepublik Deutschland erhalten hatte, sich grob undankbar über die Ernennung zum Bundesrichter zeigte, ins Gesetz schaute, die Klausel des Centralverbandes las, nochmals ins Gesetz schaute und dachte: Ei verbibsch, da stimmt was nicht.

Ähnlich muss es Herrn Aristoteles ergangen sein, als er herausfand, dass der seit Jahrtausenden bestehende alte Glaube, die Erde sei eine Scheibe, ein Irrglaube war. Ei, dachte er, da stimmt was nicht. Er fuhr an den Rand der Scheibe und stellte fest, da ist gar kein Rand. Sondern die Erde ist rund. Heute weiß man, er hatte recht. Und vielleicht wird man in hundert Jahren ebenso feststellen: Der Bundesgerichtshof hatte damals recht. Da stimmte tatsächlich etwas nicht.

Und jetzt steckte der Bundesgerichtshof in der Zwickmühle. Sollte er es wagen, das, was über hundert Jahre praktiziert, von den Mietvertragsparteien akzeptiert und von der gesamten Bevölkerung (außer vielleicht von den Mietervereinen, aber die Kommunisten sind ja auch gegen alles) für selbstverständlich gehalten wurde, in die Diogenessche Tonne zu kloppen? Oder sollte die Erde auch die nächsten hundert Jahre eine Scheibe bleiben? Sie werden es geahnt haben: Der Bundesgerichtshof entschied sich gegen die Scheibe. Und für die Kugel.

Aber warum? Warum kann man nicht beibehalten, was so viele Jahre gut funktioniert hat? Gegenfrage: Warum soll man an etwas Falschem festhalten? Selbst das Richtige ändert sich von Zeit zu Zeit.

Denken Sie an den Philosophen Marc Aurel, der gesagt haben soll: »Beachte immer, dass nichts bleibt, wie es ist, und denke daran, dass die Natur immer wieder ihre Formen wechselt.« Und was die Natur schafft, kann der Mensch auch.

Stellen Sie sich einmal vor, was passierte, wenn Rechtsprechung starr bliebe, sich nicht änderte, nicht der Zeit anpasste. Dann verträte der Bundesgerichtshof womöglich noch heute in Scheidungsverfahren seine Auffassung vom 2.11.1966. Damals musste das Gericht sich mit dem Scheidungsbegehren eines Mannes befassen, der behauptete, seine Ehefrau empfände nichts beim ehelichen Geschlechtsverkehr, sondern könne, das habe sie ihm so gesagt, dabei gleich besser Zeitung lesen. Sie empfinde das Ganze als reine Schweinerei und würde ihm lieber Geld für den Puff geben, als mit ihm zu schlafen.

Ja, sagte der Bundesgerichtshof damals (IV ZR 239/65), so ginge das wirklich nicht; die Frau genüge ihren ehelichen Pflichten nicht bereits dadurch, dass sie den ehelichen Verkehr teilnahmslos geschehen lasse, ein Mindestmaß an Hingabe könne der Mann ja wohl doch erwarten.

Wenn Sie darauf bestehen, dass alles bleibt, wie es ist, Pardon war, dann müssen Sie Ihren Internetanschluss kündigen, Ihr Handy wegwerfen, Ihren Induktionsherd verkaufen, Ihren Flachbildschirmfernseher verschenken und mit der guten alten D-Mark bezahlen. Ich will das nicht. Ich bestehe darauf, dass Rechtsprechung sich ändert. Nicht willkürlich, aber dort, wo es geboten ist. Vielen Dank dafür, meine Damen und Herren beim Bundesgerichtshof, dass Sie es offenbar genauso sehen.

12. KAPITEL

Machen wir nicht alle unsere eigenen Regeln?

In meinen Seminaren klagen mir Teilnehmer oft ihr Leid. Das hört sich so an:

1. Immer mehr Mieter machen sich im Internet schlau. Dort steht häufig viel Unsinn. Aber die Mieter glauben alles, was da steht. Und es ist unglaublich schwer, sie vom Gegenteil zu überzeugen.

2. Die Mieter sprechen nicht mehr miteinander. Wenn einem Mieter etwas am Verhalten des Nachbarn nicht passt, spricht er ihn nicht etwa selbst darauf an. Nein, er ruft sofort uns als Vermieter an und fordert uns auf, dass wir mit seinem Nachbarn sprechen.

3. Die meisten Mieter werden immer rücksichtsloser. Sie setzen ihre eigenen Interessen durch. Die Belange des Vermieters oder der Nachbarn sind ihnen egal. Sie halten sich nicht an den Mietvertrag oder die Hausordnung. Sie machen sich stets ihre eigenen Regeln.

Dem Grunde nach teile ich diese Ansicht. Allerdings halte ich es nicht für so problematisch wie die meisten meiner Seminarteilnehmer. Sondern ich sehe das als eine Ausprägung unseres Zeitgeistes.

1. Ich erkenne zunächst einmal kein Problem darin, wenn Menschen versuchen, klüger zu werden. Im Gegenteil, ich bewerte das als positiv. Ich bin auch nicht der Auffassung, dass im Internet mehr Unsinn als Sinn steht. Und das Risiko von Fehlinformationen gab es auch schon zu Zeiten vor dem Internet. Nur ist es heute natürlich wesentlich einfacher, an Informationen zu gelangen. Und diese Informationen beinhalten natürlich auch Rechte von Mietern.

Sind die Informationen falsch, ist es Aufgabe des Vermieters, es richtig zu stellen. Gelingt ihm das auf friedlichem außergerichtlichen Wege nicht, steht es dem Vermieter frei, seine Rechte vor Gericht einzuklagen. Darin sehe ich kein Problem, sondern eher einen Gewinn.

Meine Eltern (die besten Eltern der Welt übrigens) waren aus Vermietersicht ideale Mieter. Sie gingen davon aus, der Vermieter habe seine Pflicht für alle Zeiten bereits damit erfüllt, ihnen eine Wohnung zur Verfügung zu stellen. Ging etwas in der knapp 60-jährigen Mietzeit kaputt, ließen es meine Eltern reparieren oder erneuern. Natürlich auf eigene Kosten.

Niemals wären meine Eltern auf den Gedanken gekommen, bei Mängeln die Miete zu mindern. So etwas machte man nicht. Man dachte nicht einmal daran. Zum Ende des Mietverhältnisses befand sich immer noch die erste Badewanne in der Wohnung. Fast 60 Jahre alt. Der Wannenboden war so rau, dass er für einen Peelingeffekt sorgte. Als ich meiner Mutter vorschlug, eine neue Badewanne beim Vermieter zu erbitten, erwiderte sie, das ginge nicht, die Wanne sei noch nicht kaputt. Als ich ihr anbot, die Wanne mit einem Hammer zu zerschlagen, lehnte sie empört ab und meinte, dann müsse sie doch die neue Wanne bezahlen. Als ich das verneinte, sagte sie, ich hätte ja keine Ahnung. Damit war für meine Mutter der Fisch geputzt und die Sache erledigt.

Meine Eltern haben mit dieser Methode nicht nur ihre eigene Mietwohnung abbezahlt, sondern wahrscheinlich auch alle Instandsetzungsarbeiten am Haus ihres Vermieters finanziert, gemeinsam mit den übrigen fünf Mietern in dem Sechsfamilienhaus, die es genauso machten wie meine Eltern. Ich trauere dem nicht nach, bin aber der sicheren Überzeugung, dass diese Art des Umgangs mit seinem Vermieter wesentlich zu viel des Guten ist.

2. Auch die Feststellung, dass Mieter heutzutage nicht oder nur ungerne miteinander sprechen, soweit es um hausinterne Meinungsverschiedenheiten geht, teile ich. Das war früher definitiv anders. Meine Eltern bewohnten mit meiner Oma, meinem Bruder und mir eine 3-Zimmer-Wohnung von etwa 55 m². In Anbetracht der Personenanzahl bin ich also in einer recht kleinen Wohnung aufgewachsen. Ohne zumindest für mich erkennbare Schäden. Im Haus wohnten noch fünf andere Familien. Ich kann mich nicht daran erinnern, dass es innerhalb der Hausgemeinschaft irgendwann einmal größere Probleme gab. Kinderwagen standen nicht im Treppenhaus. Rollatoren gab es noch nicht. Niemand hatte zu laute Musik an. Und wenn es ausnahmsweise doch einmal vorkam, nahm man es hin oder sprach

mit dem Nachbarn, aber nicht aggressiv, sondern ruhig und freundlich. Kein Nachbar beschwerte sich über Kinderlärm. Nicht einmal das kinderlose Ehepaar. Die Flurreinigung klappte. Ich hatte den Eindruck, es wurde sogar zu oft gewischt.

Jeder Mieter achtete auf das Eigentum des Nachbarn. Und besonders auf das des Vermieters. Der Einzige, der das Haus verkommen ließ und absolut keine Instandhaltung oder Instandsetzung vornahm, war in dem Haus, in dem ich aufgewachsen bin, tatsächlich der private Vermieter meiner Eltern. Klagen von ihm oder seinen Nachfolgern sehe ich übrigens am gelassensten von allen Klagen entgegen. Das Einzige, was diesen Vermieter interessierte, war die pünktliche monatliche Mietzahlung. Das war durchaus sein gutes Recht. Es war zwar falsch, sich für nichts anderes zu interessieren, aber es war sein gutes Recht.

Aber ist es nicht auch das gute Recht eines Mieters, vom Vermieter das zu verlangen, was ihm das Gesetz zubilligt? Und das ist unter anderem eine mangelfreie Wohnung. Bohrt ein Nachbar mit seiner neuen Bohrmaschine am ersten Weihnachtsfeiertag 24 Stunden lang Löcher in seine Wände, warum sollte der Mieter mit diesem Nachbarn sprechen? Sein Vertragspartner ist nicht der Nachbar, sondern sein Vermieter. Auch das sehe ich dementsprechend nicht als Problem an, sondern als nachvollziehbares Verhalten. Immerhin ist ein Mieter sogar gesetzlich verpflichtet, seinem Vermieter einen Mangel zu melden.

3. Und dass Mieter nach ihren eigenen Regeln leben, kann man ihnen kaum vorwerfen. Machen wir das nicht auch? Wir alle stellen doch in schöner Regelmäßigkeit unsere eigenen Regeln auf, insbesondere dann, wenn es um unsere Interessen geht. Stets und ständig. Beispiele? Gerne.

Erstes Beispiel für eigene Regeln:
Ruhe bitte!

In Zügen der deutschen Bahn befinden sich Ruheabteile. Darin ist das Telefonieren und laute Sprechen bestenfalls untersagt, zumindest unerwünscht. Daran halten sich die Fahrgäste nicht ansatzweise. Ich bin in den letzten sechs Jahren knapp 200.000 Bahnkilometer gefahren. Meiner Einschätzung nach telefonieren etwa 50 % der Fahrgäste unermüdlich und ausdauernd. Ein geringer Prozentsatz davon macht das sicherlich aus Unachtsamkeit. Obwohl 99 % dieser Reisenden geschäftlich erfahrene und des Lesens kundige Mitmenschen sein dürften.

Bei 1.000 Reisenden und einem Anteil von 50 % telefonierender Personen sind das 500 Fahrgäste. 5 % davon sind unwissend, diese 25 lassen wir unter den Tisch fallen, obwohl Unwissenheit bekanntlich nicht vor Strafe schützt. Demzufolge scheren sich 475 von 1.000 Fahrgästen einen feuchten Dreck darum, ob sie in einem Ruheabteil sitzen oder nicht. Sie stellen kurzerhand ihre eigenen Regeln auf. Denn nichts auf der Welt kann in diesem Moment wichtiger sein als ihr Telefonat. Meine Meinung? Gehirn einschalten.

Zweites Beispiel für eigene Regeln:
Das ist voll behindert!

Ich fahre sonntags früh häufig zu einem Einkaufsmarkt, in dem eine Bäckerei ordentliches Backwerk anbietet. Am Einkaufsmarkt befindet sich ein großer Parkplatz, der mehreren Hundert Fahrzeugen ausreichend Platz bietet. Der der Bäckerei nächstgelegene Stellplatz ist etwa 20 m von der Eingangstür der Bäckerei entfernt. Unmittelbar vor der Bäckerei gibt es darüber hinaus noch vier Behindertenparkplätze, schätzungsweise nur 10 m davon entfernt.

Die meisten Behinderten in meiner Heimatstadt fahren offenbar ebenfalls sonntags früh zu dieser Bäckerei, denn zu der Zeit, in der ich dort einkaufe, sind regelmäßig drei der vier Behindertenparkplätze belegt. Mir ist jetzt nicht bekannt, wie viele Mitbürger über eine entsprechende Parkgenehmigung verfügen. Vielleicht von 1.000 Bürgern einer?

Das bedeutete, dass 999 Kunden, und sehr oft junge bewegliche, scheinbar kerngesunde Brötchenkäufer, es frühmorgens nicht schaffen, weitere 10 m vom regulären Parkplatz bis zur Bäckerei zurückzulegen. Diese 999 hungrigen Mäuler stellen ebenfalls ihre eigenen Regeln auf. Ohne schlechtes Gewissen. Warum? Weil so viele Behinderte so früh morgens doch keine Brötchen holen. Und 10 m sind 10 m. Zeitersparnis 5–10 Sekunden. Kann ich schon wieder etwas eher Grützfernsehen gucken. Also was willst du, Alter?

Drittes Beispiel für eigene Regeln:
Ich kann so schnell fahren, wie ich will!

Sie fahren auf der Autobahn. Aus unerklärlichen Gründen, meist an einer Baustelle, gilt dort gelegentlich eine Geschwindigkeitsbegrenzung von 100 km/h. Sie sind der Ansicht, diese Beschränkung sei nicht nachvollziehbar, dort könne man problemlos 140 km/h fahren. Das trauen Sie sich aber nicht, weil dort Radar stehen könnte, und bei gefahrenen 140 km/h könnte ein beträchtliches Bußgeld drohen, oder schlimmer noch: ein Fahrverbot.

Sie legen sich daher eine freiwillige Selbstbeschränkung auf und fahren 115–120 km/h. Weil Sie diese Geschwindigkeit für angemessen halten. Und das machen wir (fast) alle. Haben Sie's gemerkt? Wir machen erneut unsere eigenen Regeln. Wir entscheiden, welche Geschwindigkeit angemessen ist. Nicht diese blöden Schilder.

Viertes Beispiel für eigene Regeln: Ätsch, mein Brief ist wichtiger als deiner!

Sie müssen unbedingt zur Post und einen Brief aufgeben. Sie fahren mit dem Auto, weil's schnell gehen soll. Vor der Post sind alle Stellplätze belegt. Nicht schlimm, denken Sie und halten kurz in der zweiten Reihe mitten auf der Straße. Das ist vertretbar, glauben Sie, weil die Straße dort zweispurig ist und deshalb der Verkehr weiter fließen kann. Nicht ganz so flüssig wie mit zwei Spuren, aber das ist Ihnen gleichgültig, denn es ist ja Ihr Brief, der eingeworfen werden muss, und der ist wichtig.

Macht jemand anders dasselbe, und wir fahren dort gerade zufällig vorbei und müssen aufgrund des in der zweiten Reihe stehenden Fahrzeuges abbremsen oder gar warten, schimpfen wir wie die Rohrspatzen auf diesen Blödmann, der sich aus egoistischen Gründen über die Interessen aller Mitmenschen rücksichtslos hinwegsetzt. Dessen Brief kann doch niemals so wichtig sein. Und wenn, dann soll er gefälligst früher kommen. Unverschämtheit! Merke: Meine eigenen Regeln sind wichtiger als deine eigenen Regeln!

Fünftes Beispiel für eigene Regeln: 50 – 40 = 60

Wir sind bereit, uns für eigene Regeln gelegentlich sogar strafbar zu machen. Wir kaufen ein. Eine Hose. Ein Schnäppchen. 40 € für super Qualität, hervorragenden Sitz und höchsten Tragekomfort. Wir zahlen bar. Mit einem Fünfziger. Die Kassiererin gibt uns 60 € Wechselgeld zurück. Wir schauen sie fragend an. Sie schaut lächelnd zurück, hält uns die Tragetasche hin und wünscht uns viel Freude mit der schönen Hose. Wir nehmen die Tasche und das Geld, bedanken uns höflich und verlassen das Geschäft.

Das Bemerkenswerte daran: Wir haben auch hierbei kein schlechtes Gewissen, die 50 € zu behalten. Im Gegenteil. Wir sind in der Lage, unser Handeln zu rechtfertigen. Vor allen Göttern, Richtern und sonstigen Mitmenschen dieser Welt. Sogar vor uns selbst. Wie? Ganz einfach. Irgendwann in unserem Leben hat uns irgendjemand zu wenig Wechselgeld herausgegeben, ohne dass wir es bemerkt haben und reklamieren konnten. Gerade deshalb dürfen wir jetzt die 50 € behalten. Das nennen wir ausgleichende Gerechtigkeit.

Sechstes bis 98. Beispiel für eigene Regeln

- Fahrradfahrer fahren grundsätzlich auf dem falschen Radweg. Ansonsten auf dem Bürgersteig. Oder in der Innenstadt in der Fußgängerzone. Und mit defektem Rücklicht. Und abgefahrenen Bremsen. Und sowieso immer ohne Licht. Und mit Beifahrer auf dem Sattel. Oder auf der Lenkstange.

- Raucher rauchen auf Bahnhöfen nie innerhalb der markierten Flächen. Die sieht man auch so schlecht. Leuchtend gelbe Signalfarbe. Nicht gut zu erkennen. Außerdem zieht der Rauch doch sowieso über die Markierungen hinweg. Dann kann man doch besser gleich außerhalb der Markierung rauchen. Dann zieht der Rauch vielleicht in Richtung der markierten Fläche. Dann stimmt's doch wieder.
- Fußgänger gehen bei Rot. Aber nur, wenn kein Auto kommt. Kein Lkw. Kein schneller Lkw. Und niemals über den Zebrastreifen. Immer 5 m daneben.
- Hundebesitzer kacken meist nicht selbst auf die Wiese im Park. Aber ihre Hunde. Und je größer der Hund, desto schwerer wäre die Tüte, wenn man den Haufen darin aufsammelte. Also lässt man den Haufen besser liegen (siehe oben Kapitel 3.). Und so große Tüten gibt es ja auch gar nicht. Jedenfalls hat man keine bei. Momentan. Sonst immer. Nur gerade jetzt nicht. Mist, vergessen. Aber der Regen spült das ja auch gleich wieder weg. In ein paar Tagen sieht man nichts mehr. Soll sowieso ein gutes Düngemittel sein, habe ich gehört. Außerdem zahlt man ja Hundesteuer. Die meisten jedenfalls. Warum ich keine Hundesteuer zahle? Als ob ich nicht schon genug Steuern zahle! Von meinen Steuern haben die schon ganze Autobahnen gebaut. Da muss ich mich nicht auch noch um die Kackhaufen kümmern.
- Im Supermarkt stehen die abgelaufenen Joghurts immer vorne. Mit dem aufgedruckten Datum nach hinten. Oder noch besser unten. Am besten unten hinten. Spricht man den Marktleiter darauf an, ist es das erste Mal passiert. In 40 Jahren das erste Mal. Joghurt haben die eigentlich sonst gar nicht im Programm. Warum der da steht, weiß der Marktleiter auch nicht. Muss ein Kunde dort hineingestellt haben.
- Bietet ein Restaurant ein Buffet an nach dem Motto »All you can eat«, packen sich die dicksten Gäste den Teller am vollsten. Weil man dann ja weniger laufen muss. Und wenn man das, was man sich auf den Teller gepackt hat, nicht mag, ist der Koch selbst schuld. Ja, dann muss man's halt wegwerfen. Wir werfen so viel weg, da fällt mein Teller doch überhaupt nicht ins Gewicht. Außerdem hab ich's ja auch bezahlt. Und der Inder hungert auch so, ohne meinen Teller.

Ich mag nicht mehr weiter aufzählen. Es sind nicht ganz 98 eigene Regeln geworden. Aber Ihnen fallen bestimmt auch noch sehr viele ein. Die können Sie ja an den Rand schreiben. Nur zu. Nur Mut.

Also bitte, erzählen Sie mir nichts von Mietern oder anderen bösen Menschen, die ihre eigenen Regeln basteln. Wir alle, Sie und Sie und Sie und ich, wir sind ein Volk der Heimwerker und Bastler. Und hauptsächlich und am liebsten basteln wir uns eigene Regeln.

Natürlich gibt es Grenzen. Eine Menge sogar. Grenzziehungen für eigene Regeln sehe ich hauptsächlich in den Fällen einer Selbst- oder Fremdgefährdung. Gelegentlich geht beides einher mit einem Kleinhirn, dessen Akku leer zu sein scheint. Die Recklinghäuser Zeitung meldete am 5.9.2014, dass eine Mutter von mehreren Kleinkindern in Merklinde, einem Stadtteil von Castrop-Rauxel, in ihrer Küche Essen zubereitet hatte. An sich nichts Außergewöhnliches. Oder Schlimmes. Die Frau hatte sich allerdings für eine nicht alltägliche Zubereitungsart entschieden. Sie grillte die Mahlzeiten. Auf einem Holzkohlegrill mit offenem Feuer. In der Küche. Bei geschlossenem Fenster. Das Feuer sollte ja nicht ausgehen. Und das Fleisch nicht kalt werden. Wahrscheinlich hatte ihr Vermieter das Grillen auf dem Balkon untersagt. Dann blieb der Armen ja gar nichts anderes übrig, als in der Küche zu grillen. Die Kinder mussten anschließend ärztlich versorgt werden. Ob man der Mutter im Krankenhaus ein neues Hirn eingepflanzt hat, kann man dem Zeitungsartikel leider nicht entnehmen. Meine Meinung? Typische Zuschauerin meiner Lieblingsfernsehsendungen.

13. KAPITEL

Fazit und (vorsichtige) Kritik

Ich bin mir nicht sicher, ob es mir überhaupt zusteht, Kritik zu üben. Meine erste juristische Staatsprüfung habe ich erst im zweiten Anlauf bestanden. Mit der schlechtesten aller Noten, die zum Bestehen ausreichen, eben mit Ausreichend. Im zweiten Staatsexamen zeigte ich Konstanz, ebenfalls Ausreichend. Ich hatte Riesenglück, in einer renommierten Kanzlei eine Anstellung zu bekommen. Eine Zeit lang habe ich mich gefragt, warum ich es mir und meinen Mitmenschen angetan habe, Jurist sein zu wollen.

Ich könnte das damit entschuldigen, dass ich niemals Rechtswissenschaften studieren wollte. Lehrer wollte ich werden, für Deutsch und Französisch. Alle meine damaligen Lehrer, meine Eltern und überhaupt jeder, der sprechen konnte, haben mir davon abgeraten. Es gab in den 70er- und 80er-Jahren so viele Lehramtsstudenten, dass man die Straßen damit hätte pflastern können.

Ich nahm den Rat meiner Mitmenschen an und gleichzeitig einen Leitfaden des Arbeitsamtes zur Hand. Ich fand einen Eintrag »Rechtswissenschaft«, und darunter als Erläuterung die Begriffe »Recht« und »Sinn für Gerechtigkeit«. Ich war schon immer der Ansicht, dass Gerechtigkeit für alle ein dem Weltfrieden fast ebenbürtiges Ziel ist. Also studierte ich Jura. Es gab damals nicht viele Dinge, die mir so wenig Spaß gemacht haben wie Jura. Kotzen vielleicht oder Gartenarbeit. Ich habe mich durch das Studium, die beiden Examina und den Berufsanfang gequält wie ein Marathonläufer durch seine Laufstrecke.

Es dauerte einige Berufsjahre, bis ich merkte, dass die Rechtswissenschaft ein faszinierendes Gebiet ist. Und irgendwann faszinierte sie auch mich. Das hält bis heute an. Gelegentlich ärgere ich mich, dass ich lange dafür brauchte, um das zu erkennen. Aber gleichzeitig freue ich mich, dass ich die Faszination überhaupt jemals erkannt habe.

Ich war zu Anfang meiner Tätigkeit sicher kein guter Jurist. Heute hoffe und glaube ich, zumindest kein schlechter Jurist zu sein. (Merken Sie was? Litotes!) Eine bekannte Theologin hat in einer Fernsehtalkshow einmal gesagt, dass derjenige ein guter Jurist sei, der erkannt habe, dass unser Recht an Grenzen stoße. Sollte das wirklich der Maßstab sein – was ich stark bezweifle, wie nahezu alles, was von Theologen kommt –, muss ich mittlerweile ein verdammt guter Jurist sein.

Ich lebe in einem wundervollen Staat mit einer hervorragenden Rechtsordnung. Ich bin nicht stolz darauf, Deutscher zu sein und in diesem Land zu leben. Denn zumindest an Ersterem habe ich nicht das leiseste Verdienst. Glücklicher Zufall, mehr nicht. Und Letzteres ist ebenso zufällig, denn in der Regel leben Menschen immer in dem Land, in dem sie geboren wurden. Nein, stolz bin ich darauf nicht. Aber ich bin heilfroh und glücklich, Deutscher zu sein und in der heutigen Zeit in diesem Land leben zu dürfen. Unsere Rechtsordnung funktioniert. Und ich hoffe, dass sie noch lange funktionieren wird.

Dennoch bereiten mir einige Aspekte Sorge. Beispielsweise die zunehmende Tendenz der Gerichte, sich von den Menschen zu entfernen. Vor lauter Forderung nach Freiheit, Transparenz, Datenschutz und radikaler Rücksichtnahme auf jede noch so kleine Minderheit gerät manchmal die Frage aus dem Blickfeld, was der Mensch wirklich noch zu leisten imstande ist. Wir müssen aufpassen, dass Genauigkeit bei den richterlichen Vorgaben im Höchstfall zur Erbsenzählerei, aber nicht zum Korinthenkackertum ausartet.

Wir müssen uns eingestehen, dass unser Alltag nicht immer mit unserem Rechtssystem und gerichtlichen Entscheidungen kompatibel ist. Wenn die fehlende Kompatibilität aber zum Ergebnis führt, dass Lebensfremdheit zum wesentlichen Bestandteil unserer Gerichtsentscheidungen wird, besteht die Gefahr, dass die Menschen den gerichtlichen Anforderungen nicht mehr genügen. Und zwar nicht deshalb, weil ihnen der Wille dazu fehlt. Sondern schlicht und einfach aus dem Grund, weil der Durchschnittsbürger diese Leistungen oftmals nicht mehr erbringen kann.

Rechtsprechung muss unbedingt verständlich und nachvollziehbar bleiben. Wenn schon nicht terminologisch oder vom Ergebnis her, so doch zumindest von den Anforderungen, die die Urteile der Gerichte an den Menschen stellen. Beispiel? Gerne.

DIE BESTIMMTHEIT VON URTEILEN UND BESCHLÜSSEN

Kehren wir zum Brückenbauer zurück. Ihm gehört eine Eigentumswohnung in einer Wohnungseigentumsanlage. Jede Wohnungseigentümergemeinschaft müsste einen Hausverwalter haben. Jemand, der die Interessen der Gemeinschaft und der Eigentümer vertritt. Der über genügend Fachwissen verfügen sollte, um auch rechtliche Fragen zumindest einfacher Schwierigkeit beantworten zu können.

Nur extrem wenige Verwalter dürften gleichzeitig hervorragende Juristen sein. Sonst wären die meisten wahrscheinlich nicht Verwalter geworden, obwohl es ein schöner und interessanter Beruf ist. Oft sind Verwalter ausgebildete Immobilienkaufleute. Sie haben kaufmännische, buchhalterische, technische, rhetorische und rechtliche Kenntnisse. Sie sind aber nicht gleichzeitig auch ausgebildete Kaufleute, Buchhalter, Ingenieure, Germanisten und Juristen. Ich vergleiche sie salopp mit Maklern. Der klassische Makler ist meist kein Experte auf einem einzigen Gebiet. Er verfügt aber in der Regel, zumindest sollte er das, über eine ganze Bandbreite von Kenntnissen. Sein Wissen umfasst den Bereich Maklerrecht, Mietrecht, Wohnungseigentumsrecht, Kaufrecht, Grundbuchrecht, Finanzierung, Bewertung von Grundstücken, Marketing und noch das eine oder andere mehr.

Richter dagegen müssen nur Recht können. Wenn die Gerichte die Anforderungen an die Verwaltertätigkeit jetzt so hoch ansetzen, dass Verwalter mit ihrer Ausbildung nicht mehr in der Lage sind, den richterlichen Anforderungen zu genügen, schaffen wir vielfältige Probleme.

Extrem hohe Anforderungen werden unter anderem an die Formulierung von Beschlüssen gestellt. Verwalter berufen Eigentümerversammlungen ein. In der Einladung zur Versammlung sind die Punkte aufzuführen, über die beschlossen werden soll. Der Verwalter liest die Beschlussvorschläge in der Versammlung vor. Die Eigentümer können die Beschlüsse annehmen oder ablehnen. Nehmen sie einen Beschluss an, verkündet der Verwalter den Beschluss. Jetzt hat jeder Eigentümer einen Monat Zeit, den Beschluss gerichtlich anzufechten, wenn er mit seinem Inhalt nicht einverstanden ist.

Einer der erfolgreichsten und damit beliebtesten Anfechtungsgründe ist die mangelnde Bestimmtheit von Beschlüssen. Übrigens handelt es sich dabei auch um eine beliebte Fehlerquelle in gerichtlichen Vergleichen oder Urteilen. Beispiel? Gerne.

Erster Fall: Stellen Sie sich vor, Sie haben mir eine Wohnung vermietet. Monatsmiete 500 €. Mietbeginn 1.7.2017. Die Julimiete zahle ich nicht. Auch nicht, nachdem Sie mich dreimal höflich gebeten haben. Sie verklagen mich. Im anschließenden Urteil steht, dass der Beklagte (das bin ich) verurteilt werde, an den Kläger (das sind Sie) 500 € zu zahlen. Auch nach Erhalt des Urteils zahle ich nicht. Ihnen bleibt nichts anderes übrig, als mir den Gerichtsvollzieher »auf den Hals zu hetzen«. Der liest das Urteil und versteht sofort, was er machen soll: Mich zur Zahlung von 500 € zu veranlassen/zwingen. Das Urteil ist also hinreichend bestimmt.

Zweiter Fall: Sie haben mir schon wieder eine Wohnung vermietet. Nach einem Jahr stellen Sie fest, dass ich zwei große Hunde besitze. Sie fordern mich mehrmals höflich auf, die beiden Hunde abzuschaffen. Das mache ich nicht. Sie verklagen mich. Im anschließenden Urteil steht, dass der Beklagte (wieder ich) verurteilt wird, die beiden in der Wohnung gehaltenen Hunde zu entfernen. Auch nach Erhalt des Urteils bleibe ich untätig. Ihnen bleibt nichts anderes übrig, als mir den Gerichtsvollzieher »auf den Hals zu hetzen«.

Der liest das Urteil und versteht sofort, was er machen soll, nämlich die beiden Hunde aus meiner Wohnung zu entfernen. Der Gerichtsvollzieher kommt vorbei, meist in Begleitung eines Hundefängers. Ich öffne und lasse den Gerichtsvollzieher herein. Siehe da, ich halte jetzt drei große Hunde in meiner Wohnung. Auf Fragen des Gerichtsvollziehers antworte ich nicht. Der Gerichtsvollzieher hat ein Problem: Welche zwei Hunde soll er mitnehmen? Darf er sich die Hunde aussuchen? Oder suche ich die Hunde aus? Oder Sie als Vermieter? Oder darf er jetzt gar nicht mehr tätig werden, weil er nicht weiß, welche Hunde im Urteil gemeint sind? Dieses Urteil ist demnach nicht so bestimmt wie das Urteil mit den 500 €.

Gehen wir zurück zu den Beschlüssen einer Wohnungseigentümergemeinschaft. Der Verwalter lässt beschließen, dass die Bewohner in ihren Wohnungen nur so laut musizieren und singen dürfen, dass niemand der übrigen Bewohner gestört wird.

Wonach wollen wir das bemessen? Beherrscht der Nachbar seine Gitarre perfekt und spielt Lieder nach meinem Geschmack, fühle ich mich nicht gestört. Im Gegenteil, ich könnte ihm stundenlang zuhören. Spielt der Nachbar mehr schlecht als recht Geige, oder geigt er Hip-Hop, fühle ich mich schon nach den ersten beiden Tönen erheblich gestört. Da eine konkrete Bemessungsgrundlage fehlt, wäre der Beschluss also zu unbestimmt und damit anfechtbar und ungültig.

Daher versucht der Verwalter, den Beschluss präziser zu formulieren. Er lässt beschließen, dass die Bewohner Musik nur in Zimmerlautstärke spielen dürfen. Der Verwalter ist der felsenfesten Überzeugung, Zimmerlautstärke lasse sich definieren.

Glauben Sie das auch? Ich habe Zweifel. Das LG Berlin hatte am 19.01.2012 (67 T 227/11) auch Zweifel. Es gibt kein Messgerät zur Feststellung der Zimmerlautstärke. Bedeutet Zimmerlautstärke, dass man die Geräusche außerhalb dieser Wohnung nicht hören darf? Wenn man sie also im Hausflur hörte, wäre die Zimmerlautstärke schon überschritten? Oder bedeutet Zimmerlautstärke, dass man die Geräusche innerhalb der übrigen Wohnungen nicht hören darf? Wenn man sie also lediglich im Hausflur, aber noch nicht in den übrigen Wohnungen hörte, wäre die Zimmerlautstärke dann eben noch nicht überschritten? Sie merken, es wird schwierig.

Und wer setzt einen Maßstab? Der fast taube Mieter? Der Mieter, der die Flöhe husten hört? Der verständige Durchschnittsmieter? Wer ist das, ein verständiger Durchschnittsmieter? Sie? Ich? Der Richter?

Um einen möglichst unanfechtbaren Beschluss fassen zu lassen, muss ein Hausverwalter peinlichst genau darauf achten, den Beschluss hinreichend bestimmt bzw. bestimmbar zu formulieren. Das kann in Einzelfällen zu einem sehr langen Beschlusstext führen. Manchmal kann der Text so lang sein, dass er für den Durchschnittseigentümer nicht mehr verständlich (transparent) ist. Das wäre auch wieder blöd, denn dann könnte er aus Gründen der fehlenden Transparenz unwirksam sein. Denken Sie an den 50-seitigen Mietvertrag.

Es kann dem Verwalter demnach passieren, dass er es entweder falsch macht oder verkehrt. Pest oder Cholera. Zu lang oder zu kurz. Schönes Schlamassel.

Wenn wir an diesen Punkt gelangen, dass ein professioneller, langjährig tätiger und guter Hausverwalter außerstande ist, seinen täglichen Job ohne Hilfe eines Rechtsanwaltes zu erledigen, muss man sich die Frage stellen dürfen, ob da nicht irgendetwas faul ist.

Wenn diese Hilfe nicht mehr nur von einem »normalen« Rechtsanwalt, sondern allenfalls von einem Fachanwalt für das betreffende Sachgebiet erledigt werden kann, muss man sich die Frage stellen dürfen, ob da nicht irgendetwas faul ist.

Und wenn nicht einmal der Fachanwalt sich in der Lage sieht, dem Hausverwalter eine Beschlussformulierung vorzuschlagen, die einer eventuellen gerichtlichen Auseinandersetzung standhält, muss man sich die Frage stellen dürfen, ob da nicht irgendetwas faul ist.

Wenn mich ein Hausverwalter bittet, einen wasserdichten Text für einen Beschluss zu formulieren, der auf einer Eigentümerversammlung beschlossen werden soll, lehne ich dieses Ansinnen in der Regel ab. Begründung: Wasserdicht? Kann ich nicht. Beschlussformulierung ist übrigens auch dein Job, lieber Verwalter. Oder frag besser den Richter, aber bitte den letztinstanzlichen Richter, der über die Frage der Rechtmäßigkeit dieses Beschlusses zu urteilen hätte. Da wir den nicht kennen (es kann im Zeitpunkt der Entscheidung ja schon ein ganz anderer Richter zuständig sein, siehe oben »Des Pudels Kern«), können wir den leider auch nicht fragen. Selbst wenn wir den kennten, gäbe der uns keine Antwort. Also mach's selbst. Wenn's schiefgeht, bin wenigstens nicht ich schuld.

Wenn nicht einmal mehr ein hoch qualifizierter Fachanwalt (ich rede nicht von mir) sich zutraut, seinem Mandanten in einfach gelagerten Fällen die Rechtslage zu erklären, sondern ihm sagen muss, da könne er genauso gut würfeln, wenn er eine Einschätzung über den

Ausgang des Verfahrens haben möchte (Sie erinnern sich? 1, 3, 5 = gewonnen, 2, 4, 6 = verloren), muss man sich die Frage stellen dürfen, ob da nicht irgendetwas faul ist. Erinnern Sie sich bitte nur einmal an den Fall aus Koblenz mit dem Labrador auf dem Parkettboden.

Wenn selbst ein Richter am Bundesgerichtshof (und der Mann ist »Champions League« unter den Juristen, im Vergleich dazu: Ich bin mit viel Wohlwollen höchstens 2. Bundesliga, und da auch noch im Abstiegskampf) einem Bürger nicht sicher den Ausgang eines Verfahrens prognostizieren kann, muss man sich die Frage stellen dürfen, ob da etwas faul ist.

Wie, denken Sie jetzt vielleicht, nicht einmal die Bundesrichter wissen, wie es richtig geht? Natürlich nicht. Das ist auch nicht deren Aufgabe. Wie? Ist es nicht? Wofür haben wir die denn? Die und die anderen Richter? Kann ich Ihnen sagen. Beispiel? Gerne. Zunächst eines mit einem Amtsrichter.

Eine Hausverwalterin hatte eine Jahresabrechnung für die Eigentümer einer Wohnungseigentümergemeinschaft erstellt. (Anmerkung: Das ist so etwas Ähnliches wie eine Nebenkostenabrechnung für eine Mietwohnung.)

In diesen Abrechnungen müssen Kostenverteilerschlüssel angegeben werden. Ein Kostenverteilerschlüssel ist ein Abrechnungsmaßstab, beispielsweise die Wohnungsgröße oder die Anzahl der Personen. Im Mietrecht rechnet man die Kosten häufig nach m² Wohnfläche ab. Im Wohnungseigentumsrecht oftmals nach den Miteigentumsanteilen.

In einer Wohnungseigentümergemeinschaft können aber auch andere Kostenverteilungsschlüssel gelten. Meistens sind diese schon beim Bau des Hauses festgelegt worden. In einer sogenannten Teilungserklärung. In der Regel entwirft ein Notar diese Teilungserklärung. Warum? Weil Teilungserklärungen notariell beurkundet bzw. beglaubigt werden (müssen). Und das erledigt ein Notar.

Jetzt hat ein Notar von Beurkundungen und Beglaubigungen in der Regel viel Ahnung. Aber von Teilungserklärungen leider nicht unbedingt. Das ist so ähnlich, wie wenn Sie gerade Ihre Führerscheinprüfung bestanden haben: Sie dürfen ab jetzt Auto fahren. Können es aber nicht. So auch der Notar. Er darf eine Teilungserklärung beurkunden, hat aber möglicherweise keine Ahnung, was dort hineingehört und wie man sie formulieren soll. So ein Notar könnte die Teilungserklärung verfasst haben, um die es hier in dem Fall der Hausverwalterin ging.

Darin stand nämlich, dass »die Kosten innerhalb der Wohnungseigentümergemeinschaft im Verhältnis der Wohnungen, Personen, Garagen und Stellplätze verteilt werden müssen.«

Die Hausverwalterin las den Text. Einmal, zweimal, dreimal. Sie verstand nicht, wie das gemeint war. Den Notar konnte sie nicht mehr fragen, der war verstorben. Die Teilungserklärung war über 30 Jahre alt.

Weil sie den Text der Teilungserklärung nicht verstand, nahm sie an, sie mache nichts falsch, wenn sie den Kostenverteilungsschlüssel wählte, den das Gesetz vorsieht, nämlich Miteigentumsanteile. Den Gedanken setzte sie in die Tat um und erstellte die Jahresabrechnung nach diesem Verteilerschlüssel. Die Jahresabrechnung wurde in der Eigentümerversammlung mehrheitlich für prima befunden und beschlossen.

Ein Eigentümer war auf der Versammlung nicht anwesend. Er mochte die Verwalterin nicht. Ihm war es egal, wie der Kostenverteilungsschlüssel lautete. Er suchte lediglich einen Vorwand, der Verwalterin eins auszuwischen. Und suchte seinen Anwalt auf. Der empfahl ihm, den Beschluss gerichtlich anzufechten. Dieser Empfehlung folgte der Eigentümer. Die Anfechtungsklage wurde der Hausverwalterin zugestellt. Damit ging sie zu ihrem Anwalt.

Der las sich den Vorgang durch. Anschließend sagte er der Verwalterin, dass die Klage begründet sei. »Warum?«, fragte sie. »Weil Sie den falschen Kostenverteilungsschlüssel verwendet haben«, antwortete der Anwalt. »Was wäre denn der richtige Kostenverteilungsschlüssel?«, fragte die Verwalterin. »Das weiß ich nicht«, antwortete der Anwalt, »der von Ihnen verwendete Verteilungsschlüssel ist jedenfalls falsch.«

Die Verwalterin verfiel in eine kurze Starre. Dann bat sie ihren Anwalt, trotzdem sein und ihr Glück bei Gericht zu versuchen, denn sie könne sich nicht vorstellen, dass das richtig sei, was er ihr gerade gesagt habe.

Der Anwalt schrieb ans Gericht. Das Gericht beraumte einen Termin zur mündlichen Verhandlung an. Im Gerichtsaal saß die Verwalterin rechts neben ihrem Anwalt. Der Richter sagte in Richtung der Verwalterin, dass er beabsichtige, der Klage stattzugeben.

»Warum?«, fragte die Verwalterin. »Weil Sie den falschen Kostenverteilungsschlüssel verwendet haben«, antwortete der Richter. »Was wäre denn der richtige Kostenverteilungsschlüssel?«, fragte die Verwalterin. »Das weiß ich nicht«, antwortete der Richter, »der von Ihnen verwendete Verteilungsschlüssel ist jedenfalls falsch.«

Wer jetzt glaubt, es gebe tatsächlich keine Lösung für diesen Fall, irrt. Mein Vorschlag: Angenommen, im Objekt gibt es 12 Wohnungen, 8 Garagen und 3 Stellplätze. Und angenommen, im Kalenderjahr 2017 haben 17 Personen in den Wohnungen gewohnt. Dann rechnen wir: $12 + 8 + 3 + 17 = 40$. Angenommen, der klagende Eigentümer hat eine Wohnung, weder Garage noch Stellplatz und hat 2017 mit seiner Ehefrau und einem Sohn in der Wohnung gewohnt. Dann rechnen wir: $1 + 0 + 0 + 3 = 4$. Dann muss er 2017 genau $4/40 = 1/10$ der Kosten tragen. Ganz sicher, fragen Sie? Ja, es sei denn, der für Sie zuständige Richter hat eine bessere Idee.

Noch ein Beispiel? Gerne. Jetzt das Beispiel mit dem Bundesrichter.

Ein ehemaliger Richter am Bundesgerichtshof hat nach seiner Pensionierung einen Aufsatz zu einer sogenannten Kleinreparaturklausel verfasst. Der Mann war stellvertretender Vorsitzender des für das Mietrecht zuständigen Senats am Bundesgerichtshof. Also mit Verlaub einer der höchstqualifizierten Richter, die wir haben. Champions League, sozusagen. In dem Aufsatz hat er sich weit aus dem Fenster gelehnt und eine Vertragsklausel vorgeschlagen, die man seiner Ansicht nach in Mietverträgen gut verwenden könne.

In einer Fußnote zu dieser Klausel schreibt er, er bitte aber um Verständnis, dass er für die »Haltbarkeit« dieser Klausel keine Gewähr übernehmen könne.

Daran erkennt man, wie klug dieser Mann ist. Glauben Sie wirklich, er könne garantieren, dass jeder Richter in unserem Land seiner Auffassung folgt? Glauben Sie, er könne in die Zukunft schauen? Er habe eine Glaskugel auf seinem Schreibtisch oder Krake Paul in einem

Wasserbecken? Nein, hat er nicht. Er kann lediglich seine persönliche Ansicht wiedergeben. Er kann nicht einmal garantieren, dass er in den nächsten Jahren bei seiner Auffassung bleibt. Auch das ist Rechtsstaat. Wundervoll.

Zum Nachlesen für Interessierte: Dr. Beyer, »Kleinreparaturen im Wohnraummietverhältnis: Wer zahlt?«, Neue Zeitschrift für Mietrecht (NZM) 2011, 697

In diesem Zusammenhang fällt mir die Frage ein, ob es auch Fälle gibt, die nicht justitiabel sind. Fälle, die man unter Zugrundelegung unserer Gesetze eigentlich gar nicht lösen kann. Gibt es. Beispiel? Gerne.

Der Rollator im Hausflur

Sie sind wieder mein Vermieter. Ich wohne im 2. Obergeschoss Ihres Mehrfamilienhauses. Das Haus verfügt nicht über einen Fahrstuhl. Der Keller ist altersbedingt feucht. Es gibt weder einen Hinterhof noch einen Vorgarten. Das Haus ist an beiden Seiten unmittelbar an andere Häuser angebaut. Also weder vorne noch hinten und weder links und rechts zusätzlicher Platz.

Ich habe als 60-Jähriger das Glück der späten Stunde, mit meiner jüngeren Ehefrau noch ein Kind zu bekommen. Unsere Tochter ist einen Monat alt. Leider bin ich gleichzeitig etwas gehbehindert und daher auf einen Rollator angewiesen. Und meine Frau hat Rücken. Ärztlich attestiert. (Aufpassen: Alles fiktiv, ist ja nur ein Beispiel.)

Frage: Wohin mit dem Kinderwagen und dem Rollator? Wir stellen beides unten im Treppenhaus ab. Ihnen ist es egal, Sie wohnen nicht dort. Aber die Nachbarn mögen das nicht. Der Innenbereich an der

Hauseingangstür ist sehr klein. Der Weg ins und aus dem Haus ist erschwert. Der Durchgang ist deutlich enger geworden. Auch wenn ich den Rollator zusammenklappe, kommen korpulentere oder ältere Mitmieter (und beide Gruppen vermehren sich rasend schnell in unserer Gesellschaft) nicht mehr problemlos hinein und hinaus. Noch schlimmer wird's, wenn meine Nachbarn Einkaufstüten oder Getränkekisten dabeihaben. Das artet gelegentlich zu zirkusreifen Jonglagen aus. Man beschwert sich bei Ihnen.

Sie fordern mich auf, Kinderwagen und Rollator zu entfernen. Entweder soll ich beides mit in die Wohnung nehmen oder in den Keller stellen. Oder draußen abstellen. Fahrräder stehen schließlich auch da. Und zum Schutz gegen Diebstahl kann ich ja beides mit einem Fahrradschloss sichern. Alternativ stellen Sie mir anheim, das Kind zur Adoption freizugeben, denn ohne Kinderwagen wäre den Nachbarn auch schon sehr geholfen. Oder ich möge schlicht und einfach auszuziehen.

Nach sehr kurzer Rücksprache mit meiner Frau und unserer Tochter lehnen wir Ihr Ansinnen ab. Die Nachbarn sind genervt. Einer offenbar so sehr, dass er den Kinderwagen eines Abends nach draußen vor die Haustür stellt. Glücklicherweise habe ich das rechtzeitig bemerkt und den Kinderwagen wieder ins Treppenhaus geschoben. Damit nicht noch andere genervte Nachbarn ebenfalls auf dumme Gedanken kommen, kette ich den Kinderwagen mit einem massiven Fahrradschloss ans Treppengeländer an. Jetzt kann man ihn nicht einmal mehr hin- und herschieben, um einen besseren Durchgang zu ermöglichen.

Der erste Mieter mindert die Miete. Sie sehen keine andere Lösung, als mich zu verklagen. Ihr vordringliches Ziel ist es, zu erreichen, dass Rollator und Kinderwagen komplett aus dem Hausflur verschwinden. Sollte das nicht klappen, soll mir das Gericht zumindest untersagen, den Kinderwagen ans Geländer anzuketten.

Jetzt Sie. Erste Frage: Darf ich den Kinderwagen anketten? Überlegen Sie gut. § 538 BGB fällt Ihnen wieder ein? Super! Also: Handelt es sich dabei um vertragsgemäßen Gebrauch?

Sie sagen Nein? Prima. Dann teilen Sie die Auffassung des Landgerichts Berlin (63 S 487/08). Das Landgericht meinte, dass das Anketten eine Steigerung des Gebrauchs der Mietsache sei und daher nicht mehr vertragsgemäß. Wird der Kinderwagen nämlich angekettet, kann man das Treppengeländer in diesem Bereich nicht mehr zum Festhalten beim Rauf- oder Runtergehen verwenden. Aber genau dafür ist so ein Handlauf des Treppengeländers vorgesehen. Ist der Kinderwagen nicht angekettet, kann man ihn hin- und herschieben, um sich am Geländer festzuhalten. Schöne Begründung, wie ich finde.

Zweite Frage: Dürfen Rollator und/oder Kinderwagen wenigstens unangekettet im Hausflur stehen bleiben?

Sie sagen wieder Nein? Leider nicht so prima. Denn die meisten Gerichte erlauben das. Aber nur unter bestimmten Voraussetzungen. Zunächst einmal müssen Kinderwagen und Rollator für den Mieter notwendig sein. Zieht also eine junge, kinderlose, nicht schwangere Frau in eine Mietwohnung ein, darf sie einen Kinderwagen nicht mit der Begründung ins Treppenhaus stellen, sie wünsche sich sehnlichst ein Kind und habe schon mal vorsorglich einen Kinderwagen gekauft, weil der momentan im Angebot gewesen sei.

Darüber hinaus darf es keine andere zumutbare Unterbringungsmöglichkeit im Haus bzw. auf dem Hausgrundstück geben. Verfügt beispielsweise das Haus über einen Aufzug und der Mieter mit Kinderwagen und/oder Rollator über einen großen, trockenen Kellerraum, kann es ihm zuzumuten sein, Kinderwagen und/oder Rollator in den Kellerraum zu stellen.

Schließlich muss das Abstellen im Treppenhaus für Vermieter und Nachbarn zumutbar sein. Ist das Treppenhaus so winzig klein, dass niemand mehr das Haus über den Hauseingang betreten oder verlassen kann, ist eine Zumutbarkeit wohl nicht mehr gegeben. Niemand kann darauf verwiesen werden, seine im zweiten Obergeschoss gelegene Wohnung mit einem Hubsteiger zu erreichen oder mit einer langen Leiter über den Balkon zu verlassen.

Pfiffige Vermieter unter den Lesern könnten jetzt erwägen, derartige Situationen durch eine entsprechende Regelung im Mietvertrag zu vermeiden. Vielleicht so: »Das Abstellen von Gegenständen im Treppenhaus ist verboten.«

Super Idee. Klappt aber leider nicht. Warum nicht? Weil sie damit das Gesetz außer Kraft setzen. Und so weit geht die Vertragsfreiheit bei uns nicht. Sonst könnten Sie ja ein Einfamilienhaus vermieten und in den Mietvertrag schreiben, dass der Mieter Ihnen nach Vertragsende das Dach neu decken muss. Oder am besten das Haus komplett neu bauen muss.

Warum Sie mit einer derartigen Verbotsregelung das Gesetz außer Kraft setzen? Denken Sie an unsere Zaubernorm, § 538 BGB: »Veränderungen oder Verschlechterungen der Mietsache, die durch den vertragsgemäßen Gebrauch entstehen, hat der Mieter nicht zu vertreten.«

Wäre das vertraglich vereinbarte Verbot wirksam, bestimmten Sie einzig und allein, was vertragsgemäßer Gebrauch ist oder nicht. Sie sind also quasi Herr Erdoğan und Herr Kim Jong-un in Personalunion. Findet unser Gesetzgeber nicht gut. Die Richter auch nicht. Ich schließe mich dem freudig an.

Sie geben sich noch nicht geschlagen. Sie basteln weiter emsig an einer Formulierung, die sie in den Vertrag aufnehmen wollen. Ihnen kommt die Erleuchtung. Vielleicht so: »Das Abstellen von Gegenständen im Treppenhaus bedarf der Zustimmung des Vermieters«? Und dann, so planen Sie, genehmigen Sie das Abstellen einfach nicht. Fertig, basta, Fisch geputzt.

Tolle Idee. Klappt leider auch nicht. Und zwar scheitert es aus dem gleichen Grund wie die Verbotsklausel. Sie schränken damit pauschal den vertragsgemäßen Gebrauch ein. Und das dürfen Sie nicht. Zum Nachlesen: Landgericht Berlin 15.9.2009 (63 S 487/08).

Zwischenergebnis: Mit sehr hoher Wahrscheinlichkeit können Sie das Abstellen von benötigten Kinderwagen und notwendigen Rollatoren nicht verbieten. Konsequenz: In Ihrem Achtfamilienhaus, bei dem weder vorne noch hinten und weder links noch rechts zusätzlicher Platz ist, das über ein sehr kleines Treppenhaus verfügt, nicht aber über einen Aufzug und auch nicht über Kellerräume, stehen im Extremfall acht Kinderwagen und acht Rollatoren neben- und übereinander gestapelt, ohne dass Sie mietrechtlich etwas dagegen unternehmen können. Wendt, du spinnst? Glaube ich nicht.

Watt nu? Entweder vermieten Sie nur noch an junge, gesunde, unfruchtbare und schwule Männer ohne Adoptionswunsch. Dann läge zwar Ihrerseits ein Verstoß gegen das Allgemeine Gleichbehandlungsgesetz vor. Aber die Wahrscheinlichkeit, dass diese Mieter irgendwann einen Kinderwagen benötigen, ist extrem gering. Und bis diese Mieter einen Rollator brauchen, haben Sie das Haus längst Ihren Kindern oder Enkeln übertragen. Dann sollen die sich doch damit rumärgern.

Oder Sie stoßen Ihre Immobilie sofort ab und eröffnen mit dem Geld einen Marktstand, was sage ich, eine ganze Kette von Marktständen. Am besten verkaufen Sie Möhren, erinnern Sie sich? Klappt wunderbar, keine Mängel, keine Mietrückstände, keine Betriebskostenabrechnung, kein Kinderwagen. Ach, wäre das ein herrlich langweiliges Leben.

Der Nichtraucher + die Raucherin

Dürfen Gerichte sich eigentlich immer in Verträge einmischen, die beide Vertragspartner genauso vereinbaren wollten? Ja, dürfen sie. Beispiel? Gerne.

Erstes Beispiel: Sie sind Vermieter. Männlich. Alleinstehend. Älter. Sie haben ein Mehrfamilienhaus in einer bei Mietern sehr beliebten Stadt. Sagen wir Berlin, Hamburg, Münster, München. Sie wollen eine freie Wohnung zum ortsüblichen Mietzins vermieten. Um die Wohnung bewerben sich 50 Interessenten. Unter anderem eine junge Dame. Sie will die Wohnung unbedingt haben. Sie sind einverstanden. Sie schreiben in den Mietvertrag unter der Rubrik »Zusatzvereinbarungen«: Die Mieterin ist verpflichtet, einmal wöchentlich in der Wohnung des Vermieters nackt zu putzen. Die Mieterin liest das und ist damit einverstanden. Sie schließen mit ihr den Vertrag. Die Mieterin zieht ein. Nach einer Woche verlangen Sie den ersten Nacktputztag. Die Mieterin lehnt ab. Sie verklagen sie auf Erbringung der Leistung. Vielleicht kündigen Sie das Mietverhältnis sogar und erheben gegen die Mieterin eine Klage auf Räumung und Herausgabe der Wohnung.

Ich vermute, auch ohne zweites juristisches Staatsexamen kommen Sie zum Ergebnis, dass der Vermieter diesen Anspruch wohl nicht gerichtlich durchsetzen kann, weil die betreffende vertragliche Vereinbarung unwirksam ist. Korrekt.

Zweites Beispiel: Sie sind Vermieter. Militanter Nichtraucher. Sie vermieten eine Wohnung Ihres Achtfamilienhauses. Es melden sich mehrere Bewerber. Sie sprechen mit jedem sehr ausführlich. Auch darüber, dass Sie Raucher nicht ausstehen können. Und niemals an einen Raucher vermieten würden. Ein Interessent erklärt, er sei ebenfalls Nichtraucher. Auf Ihre Frage, ob er es auch bleiben werde, erklärt er, er könne sich jedenfalls nicht vorstellen, jemals mit dem Rauchen anzufangen. Sie schließen mit diesem Mieter denselben Mietvertrag wie auch schon mit den anderen sieben Mietern.

Im Vertrag steht: »Der Mieter verpflichtet sich, in der von ihm angemieteten Wohnung nicht zu rauchen. Zur angemieteten Wohnung gehört auch der zur Wohnung gehörende Balkon. Der Mieter verpflichtet sich darüber hinaus, dafür zu sorgen, dass auch keiner seiner Besucher oder eine sonstige Person (z.B. Handwerker), die sich in seiner Wohnung aufhält, in der Wohnung raucht.« Der Mieter findet diese Regelung prima und unterschreibt den Vertrag.

Einen Monat nach Einzug lernt der Mieter die Frau seines Lebens kennen. Liebe auf den ersten Blick. Die Frau ist Angestellte eines Tabakkonzerns. Sie raucht ca. 30 Zigaretten am Tag. Sie ist selbst Mieterin, hat aber nur ein Apartment von 25 m². Die Wohnung Ihres Mieters dagegen ist 60 m² groß. Gut geeignet für zwei Personen. Die Frau zieht zu Ihrem Mieter. Und sie raucht in der Wohnung. Und auf dem Balkon.

Sie bekommen das mit. Sie sind empört. Sie verlangen von Ihrem Mieter, dass seine Mitbewohnerin in der Wohnung nicht mehr raucht. Andernfalls möge er sie rauswerfen. Oder bitte selbst ausziehen. Oder sich von ihr trennen.

Ihr Mieter hustet Ihnen etwas. Macht er alles nicht. Stattdessen wird's für Sie noch schlimmer. Die Liebe, das wussten ja schon früher die Schlagersänger, ist ein merkwürdiges Spiel. Wenn der Mieter die Frau seines Lebens küsst, hat er das Gefühl, er beiße in einen Aschenbecher. Schmeckt scheiße. Da seine Mitbewohnerin nicht bereit ist, mit dem Rauchen aufzuhören, fängt Ihr Mieter damit an. Jetzt geht's wieder mit dem Küssen. Sie kochen vor Wut. Sie verklagen Ihren Mieter. Ihr Ziel: eine rauchfreie Wohnung, so wie Sie es im Mietvertrag mit ihm vereinbart haben.

Jetzt Sie. Wird das Gericht Ihrem Wunsch entsprechen? Oder müssen Sie akzeptieren, dass in der Wohnung und/oder auf dem Balkon geraucht wird?

Ich befürchte, Sie werden unterliegen. Denn noch sieht unsere Rechtsprechung es als vertragsgemäß an, wenn ein Mieter in der Wohnung raucht. Und die von Ihnen verwendete Vertragsklausel ist zwar gut gemeint, aber aller Voraussicht nach unwirksam. Sie kennen das ja schon: § 538 BGB können Sie nicht so grundlegend einschränken, wie Sie es möchten. Also entweder Gasmaske aufsetzen oder den berühmten Möhrenstand auf dem Wochenmarkt eröffnen.

Wohnung + Garage

Drittes Beispiel: Sie vermieten mir eine Wohnung in Ihrem Achtfamilienhaus. Hinter dem Haus, auf demselben Grundstück, befindet sich ein Garagenhof. Eine Garage ist derzeit frei. Sie fragen mich, ob ich die Garage ebenfalls anmieten möchte. Ich sage ja, gerne. Ich zeige Ihnen fünf Möglichkeiten auf, wie es weitergehen könnte.

Sagen Sie übrigens bitte nicht »fünf Alternativen«. Eine Alternative ist die Wahl zwischen zwei Möglichkeiten. Wenn Sie sagen, Sie zeigten mir fünf Alternativen auf, dann hätte ich fünfmal die Wahl zwischen je zwei Möglichkeiten. Oder, wenn Gram- und Mathematik in diesem speziellen Fall vermengt werden dürfen, die Wahl zwischen insgesamt zehn Möglichkeiten.

Möglichkeiten 1 + 2: Sie sind ein sparsamer Mensch. Sie nehmen ein einziges Vertragsformular. Vertragsobjekt sind Wohnung und Garage.
1. Der Vertrag enthält keine besonderen Regelungen. (= Möglichkeit 1)
2. Der Vertrag enthält folgenden Zusatz: »Die Garage kann sowohl von dem Vermieter als auch von dem Mieter mit gesetzlicher Kündigungsfrist gesondert, also unabhängig von der Wohnung, gekündigt werden. Vermieter und Mieter sind sich darüber einig, dass das Garagenmietverhältnis nicht an das Wohnraummietverhältnis gebunden ist.« (= Möglichkeit 2)

Möglichkeit 3, 4 + 5: Sie haben in Ihrer Schublade unterschiedliche Vertragsformulare für Wohnung und für Garage. Sie verwenden sie. Eins für die Wohnung. Das andere für die Garage.
3. In beiden Verträgen steht: »Das Mietverhältnis kann von jeder Vertragspartei mit einer Frist von drei Monaten gekündigt werden.« (= Möglichkeit 3)
4. Wie 3., mit folgendem Zusatz in dem Vertrag über die Garage: »Die Garage kann sowohl von dem Vermieter als auch von dem Mieter mit gesetzlicher Kündigungsfrist gesondert, also unabhängig von der Wohnung, gekündigt werden. Vermieter und Mieter sind sich darüber einig, dass das Garagenmietverhältnis nicht an das Wohnraummietverhältnis gebunden ist.« (= Möglichkeit 4)
5. In beiden Verträgen stehen unterschiedliche Kündigungsfristen. Im Wohnraummietvertrag steht: »Das Mietverhältnis kann von jeder Vertragspartei mit einer Frist von drei Monaten gekündigt werden.« Im Garagenmietvertrag steht: »Das Mietverhältnis kann von jeder Vertragspartei mit einer Frist von einem Monat gekündigt werden.« (= Möglichkeit 5)

Sie haben es sicherlich schon bemerkt: Wir beide mögen uns. Sie haben den Eindruck, ich sei ein netter Mieter. Ich habe den Eindruck,

Sie seien ein netter Vermieter. Ich besuche Sie in Ihrer Wohnung. Sie legen mir den bzw. die Mietverträge vor. Ich lese sie durch. Wir sind beide, was unsere rechtlichen Kenntnisse betrifft, Durchschnittsbürger. Mit anderen Worten: Wir wissen, was wir tun. Und wo der Hase hinläuft. Und der Barthel den Most holt. Und wo der Hammer hängt, wissen wir schon lange. Wir beide sind der Ansicht, die Verträge seien völlig in Ordnung. Wir sind mit allem einverstanden, was in den Verträgen steht. Sie unterschreiben. Ich unterschreibe.

Sechs Monate später gewinnen Sie 10.000 € im Lotto. Sie kaufen sich einen Zweitwagen. Den möchten Sie in eine Garage stellen. Sie haben selbst aber nur eine. Da steht schon Ihr Erstwagen. Also kündigen Sie mir das Garagenmietverhältnis. Nur das Garagenmietverhältnis. Nicht die Wohnung. Nur die Garage.

Was Sie nicht wissen: Ich habe mich mittlerweile an die Garage gewöhnt. In den vergangenen Monaten war es kalt. Winter. Kein Kratzen. Kein kalter stotternder Motor. Wunderbar. Ich schreibe Ihnen, es täte mir leid, aber ihr Zweitwagen soll doch bitte draußen stehen. Sie sind sauer. Das haben Sie sich anders vorgestellt. Sie gehen zum Anwalt. Der soll mich verklagen und dafür sorgen, dass Sie an Ihre (also meine) Garage kommen. Und? Wird das klappen? Versuchen wir, zu lösen.

Möglichkeiten 1+2:
1. Nein. Der Bundesgerichtshof hat am 12.10.2011 (VIII ZR 251/10) gesagt: Sind Wohnung und Garage in einem Mietvertrag zusammengefasst, kann die Garage nicht losgelöst von der Wohnung gekündigt werden. Sie haben Pech gehabt.
2. Das klappt wahrscheinlich ebenfalls nicht. Das hat zumindest das AG Schwelm am 16.2.2017 in einem ähnlichen Fall entschieden (27 C 228/16). Die Regelung im Mietvertrag kann eine überraschende Klausel sein. Steht diese Klausel in einem vorformulierten Vertrag, ist die Klausel gemäß § 305 c BGB unwirksam.

Zu einem anderen Ergebnis wäre das Amtsgericht Schwelm unter Umständen dann gelangt, wenn diese Klausel von Ihnen drucktechnisch hervorgehoben worden wäre, also umrahmt oder fett gedruckt gewesen wäre. Fettdruck ist keine Überraschung. Ebenso wie heutzutage fette Menschen keine mehr sind.

Möglichkeiten 3–5:
3. Nein. Der Bundesgerichtshof hat am 12.10.2011 (VIII ZR 251/10) gesagt: Zwei separate Verträge über Wohnung und Garage sprechen zwar zunächst für deren rechtliche Selbstständigkeit. Liegen Wohnung und Garage aber auf demselben Grundstück, wollten Vermieter und Mieter, dass die getrennten Verträge eine rechtliche Einheit bilden. Die rechtliche Einheit wird bekräftigt durch eine einheitliche Kündigungsfrist von drei Monaten.
4. Hier werden Sie wohl würfeln müssen. Oder das Orakel von Delphi fragen. Oder Krake Paul?
5. Das könnte mit viel Glück funktionieren. Der Bundesgerichtshof hat am 4.6.2013 (VIII ZR 422/12) entschieden, dass bei unterschiedlicher Kündigungsfrist in beiden Verträgen keine Einheit vorliegt. Und damit der Garagenmietvertrag gesondert kündbar sein dürfte. Zumindest dann, wenn der Garagenmietvertrag zeitlich nach dem Wohnraummietvertrag abgeschlossen wurde. Wenn beide Verträge, wie in meinem Beispiel, am selben Tag abgeschlossen worden sind, kann das wieder anders aussehen.

Liebe Richter: Ich mag euch. Aber wer, glaubt ihr, kann das noch nachvollziehen? Wenn ich in meinen Seminaren die verschiedensten Konstellationen bespreche, ernte ich selbst von den erfahrensten Immobilienkaufleuten so viel Kopfschütteln wie die Jurymitglieder bei einem Headbanging-Wettbewerb. Und schiebt jetzt bitte nicht alles auf den Gesetzgeber. Eure Rechtsprechung, die ich durchaus nachvollziehen kann, ist nicht ansatzweise vom Gesetz gedeckt. Das ist Richterrecht. Nicht das Schlechteste, aber Richterrecht.

Der Bürger versteht, wenn ihr sagt:
- 1 Vertrag + 2 Objekte = nur gemeinsam kündbar.

Der Bürger versteht, wenn ihr sagt:
- 2 Verträge + 2 Objekte = getrennt kündbar

Den Rest versteht der Bürger nicht mehr. Wieso gilt:
- 2 Verträge + 2 Objekte + dasselbe Grundstück + dieselben Kündigungsfristen = nur gemeinsam kündbar?
- 2 Verträge + 2 Objekte + dasselbe Grundstück + verschiedene Kündigungsfristen = getrennt kündbar?
- 1 Vertrag + 2 Objekte + übereinstimmender Wille getrennter Kündbarkeit = nur gemeinsam kündbar?

Wie verstehst du, lieber Bundesgerichtshof, übrigens das Wort »Grundstück«? Meinst du das Grundstück im katastermäßigen Sinne oder das Grundstück im Rechtssinne? Beides kann ja durchaus unterschiedlich sein, wie du weißt. Also bitte, wenn schon genau, dann präzise genau. Richtig genau.

Jetzt gebt ihr, liebe Richter, vielleicht zu bedenken, es sei gar nicht notwendig, ja nicht einmal gewollt, dass der Bürger diese Unterschiede verstehe. Der Bürger habe ja auch keine Ahnung vom Brückenbau. Und trotzdem baue man welche. Es reiche also, wenn es Spezialisten gäbe, die sich mit dem Brückenbau auskennen. Dann antworte ich euch, dass ich erhebliche Unterschiede sehe zwischen dem Abschluss eines Mietvertrages und dem Bau einer Brücke. Allein schon von der Anzahl her.

Ich schätze, dass ich in 30 Berufsjahren etwa 10.000 Mietrechtsfälle bearbeitet habe. Aber noch keinen einzigen, bei dem es um eine Brücke ging. Vermutlich schließt jeder Bürger mindestens einmal im Leben einen Mietvertrag ab. Aber die wenigsten davon bauen in ihrem Leben eine Brücke. Wir fahren zwar drüber, bauen sie aber nicht. Das macht der Brückenbauer.

Ich vermute, ihr wollt den Mieter schützen. Find ich gut. Aber, liebe Richter, kann man das Ziel nicht wesentlich einfacher und effektiver

erreichen, ohne die Beteiligten komplett zu verwirren? Unverbindlicher Vorschlag:
- Fall 1: Wir haben ein Vertragsexemplar. Vertragsobjekt: 1 Wohnung + 1 Garage. Ergebnis: nur gemeinschaftlich kündbar.
- Fall 2: Zwei Vertragsexemplare. Identische Vertragsparteien. Vertragsobjekt: 1 Wohnung + 1 Garage. Ergebnis: getrennt kündbar.

Ja. Es gäbe Ungerechtigkeiten. Im Einzelfall. Gibt's bei eurer Rechtsprechung auch. Also was ist besser: Im Einzelfall ungerecht, aber kompliziert? Oder im Einzelfall ungerecht, aber verständlich?

14. KAPITEL

Zu guter Letzt

Dem, der bis hier durchgehalten hat, sei höflich gedankt. Dem, der bis hier durchgehalten hat und zu der Überzeugung gelangt ist, sein Rechtsverständnis habe sich zum Positiven geändert, sei herzlich gedankt. Dem, der bis hier durchgehalten hat und der festen Überzeugung ist, sein Rechtsverständnis habe sich nicht oder sogar zum Negativen geändert, biete ich an, mir zu schreiben, warum das so ist. Diejenigen aber, die zur »Rübe ab«-Theorie oder vergleichbaren Tendenzen neigen, mögen sich das Schreiben sparen. Ich werde es nicht lesen. Diejenigen unter Ihnen, die sich von unserer Justiz ungerecht behandelt fühlen, seit Jahren einen Kampf gegen Windmühlen austragen und mir gerne einmal ihre kompletten 25 Aktenordner zuschicken möchten, damit ich mir ein Bild von ihrem erlittenen Unrecht machen kann, mögen davon bitte absehen. Ich bin kein Zauberer. Und nur begrenzt leidensfähig. Ich werde alle Aktenordner unverzüglich nach Erhalt vernichten.

Die restliche Haufen Aufrechter unter Ihnen kann mir gerne merkwürdige, komische, nachdenkliche und bemerkenswerte Urteile zuschicken. Ich will versuchen, sie zu lesen.

Und schließlich denjenigen, die mir Mandate antragen wollen und glauben, ich hätte das alles nur zu ebendiesem Zweck geschrieben, sei gesagt: Ich habe glücklicherweise mehr als ausreichend zu tun. Mandate, die über diesen Buchkontakt hergestellt werden, nehme ich nicht an.

Ich wünsche Ihnen allzeit engagierte Rechtsanwälte. Denen die finanziellen Interessen des Mandanten wichtiger sind als die eigenen. Die auch mal ein Mandat ablehnen. Und ich wünsche Ihnen allzeit kluge Richter. Denen das Leben nicht fremd ist. Die das Gesetz kennen. Und anwenden. Und die sich Ihrer Verantwortung stets bewusst sind. Viel Glück!

Detlef Wendt

Schlussbemerkung: Die von mir in diesem Buch geäußerten rechtlichen Einschätzungen geben meine persönliche Meinung wieder. Ich bitte um Verständnis dafür, dass ich keine Gewähr dafür übernehme, dass Gerichte, gleich welcher Instanz, diese Einschätzungen teilen.

 DETLEF WENDT, geboren 1956, Rechtsanwalt, Fachanwalt für Miet- und Wohnungseigentumsrecht, Dozent, Spieleautor. Er hat mehrere Tausend Gerichtsverhandlungen erlebt und vor Zehntausenden Zuhörern bei Seminaren und Vorträgen gesprochen. Mit unermüdlichem Einsatz für Gerechtigkeit und unsere bestehende Rechtsordnung. Denn die ist, davon ist er überzeugt, eine der besten der Welt. Auch wenn sie gelegentlich an Grenzen stößt.

Detlef Wendt
AUF HOHER SEE UND VOR GERICHT
Ein Rechtsanwalt führt durch den deutschen Justizdschungel

ISBN 978-3-942665-30-8
© Schwarzkopf & Schwarzkopf Media GmbH, Berlin 2018
Alle Rechte vorbehalten. Dieses Werk ist urheberrechtlich geschützt. Jede Verwendung, die über den Rahmen des Zitatrechtes bei korrekter und vollständiger Quellenangabe hinausgeht, ist honorarpflichtig und bedarf der schriftlichen Genehmigung des Verlages. Coverfoto: Hintergrundbild: © Wavebreakmedia; Icon Justitia: © mayboro; Icon Schiff: © soleilc (alle www.depositphotos.com)

Quellenangabe der Urteile und Aufsätze, soweit nicht anders angegeben:
www.beck-online.de

VERLAG
Schwarzkopf & Schwarzkopf Media GmbH
Kastanienallee 32, 10435 Berlin
Telefon: 030 – 44 33 63 00
Fax: 030 – 44 33 63 044

INTERNET | E-MAIL
www.schwarzkopf-schwarzkopf.de
www.facebook.com/schwarzkopfverlag
info@schwarzkopf-schwarzkopf.de